U0476793

图书在版编目（CIP）数据

中国—东盟经贸政策支持体系研究/张建中等著—北京：中国社会科学出版社，2016.12

（中国—东盟经贸发展与南海战略系列丛书）

ISBN 978-7-5161-9675-5

Ⅰ.①中⋯　Ⅱ.①张⋯　Ⅲ.①国际贸易政策—研究—中国、东南亚国家联盟　Ⅳ.①F720 ②F731.0

中国版本图书馆 CIP 数据核字（2017）第 005380 号

出 版 人	赵剑英
责任编辑	王　曦
责任校对	周晓东
责任印制	戴　宽
出　　版	中国社会科学出版社
社　　址	北京鼓楼西大街甲 158 号
邮　　编	100720
网　　址	http://www.csspw.cn
发 行 部	010-84083685
门 市 部	010-84029450
经　　销	新华书店及其他书店
印刷装订	北京君升印刷有限公司
版　　次	2016 年 12 月第 1 版
印　　次	2016 年 12 月第 1 次印刷
开　　本	710×1000　1/16
印　　张	19.75
插　　页	2
字　　数	309 千字
定　　价	99.00 元

凡购买中国社会科学出版社图书，如有质量问题请与本社营销中心联系调换
电话：010-84083683
版权所有　侵权必究

课题组成员

张建中　欧阳华　聂　勇　赵　锋
谢　涛　舒银燕　欧阳碧媛

目 录

第一章 导论 … 1
第一节 研究背景和意义 … 1
一 研究背景 … 1
二 研究意义 … 6
第二节 研究现状与述评 … 7
一 国外研究现状 … 7
二 国内研究现状 … 17
三 对国内外研究现状的述评 … 25
第三节 研究内容和方法 … 28
一 研究内容 … 28
二 研究方法 … 30
第四节 研究的创新之处和不足 … 30
一 创新之处 … 30
二 研究不足 … 31

第二章 研究的理论基础 … 33
第一节 国际投资理论 … 33
一 垄断优势理论 … 33
二 内部化理论 … 34
三 产品生命周期理论 … 35
四 国际生产折中理论 … 36
五 边际产业理论 … 37
六 国际直接投资发展阶段理论 … 38

七	投资诱发要素组合理论	38
第二节	国际贸易理论	39
一	古典国际贸易理论	40
二	新古典贸易理论	41
三	新贸易理论	42
四	新兴古典国际贸易理论	49
第三节	国际金融理论	49
一	汇率决定理论	49
二	利率平价说	50
三	国际收支弹性论	51
四	最优货币区理论	53
第四节	国际通道理论	55
一	区位理论	56
二	增长极理论	60
三	点轴开发理论	60
第三章	**中国—东盟区域经济合作概述**	**62**
第一节	中国—东盟国际投资发展概述	62
一	中国—东盟国际投资发展现状	62
二	中国—东盟国际投资的特点及发展趋势	64
三	中国—东盟国际投资效应	71
第二节	中国—东盟国际贸易发展概述	85
一	中国—东盟国际贸易发展现状	85
二	中国—东盟国际贸易的特点及发展趋势	88
三	中国—东盟国际贸易效应	91
第三节	中国—东盟国际金融合作发展概述	95
一	中国—东盟国际金融合作发展现状	95
二	中国—东盟国际金融合作的特点及发展趋势	98
三	中国—东盟国际金融合作效应	101
第四节	中国—东盟国际通道建设概述	104

  一 东盟国家内部通道建设概况 ······················· 104
  二 中国—东盟国际通道建设现状 ····················· 107
  三 中国—东盟国际通道建设的特点及发展趋势 ············· 109
  四 中国—东盟国际通道建设效应 ····················· 111

第四章 中国—东盟区域经济合作的经贸政策演变 ············ 114
 第一节 中国对外经贸政策演变 ························· 114
  一 封闭式保护经贸政策（1949—1978 年） ··············· 114
  二 开放式保护经贸政策（1978—1992 年） ··············· 115
  三 贸易自由化倾向的保护经贸政策
    （1992—2001 年） ························· 115
  四 入世后中国对外经贸政策（2001 年至今） ············· 116
 第二节 东盟对外经贸政策演变 ························· 117
  一 东南亚国家联盟对外经贸政策（1967—1992 年） ········ 117
  二 东盟自由贸易区对外经贸政策（1992 年至今） ·········· 119
 第三节 中国—东盟自由贸易区经贸政策演变 ················· 121
  一 中国—东盟经贸政策的制定 ······················· 121
  二 中国—东盟经贸政策的发展 ······················· 123

第五章 中国—东盟区域经济合作的经贸政策体系 ············ 125
 第一节 国际投资政策 ····························· 125
  一 《关于东盟投资区的框架协议》 ···················· 125
  二 《中国—东盟全面经济合作框架协议》 ················ 126
  三 中国—东盟《投资协议》 ························ 127
  四 中国与东盟国家签署的双边投资协定 ················· 130
  五 中国与东盟共同参加的国际投资公约 ················· 132
 第二节 国际贸易政策 ····························· 133
  一 共同有效优惠关税协议 ························· 133
  二 中国—东盟《货物贸易协议》 ····················· 136
  三 中国—东盟《服务贸易协议》 ····················· 138
 第三节 国际金融政策 ····························· 139

一 《清迈倡议》(Chiang Mai Initiative, CMI) ………… 139
　　　二 亚洲货币基金组织 (Asian Monetary Fund) ………… 140
　　　三 亚洲债券市场倡议 (Asian Bond Markets
　　　　　Initiative, AMBI) …………………………………… 141
　　第四节 国际通道政策 ……………………………………… 142
　　　一 国际通道对接和运输公约 ………………………… 142
　　　二 中国—东盟国际通道对接政策 …………………… 144
　　　三 国际通道对接与中国—东盟经济合作 …………… 147

第六章 中国—东盟经贸政策的决策机制 ……………………… 149
　　第一节 投资政策的决策机制 ……………………………… 149
　　　一 投资政策的决策主体 ……………………………… 149
　　　二 投资政策的决策方式 ……………………………… 150
　　　三 投资政策的决策原则 ……………………………… 154
　　第二节 贸易政策的决策机制 ……………………………… 156
　　　一 贸易政策的决策主体 ……………………………… 156
　　　二 贸易政策的决策方式 ……………………………… 158
　　　三 贸易政策的决策原则 ……………………………… 159
　　第三节 金融政策的决策机制 ……………………………… 162
　　　一 金融政策的决策主体 ……………………………… 162
　　　二 金融政策的决策方式 ……………………………… 162
　　　三 金融政策的决策原则 ……………………………… 165
　　第四节 通道政策的决策机制 ……………………………… 166
　　　一 通道政策的决策主体 ……………………………… 166
　　　二 通道政策的决策方式 ……………………………… 169
　　　三 通道政策的决策原则 ……………………………… 170

第七章 新形势下中国—东盟区域经济合作的实证分析 ……… 173
　　第一节 中国—东盟区域经济合作的关系 ………………… 173
　　　一 计量模型 …………………………………………… 173
　　　二 数据的来源与处理 ………………………………… 174

三　实证分析 …………………………………………………… 175
　　　四　简要结论 …………………………………………………… 178
　第二节　中国—东盟经贸政策实施的经济效应 …………………… 178
　　　一　计量模型 …………………………………………………… 178
　　　二　数据来源与处理 …………………………………………… 179
　　　三　实证分析 …………………………………………………… 180
　　　四　简要结论 …………………………………………………… 182
　第三节　中国—东盟经贸政策实施的绩效评价 …………………… 182
　　　一　评价的原则 ………………………………………………… 183
　　　二　评价的指标 ………………………………………………… 184
　　　三　评价的方法及其应用 ……………………………………… 185

第八章　新形势下中国—东盟经贸政策的选择与调整 …………… 193
　第一节　国际投资政策 ……………………………………………… 193
　　　一　加强投资协调机制建设 …………………………………… 194
　　　二　加强投资领域政策性引导 ………………………………… 196
　　　三　选择差异化投资项目 ……………………………………… 199
　第二节　国际贸易政策 ……………………………………………… 203
　　　一　完善对外贸易合作机制 …………………………………… 203
　　　二　调整对外贸易政策 ………………………………………… 205
　　　三　推进中国—东盟经济共同体建设 ………………………… 206
　　　四　实施出口导向和进口替代战略 …………………………… 207
　第三节　国际金融政策 ……………………………………………… 209
　　　一　推进人民币区域化的进程 ………………………………… 209
　　　二　推进东盟国家钉住人民币的固定汇率制度 ……………… 210
　　　三　加强中国与东盟国家经济政策的协调 …………………… 212
　　　四　加快人民币利率市场化进程 ……………………………… 213
　　　五　切实防控区域系统性金融风险 …………………………… 215
　第四节　国际通道政策 ……………………………………………… 216
　　　一　优先发展交通基础设施 …………………………………… 216

  二 重点发展信息通信业 ………………………………… 218
  三 科学发展边境口岸 …………………………………… 220

第九章 中国—东盟经贸政策的实施和协调 ………………… 223
 第一节 经贸政策实施和协调的基础 ………………………… 223
  一 中国与东盟国家经济的相互依赖性 ………………… 223
  二 政策基础 ……………………………………………… 224
  三 协调意愿 ……………………………………………… 224
 第二节 经贸政策实施和协调的目标与主要任务 …………… 226
  一 中国—东盟自由贸易区经贸政策实施和
    协调的目标 …………………………………………… 226
  二 中国—东盟自由贸易区经贸政策实施和
    协调的主要任务 ……………………………………… 226
 第三节 经贸政策实施和协调的对策 ………………………… 228
  一 建立综合管理机构，加强政策规划与组织管理 …… 228
  二 明确政策实施与协调的重点，建立政策协调机制 … 230
  三 实施差异化扶持政策，优化贸易和投资主体结构 … 233
  四 提高互联互通水平，改善区域投资环境 …………… 236
  五 深化金融合作，助力产业合作和区域互联互通 …… 236
  六 加强民间组织的培育，增强正式组织与非正式
    组织的互动 …………………………………………… 239
  七 加强与其他自由贸易区之间的协调，减少
    域外阻力 ……………………………………………… 239

附 录 …………………………………………………………… 240

参考文献 …………………………………………………………… 294

第一章 导论

第一节 研究背景和意义

2010年6月,根据项目匿名评审专家的意见,原申报的课题名称《新形势下我国对外投资与贸易政策研究——基于中国—东盟区域经济合作视角》变更为《新形势下中国—东盟区域经济合作研究》,并获得国家社会科学基金西部项目立项,批准号为:10XJY035。根据国家社科基金项目重要事项变更审批意见,本项目的研究内容包括国际投资政策、国际贸易政策、国际金融政策和国际通道政策。

一 研究背景

当前,在打造中国—东盟自由贸易区升级版、共建21世纪"海上丝绸之路"、维护南海安全稳定等新形势下,尽管中国—东盟自由贸易区的建设取得了令人瞩目的成绩,但从自由贸易区内双边经贸合作的"质"和"量"来看,双边经贸合作仍有着较大的现实需求和发展空间。在中国—东盟自由贸易区建设的"黄金十年",中国—东盟区域经济合作不断加强,双边进出口贸易额、投资额快速增长。受益于自由贸易区建设红利,中国目前已成为东盟第一大贸易伙伴,东盟则成为中国第三大贸易伙伴;中国已成为东盟第四大外资来源地,东盟则成为中国第三大外资来源地。在过去的"黄金十年",中国与东盟国家在国际贸易、国际投资、国际金融、国际通道互联互通建设等方面均取得了较好的合作效果;在合作方式上,官方互动不断加强,民间交流也日益活跃。

(一) 打造中国—东盟自由贸易区升级版需要加强经贸政策方面的研究

2013年9月3日,在第十届中国—东盟博览会和中国—东盟商务与投资峰会上,中国国务院总理李克强提出打造中国—东盟自由贸易区升级版,开启双边合作的"钻石十年",这一提议得到东盟国家领导人的高度关注和一致认可,经多次磋商和不懈努力,双方于2014年6月对启动自由贸易区升级版谈判达成共识。2014年8月26日,在第十三次中国—东盟经贸部长会议上,正式通过中国—东盟自由贸易区升级版要素文件,并宣布启动中国—东盟自由贸易区升级版谈判。[①]

其一,中国—东盟自由贸易区现有的经贸政策的启动和实施已有10年的时间,从现在双边经贸关系进一步发展的政策需求看,随着区域经济和世界经济的变化以及各国经济发展水平和经济结构的演变,当时双方所签订的有关贸易投资自由化、便利化的协定,已滞后于双边经贸关系的快速发展,不能完全适应各自经济实力进一步提升的需要。比如,虽然双边货物贸易额快速增长,但服务贸易和相互投资增速却并未达到预期目标;双方在应对国际竞争上均有调整经济结构的需求,但双边投资仍然以产业链的低端投资为主。这些表现与自由贸易区建设加快实现本地区分工与合作,通过产业转移和产业合作延伸产业价值链,提升本地区竞争力的预期目标尚有较大的差距。因此,进一步完善和调整经贸政策,是促进贸易投资自由化和便利化,以及提高自由贸易区合作红利的客观需要。

其二,自由贸易区优惠政策利用度不高。一方面,由于自由贸易区的国际贸易、国际投资、国际金融和国际通道等政策的制定和实施,在各方面、各环节、各区域存在不协调、落实不到位的情况,政策实施的整体绩效远低于预期;另一方面,由于自由贸易区内企业对双边优惠政策了解程度有限,双方的行业协会和其他非政府组织在信

[①] 商务部:《打造中国—东盟自贸区升级版》,http://www.mlr.gov.cn/xwdt/bmdt/201408/t20140830_1328479.htm,2014-08-30。

息与产业等方面的交流、合作互动机制不够完善，造成自由贸易区内双方企业不能有效利用已有的优惠政策，政策利用率不高。正如国家外经贸部原副部长、中国WTO研究会会长谷永江所言，2010年中国—东盟自由贸易区全面建成时，"与韩国—智利自由贸易协定90%以上利用度，以及泰国—澳大利亚自由贸易协定63%的利用度相比，中国企业对自由贸易区相关协定的总体利用率仅有10%。"① 到2013年，我国很多企业并未用足自由贸易区的优惠政策，"利用率大约20%"。②

其三，从金融合作领域看，以国际金融合作促实体经济可持续发展和维护地区金融稳定方面有待加强。比如，双方在扩大双边本币互换的规模和范围，完善跨境贸易本币结算体系，并强化《清迈倡议》多边化合作等方面有必要加快提高合作力度；在为双边进出口贸易、直接投资和基础设施建设领域提供金融服务平台和提供新型金融产品等方面，中国与东盟国家贸易型、生产型企业均对双边金融机构的产品与服务创新有迫切的需求；在推进金融风险防范机制建设、加强金融监管合作和防范新的金融风险，增强自身对金融风险的抵御能力等方面，有进一步深化合作的必要性和拓展的空间。

其四，东盟—日本、东盟—韩国、东盟—印度、东盟—澳大利亚、东盟—新西兰等自由贸易区与中国—东盟自由贸易区的制度安排可能有所冲突，因而自由贸易区的建设有必要加强与其他自由贸易区建设的协调。同时，一些东盟国家认为由东盟国家、中国等16个成员方参与的建立区域全面经济伙伴关系（RCEP）谈判已经展开，因而导致参与打造中国—东盟自由贸易区升级版的积极性不高。在此背景下，结合区域经济一体化面临的新形势和新挑战，加强自由贸易区经贸政策制定和实施的协调，是提高自由贸易区合作质量，推动打造中国—东盟自由贸易区升级版的必然要求。

---

① 廖兴阳：《中国企业对东盟自贸区协定的总体利用率偏低》，《昆明日报》，http：//www.yn.xinhuanet.com/newscenter/2010-10/27/content_21238042.htm，2010-10-27。

② 辛灵：《中国—东盟自贸区优惠政策利用率仅20%》，《南方都市报》，http：//epaper.oeeee.com/D/html/2013-01/22/content_1797039.htm，2013-01-22。

（二）共建21世纪"海上丝绸之路"需要加强经贸政策方面的研究

随着中国—东盟经贸关系的进一步加强，国际通道互联互通建设是共建21世纪"海上丝绸之路"的主要内容之一，双边贸易量和投资额的进一步扩大以及降低企业生产和运输成本，都离不开中国—东盟基础设施互联互通建设。特别是21世纪"海上丝绸之路"战略的提出，对"互联互通"提出了更高的要求。在未来的合作中，有必要围绕重点地区、重要通道、重要行业、重大项目，加快完善双方在交通、通信、港口等硬件基础设施的互联互通，加强双方在通关、质检以及知识产权等软件建设领域的合作，进一步提高区域基础设施一体化水平，进而为促进自由贸易区贸易自由化、便利化和双边投资合作，降低物流成本，优化投资环境，提高优惠政策利用率等提供更有力的支撑。

从区域内各成员国经济发展的诉求看，加强中国—东盟自由贸易区经贸政策实施与协调的研究，是共建21世纪"海上丝绸之路"，实现中国与东盟互利共赢共同发展的客观需要。中国和东盟国家经济发展水平和发展目标相似，都处于工业化、城市化快速推进的阶段，都面临着通过经济结构调整、产业升级以提高本国经济竞争力的重要任务。双方在贸易领域有较强的互补性，可以立足于各自资源禀赋的差异实现错位发展。在产业合作方面，中国与东盟国家如果能够有效利用自由贸易区的经贸政策，通过调整进出口贸易结构和提高对外直接投资水平形成合理的产业分工，通过延长产业链形成优势互补，将有助于双方在全球价值链转移过程中更具有国际竞争力。对东盟国家而言，在自由贸易区建设过程中，进一步吸引中国企业投资东盟高附加值的产业，通过产业对接形成完整的产业链，是东盟国家参与自由贸易区的长远利益目标。对中国而言，东盟是中国西南、中南地区的出海大通道，东盟是一个拥有6亿人口的巨大市场，深化中国与东盟的经贸关系，不仅有助于中国实施"走出去"战略和市场多元化战略，从而使中国企业以东盟市场为跳板打入国际市场；还有助于我国在应对国内劳动力成本上升和自然资源约束的过程中，通过贸易结构和投资结构的调整，平衡中国承接国际产业转移和向低梯度地区进行产业转移的利益，从而实现产业结构升级。由此可见，中国—东盟自由贸易区的正式建成为中国—东盟区域经济合作提供了政策优势，这对实现中国—东盟经济的高度融合、经济结构的调整与转型，进而实现共赢发展具有重要的战略意义。在此背景下，如何协同自由贸易区利益和国内经济结构转型的关系，需要建立更高标准的自由贸易区经贸政策，并加强经贸政策实施与协调，形成相对完善的政策体系。

（三）维护南海安全稳定需要加强经贸政策方面的研究

从本地区的利益冲突和经贸关系协调来看，近年来南海局势愈演愈烈，多边化、国际化趋势日益严峻，南海问题的解决越发复杂和困难，但尚未发展到失控之局面。究其原因，除了我国加强了政治、外交、军事等手段的综合运用之外，中国—东盟经贸合作的深化在其中发挥了解压器和稳定器的核心作用。此外，由于美国、日本、印度、俄罗斯等区域外大国的介入，使南海问题变得更加复杂多变，受南海争端加剧的影响，东盟成员国内部对中国的态度可能出现分化，自由贸易区建设将面临复杂的环境。而以深化区域经济合作为手段，提高自由贸易区优惠政策的利用度，增强自由贸易区的凝聚力并形成有机的整体，是化解南海危机并有效解决南海问题的最优选择。

综上所述，中国—东盟自由贸易区的建设，有必要从"量的扩张"向"质的升华"转变，而实现这种转变，需要进一步加强中国—东盟自由贸易区经贸政策的研究。研究哪些是阻碍自由贸易区建设质量提升的瓶颈，哪些是有助于自由贸易区建设的有利因素；哪些是需要进行重点扶持的环节；为化解分歧探索新的合作平台，哪些领域需要加快合作平台建设和加快制度创新，以适应自由贸易区发展的需求，从而实现区域资源的优势互补和深度共享，为本地区经济的可持续发展注入新的动力。在此背景下，加强中国—东盟自由贸易区经贸政策体系的研究，是提高自由贸易区建设质量的客观需要，是双方进一步提升自由贸易区合作水平和质量的动力所在。

二 研究意义

（一）理论价值

本书基于打造中国—东盟自由贸易区升级版、共建21世纪"海上丝绸之路"、维护南海安全稳定等新形势，在已有研究文献的基础上，对中国—东盟自由贸易区经贸政策的演变进行了回顾和梳理，采用比较分析、计量分析、层次分析等不同研究方法，对中国—东盟经贸政策的决策机制、经贸政策的选择与调整以及经贸政策的实施和协调等问题进行理论研究，对区域经济合作关系、经贸政策实施的经济效应以及经贸政策实施的绩效进行实证研究，研究成果将丰富中国—东盟自由贸易区经贸政策的理论研究。

（二）实践意义

目前，中国—东盟自由贸易区建设的启动已经有10余年时间，在此过程中，虽然取得了较大的成绩，但在自由贸易区经贸合作水平和质量的提高方面，尚有诸多问题亟待解决。如已有的贸易、投资、金融和互联互通等领域的合作政策，尚不能满足日益变化的经济发展需要，自由贸易区建设面临着贸易便利化和投资自由化尚待提高等问题；自由贸易区内的优惠政策利用率不高，双边获得的贸易利益尚需进一步提高；政策之间的衔接度不高，影响了政策总体绩效的发挥；各国在自由贸易区建设中如何协调国内产业结构与自由贸易区分工合作的关系，实现利益共享等一系列问题。因此，着眼于自由贸易区经贸政策调整的现实需求，加快中国—东盟自由贸易区经贸政策的调整和整合，调解自由贸易区内围绕发展资源、市场拓展、双边进出口贸易、产业分工与合作、双边投资、金融合作和互联互通等领域面临的冲突，应对加强各领域合作面临的挑战，通过加强政策衔接与协调，形成市场主体、非政府组织和官方机构的良性互动，从而为提高自由贸易区建设水平与质量和打造自由贸易区升级版寻求新的出路。可见，本书具有一定的现实意义。

第二节 研究现状与述评

一 国外研究现状

（一）关于投资政策及相关问题的研究

第二次世界大战后，国际资本的流动日趋频繁且影响日益扩大，成为世界经济发展的主导力量。这一现象引起了世界各国政府以及学者的密切关注，进而引发了对对外直接投资的决定因素、发展条件及其对投资国和东道国所产生的各种经济效应等政策方面研究的热潮。

1. 关于投资政策研究

Timbergen（1956）用包含目标变量和政策变量的线性代数方程系统研究了对外直接投资政策的结构系统，研究得出方程的三种关系：其一，若目标变量大于政策变量时，则方程无解，因而尽管指定了目标变量也无法实现政策目标；其二，若目标变量小于政策变量时，则方程有无穷组解，因而可以增加政策目标样本；其三，若目标变量等于政策变量时，则方程存在唯一解，但实践中由于政策实施的复杂性和对经济影响的不确定性，可能引发投资风险。因此，为了规避投资风险或降低投资风险，就必须配合使用多样化的政策工具。Peltzman（1976）在其《走向更一般的规制理论》著作中利用所建立的"规制者—政治家模型"解释了政治家的政策选择，认为政策的制定是为政治家利益集团服务的。Bhagwati（1987）和 Dinopoulos（1991）研究了国际贸易与国际投资之间存在替代或互补的关系，提出的"补偿投资"概念对政府制定吸引外资政策具有一定的参考价值，并明确了政府行为在补偿投资政策中的作用。Dinopoulos 等（1989）基于寡头竞争和企业层面深入研究了"补偿投资"问题，认为"补偿投资"是出口国家企业应对潜在威胁的有效方式。

2. 关于投资动因问题的研究

美国经济学家 Stephen Hymer（1960）在垄断优势理论中解释了对外直接投资产生的动因问题，成为最早研究投资政策的学者。海默认为，第二次世界大战后发达国家对外直接投资迅速发展，投资规模不断扩大，是由于不完全竞争市场的存在以及垄断集团所独占的某种"垄断优势"所造成的。不完全竞争市场导致市场分割，以及各国不同的贸易壁垒（如关税壁垒）都将阻碍国际贸易的发生，垄断的买主和卖主可以通过各种手段来控制市场价格，垄断企业则可以达到利润最大化。跨国公司拥有先进的生产技术、成熟的经营管理经验、雄厚的资本以及规模经济等独特的垄断优势，其对外直接投资的动因就是利用自身的优势，通过控制海外市场并排挤竞争对手，达到扩大市场份额以及获得长期垄断利润的目的。

Peter J. Buckley（1974，1976，1985，1987）、Mark Casson（1979，1986）和 Alan M. Rugman（1979，1980a，1980b，1985，1987）在内部化理论中研究了投资政策问题。该理论从科斯的交易成本理论出发，认为市场交易是需要成本的，包括但不限于风险成本、签订合同成本、执行合同成本、发现价格成本等，而从降低成本、防止技术扩散的角度来看，对外直接投资拥有跨国经营的内部化优势，即如果建立内部市场，就可以降低中间产品的交易成本。对某些成本高、效率低、利润低的交易只要内部交易成本低于市场交易成本，企业就会采用内部交易。如果企业采用内部化成本低于利用市场的成本，那么跨国企业就会在那里出现，使得企业拥有特殊优势内部化。

英国瑞丁大学 J. H. Dunning（1977）则从"三优势范式"（OLI paradigm）出发，在建立引力模型基础上，认为决定跨国公司对外直接投资的最基本因素有三个：所有权优势、内部化优势和区位优势。只有当三个条件都得到满足的情况下，对外直接投资才会发生，投资者才有进行对外直接投资的意愿。

以上西方学者主要是从发达国家角度研究对外投资行为以及对外直接投资的影响因素问题，基本上将对外直接投资动因归于跨国公司所拥有的某些独特垄断优势，但是根据这些理论，发展中国家是无法进行对外投资的。但随着经济全球化和区域经济一体化的不断发展，尤其是20世纪80年代以来，传统国际投资理论和政策无法解释发展中国家大量对外直接投资的现象，这就引发了众多学者研究国际投资理论和政策问题。

Louis T. Wells（1983）在深入研究发展中国家对外直接投资行为后提出了小规模技术理论，解释了发展中国家跨国公司的对外直接投资行为和部分动因。该理论认为不仅发达国家具有对外直接投资的竞争优势，发展中国家跨国企业也具有低成本优势，因此发展中国家对外投资的动因主要是寻求低成本优势、降低风险等，即拥有劳动密集型小规模生产技术是发展中国家企业对外直接投资的直接原因。

Sanjaya Lall（1983）在研究了印度跨国公司对外直接投资行为后，认为发展中国家通过吸收、改造、创新等方式，形成企业独特的技术优势，不仅可以满足本国的需求，而且还可以促使其反过来对发达国家进行直接投资。

3. 关于投资产业选择问题的研究

在对外直接投资产业选择问题上，日本学者 Akamatsu K.（1932）提出了雁行模式理论，第二次世界大战后该理论逐渐成为日本企业对外直接投资并在海外进行生产销售的重要理论依据。20 世纪 50 年代后，随着日本经济的快速增长以及产业结构的不断优化升级，日本开始将国内已经步入成熟期的产业转移到亚洲"四小龙"国家（地区），80 年代开始又将其成熟的产业转移至东南亚国家和中国。此时，亚洲"四小龙"也将其成熟阶段的产业转移到东南亚国家和中国，转移产业涉及纺织、化工、机械、电子等产业。

美国经济学家 R. Vernon（1966）用产品周期理论解释了国际贸易和国际投资的流向问题，认为产品周期分为创新、成熟与标准三个阶段，在不同阶段采取不同的投资战略选择投资产业。当产品处于创新阶段时，需求主要来自国内市场，基本没有出口，企业垄断新产品的生产技术，生产成本的差异是企业对外投资区位选择的主要影响因素。当产品处于成熟阶段，由于市场需求的扩大导致竞争者和效仿者不断进入并扩大生产，降低生产成本则成为主要的竞争手段，企业就需要对外直接投资寻求生产成本较低的海外市场，尤其是选择劳动力成本低廉的国家进行投资。当产品处于标准化阶段，各厂商都掌握了生产技术，价格竞争将成为主要的竞争手段，生产成本较低的国家

（地区）则成为企业对外直接投资的首选目的地，企业将已经成熟的产业转移至生产成本较低的国家（地区），从而延长产品的生命周期。

日本经济学家 Kiyoshi Kojima（1978）在比较优势理论中指出，凡在本国已经或即将失去发展空间（即在投资国逐渐丧失比较优势或即将陷于比较劣势）的边际产业，都可以通过对外直接投资的方式向国外转移，不但有利于投资国产业结构的调整与优化，而且也有利于利用东道国的生产要素进行生产并开拓新的市场。这样就可以发挥投资国和东道国双方的比较优势，使双方共同获利。

（二）关于贸易政策及相关问题的研究

1. 关于贸易政策研究

国外对于贸易政策的认识，一直没有统一的界定，各国学者从本国自身利益出发，对贸易政策做了不同的界定。Benjamin J. Cohen（1968）认为贸易政策是一个国家整体外交政策的组成部分，都将为一个共同的政策目标服务。

Brander 和 Spencer（1983，1985）、Krugman（1984）等人提出了战略性贸易政策，强调政府适度干预贸易对于本国企业和产业发展的作用。David Dollar（1992）、Brander（1995）、Sachs 和 Warner（1995）、Edwards（1998）、Rodriguez 和 Rodrik（1999）研究表明一国实施自由贸易政策（如低关税和非关税贸易壁垒）与经济增长是密切相关的。Mitra（1999）研究了政府主义将如何影响贸易政策的制定。Gawande（1998）研究表明对外游说对贸易政策的制定产生深远的影响，即关税与非关税措施与对外游说是负相关的关系。Tom Krebs 等（2005）实证研究了贸易政策与工人个人收入面临风险之间的关系。Blonigen（2008）认为决策者个人能力和他们所在行业的国际贸易特点以及个人的退休决策都将影响对贸易政策选择的偏好。

贸易政策不仅仅是一个经济问题，还是一个政治问题，Robert A. Pastor（1980）认为研究贸易政策，还要研究隐藏在其背后的政治环境，他认为一国的贸易政策，是指该国的政府通过制定各种政策来影响整个国际经济环境的一种行为，其方式可能是通过政策直接影响外部经济环境，可能是调整本国的经济来适应国际环境变化。

2. 关于贸易关系及其他问题的研究

Bela Balassa（1961）认为贸易一体化就是各个国家在促进贸易发展中，逐步消除相互之间各种差别性待遇的过程，他将贸易一体化的过程分成了五个阶段，包括自由贸易区阶段、关税同盟阶段、共同市场阶段、经济联盟阶段以及经济一体化阶段。Richard Cooper（1968）在《相互依存经济学》一书中提出相互依存理论，他从世界经济发展的内在关系这一角度出发，论证了各国经济之间存在相互依存的关系，因此各个国家必须采取协调的经济政策，才能使国家经济得到稳定发展和安全增长。Markuson 等（1983）和 Svensson（1984）分析了要素流动和商品贸易之间的相互关系，研究结果表明，外商直接投资与商品贸易存在一定的替代性，而且在特定的条件下还存在互补关系。

Peter Lindert（1986）通过分析劳动力自由流动所可能产生的动态和静态影响，提出了一个要素市场自由流动的模型。在这个模型中，他假设劳动力是同质的，世界上只有两个国家（甲国和乙国），并且甲国的劳动力价格高于乙国。如果两个国家的要素能够实现自由流动，那么劳动力将由工资水平较低的乙国流向单位报酬较高的甲国，使得区域内的净福利效应增加。John H. Jackson（2001）对国际贸易体系进行了详尽的论述，他认为国际贸易体系是一个复杂的、相互影响的国际与国内法律规范，是政治与经济制度相结合的综合体。他认为国际贸易体系的主要内容应该包括国际贸易体系的由来及演变、国际贸易体系的核心内容、国际贸易体系的目标、国际贸易体系所适用的主体、国际贸易体系的若干范畴、国际贸易体系与国内体系的融合、国际贸易体系的影响、国际贸易体系的研究方法。

（三）关于金融政策及相关问题的研究

1. 关于货币政策效应问题的研究

货币学派 Milton Freedman 是研究货币政策理论最早的经济学家之一，他对货币政策的功能、效用以及具体实施过程进行了非常详细的研究。随后，20 世纪 80 年代的 Baro 通过对货币政策效应的研究，提出货币政策有效性的结论，并强调理性预期在货币政策效应中的影响程度。Borys 等（2009）通过对捷克货币政策的研究，认为其政策传导机制与欧盟国家比较相似，货币政策的变化对经济活动程度以及国内物价水平具有一定的影响，并且货币政策具有一定的时滞性，其滞后性一般为一年左右。Sun 等（2010）从微观的层面研究了中国的货币政策，他们认为中国的货币政策对中国的进出口确实产生影响，同时也影响到其外汇储备和产出增长。通过已有文献可以看出，大部分西方学者认为货币政策对保障经济安全是有效的。然而，还有部分学者持相反观点，他们认为货币政策在保障经济安全方面是无效的。Hoppner（2004）等在研究美国货币政策对经济的影响时发现，1962—2002 年，美国的货币政策对经济有缓慢的下拉作用，通过比较抑制经济过热和刺激经济复苏的货币政策，他们认为货币政策在刺激经济复苏时的作用比抑制经济过热的作用要明显。除了这两种有代表性的正反观点，还有学者认为货币政策的有效性应该根据不同情况考虑。如 Karagiannis（2010）研究了欧元区和美国的利率政策，他认为要想货币政策有效，中央银行制定的利率政策要传导到商业银行的市场利率，从而影响到国内消费和商业信贷利率，并最终影响到国内总产出和总需求。

2. 关于汇率政策效应问题的研究

国内外学者研究发现，很少有国家采用汇率政策应对世界经济波动。Dubas（2009）研究了汇率政策效果对国际储备以及有效汇率波动的影响，认为稳定的汇率政策将带来更高的经济增长率。Jahjah（2010）研究了发展中国家汇率政策和该国发行国际债券的关系，指出一国稳定的汇率政策不仅使该国较少发行主权债券，而且其溢价不断扩大，其原因在于稳定的汇率政策对发展中国家来说将面临较高的借贷成本。Furlani（2011）在研究巴西央行的外汇政策时指出，巴西经济体没有必要使用汇率政策应对来自汇率、贸易以及利率等影响因素而造成的外部冲击，因为使用汇率政策进行干预的成本较高且难以操作，这对发展中国家应对世界经济波动具有一定的启示。

（四）关于国际通道政策及相关问题的研究

目前，国内外学者对国际通道还未形成统一的定义。《韦氏大辞典》将国际通道粗略地解释为"横过外国领土的狭长地带，或是连接一国一部分与他国地带或连接两国间的一部分地带"。国际公共交通运输联盟（International Union of Public Transport，IUPT）主编的《公共运输词典》将其界定为"某一区域内连接主要交通流发源地，流向相同且有多种运输方式可供选择的宽阔地带"。从以上定义可以看出，早期学者对国际通道的研究仅限于对其物理功能的表述，即便于开展海陆联运、缩短运输里程等。随着国际通道在国际经济合作中的地位日益突出，其内涵亦不断丰富。综合已有的各种定义和解释，国际通道可界定为"在对外特定区位和特定方向上，依托公路、铁路、水运、航空、管道等交通基础设施，以大能力运输装备为技术手段，以国际通道边界口岸及通道沿途增长极城市、场站（包括海空港口）设施为连接枢纽，以双方或多方运输线路网络和通信网络为支持，担负着国家间公共和特定运输使命的双向运输系统"。

1. 早期经济学者对国际通道的论述

虽然早期的经济学者没有明确提出"国际通道"的概念，但他们已经认识到交通、海航、港口等通道设施对创造和积累财富的作用，因而在他们的论述中，运输通道发展对增长财富、发展经济的作用始终被重点强调。最早强调通道运输对经济增长作用的是重商主义和重农学派。重商主义认为"对外贸易是积累财富的唯一源泉"，因而主张积极发展航运业，并组建庞大的海军力量来保护海上贸易活动。重农学派将基础设施作为生产资本，并视为为了增长财富必须进行的投入。

古典政治经济学创始人 William Petty（1676）从分工和专业化的角度，对交通运输促进积极增长的作用进行了系统阐述。他以荷兰为例，深入分析了区位条件和通道设施对降低运输费用和节约劳动进而促进经济增长的作用。配第认为，虽然荷兰是一个领土面积小、人口稀少的沿海小国，但非常重视发展海上运输和国际贸易，在财富增长和经济发展的过程中，快速便利的航海和海运条件起到了最根本的作用。

在《国富论》一书中，Adam Smith（1776）系统论述了交通运输对劳动分工和开拓市场的促进作用，并认为交通运输对一国或地区经济发展的作用巨大。他指出"在任何一国国家中，便利经济的公共工程，如道路、桥梁、通航运河、港口等"，"在很大程度上对整个社会有益"。在古典国际分工和贸易学说理论中，他进一步指出经济效率来源于区域劳动分工，而区域劳动分工受制于市场范围，亦受制于交通运输条件。因此，改良交通运输条件既可以降低运输费用，也有利于开拓更大的市场。

亚当·斯密之后的学者继承和发展了他的观点。John Mill（1844）认为运输费用高不利于国际贸易的发展，因而拥有天然良港和舒畅的河流航道，有利于发展商品生产和国际贸易。Friedrich Liszt（1850）认为完善的交通运输体系是经济增长的源泉，大力修建公路、铁路、运河等交通基础设施不仅能够增加消费品的市场需求，还会因雇用劳动工人刺激工农业产出的增长。

威廉·罗雪尔（Wilhelm Roscher，1843）深入分析了交通运输系统对深化劳动分工、优化产业布局、促进经济发展的积极作用。他认为通过改进和完善交通运输系统，能够促进区域间的专业化分工，增强地域间的产业联系，缩短商品产销时空的距离，有利于调整区域之间生产资料和商品的供需平衡。

进入19世纪后半叶，新古典经济学家运用完全市场假设下的一般均衡分析了通道设施建设对生产的影响。Alfred Marshall（1890）较早注意到了"大规模生产的利益"，他在《经济学原理》一书中系统解释了工厂大规模生产中的"规模报酬递增"现象，并基于该理论考察了交通运输体系对一个国家或地区产业分布的影响。

早期西方经济学者关于通道设施促进经济增长的观点可总结为以下四个方面：一是公路、河运、港口、航海等通道发展与商业发展、国际贸易、财富增长具有密切联系；二是运输工具的专业化分工有利于提高劳动生产率；三是公路、铁路和运河等设施形成的通道运输网络有利于提高生产力水平；四是通道设施属于公共工程，应由国家提供建设和维护。

2. 关于通道设施建设与空间区位理论的研究

地理学家和经济学家对通道运输与区域经济合作的系统研究发端于古典农业区位论。学者们通过运输成本来体现区位距离，对因运输成本不同而导致的产业空间分布的规律性进行分析和总结。

最早研究区位问题的学者是德国经济地理学家 Von Tunen，他在《孤立国》一书中首次提出了农业区位论，并最早分析了运输成本对空间区位的影响。他指出与中心城市的距离不同而产生区位地租，决定了农业生产布局和农业土地利用方式。在存在运输成本差异的情况下，农业经济带将以城市为中心形成同心圆状的基本布局，且该同心圆布局将非常显著地受到交通运输方式的影响。

Launhardt（1882）着重研究了铁路系统对工业区位的影响。Alfred Weber（1909）在《工业区位论》一书中指出，工业区位主要决定于运输费用、劳动费用和集聚力三方面的因素，在给定资源供给的前提下，运输成本是确定企业区位的有效方法。他还指出，由于运输系统的类型不同，相同距离上产品运输成本亦不相同，进而导致工业区位分布不同。

随着交通运输方式的进步和综合交通运输系统的出现，运输逐渐失去了在诸多区位影响因素中的突出地位。但是，空间地理距离的客观存在导致社会生产要素的空间配置仍然需要通过交通运输来完成，交通运输仍然是区位分析中极为重要的影响因素。Hoover（1948）在《经济活动的区位》一书中首先提出运输费用结构理论，指出实现工业生产和贸易活动规模经济的重要前提是降低交通运输成本。他在书中关于工业区位"中转点"现象的研究结论，为在交通枢纽和沿江沿海港口区转换点发展工业提供了理论依据。

3. 关于通道建设与区域空间开发的研究

20 世纪初期，美国、西欧、日本等国在交通运输沿线形成了若干经济带，进而以点带面，带动整个国民经济快速发展。这些成功经验引起了经济学家的高度关注，并试图从理论上加以论证。Stein Gile（1927）提出"制造业带"概念，试图解释因交通便利而导致工业中心间不断加强联系的事实。在此基础上，Werner Sombart（1948）提出生长轴理论,将交通通道建设与区域开发联系起来。他认为,建设连接中心城市的铁路、公路、水运等交通干线,有利于形成新的区位优势,并吸引劳动力和产业的聚集,最后,形成以交通干线为主轴的交通经济带,以及新的工业区和居民点。据此松巴特得出结论,建设和发展交通干线有利于引导和促进经济活动,进而促进区域经济发展。Jean Gottmann(1961)在对美国东部沿海进行考察和分析的基础上指出,交通运输与信息技术的高速发展极大地促进了城市之间的经济联系,继而进一步加强了区域内的人员和产业聚集。

无论是西方发达国家的实践经验,还是经济学家的理论研究,都充分肯定了交通通道建设对区域产业布局和经济合作的决定性影响。英国是老牌资本主义国家,经济发展水平一直位居世界前列。早在19世纪初期,英国就以煤炭为基础能源,大力推进工业化进程。鉴于煤矿大多集中于苏格兰中部、英格兰的中西部和西北部,以及南威尔士地区,英国大力发展公路和铁路交通,加快燃料的运输和流转,不仅加快了本区域的经济发展,还有力地满足了其他区域经济发展对能源的需求。法国在资本主义发展初期,国内经济发展极不平衡,特别是西南地区和中部高原欠发达地区,以农业生产为主,工业化水平较低。为此,该国政府以加强区域交通和通信等基础设施建设为抓手,重点建设和发展全国高速公路网络,很好地促进了国内区域经济协调发展。作为战败国,日本在第二次世界大战后的废墟里,通过30年的工业化发展,创造了震惊世界的经济奇迹。在工业化进程中,日本政府采取特定区域的据点式开发,但交通"瓶颈"问题非常突出,各区域的产业据点之间缺乏联系。为此,日本政府大力实施全国交通大通道建设战略,从宏观上破解中心城市与产业据点之间的交通"瓶颈"现象,逐步形成了东京、大阪、名古屋和北九州四大城市圈和工业经济带。随着区域经济的快速发展,日本又进一步推进新干线建设,通过高科技现代化的交通运输和信息网络,将各个城市圈和产业带连成一片,从而实现日本国土由点到线、由线到面的全面开发。

4. 关于海上国际通道和海权的研究

根据美国《航运杂志》统计的数据显示,各种运输方式在国际运输中所占的比重分别是：相邻国家间陆上运输占15%—20%，航空运输占3%—4%，而海洋运输却占到75%—80%。由此可见，海洋运输仍是当前国际经贸主要的运输方式，在国际运输中占有极其重要的地位。正因为海上战略通道在当今世界政治博弈、经济发展和军事斗争中的极端重要性，因而关于海上通道和海权的研究引起了越来越多学者的关注。海权理论的开创者阿尔弗雷德·马汉（Alfred Mahan，1890）在《海权对历史的影响：1660—1783》、《海权对法国革命及帝国的影响：1793—1812》、《海权的影响与1812年战争的关系》等名著中，详细阐述了海权的历史，强调了制海权的重要性，并提出沿海国家获得最大国家利益的前提是建设强大海军的观点。马汉的主张很快被英、美、法等海洋大国接受，并迅速付诸实施，马汉的书也被学术界普遍认为是关于海上战略最有影响力的著作。

二　国内研究现状

（一）关于投资政策及相关问题的研究

自改革开放以来，我国进出口贸易和利用外资规模在不断增长，这与我国对外直接投资规模形成鲜明对比，我国对外直接投资起步较晚，且规模较小。当前，国内外学者主要从投资动因、投资经济效应等方面研究投资问题。

1. 对投资动因的研究

我国较早研究对外直接投资动因的学者是宝贡敏（1996），他认为发展中国家的企业对外直接投资的根本动因在于追求规模经济效应，以期达到争夺和开拓国外市场，扩大世界市场份额的目的。冼国明和杨锐（1998）对对外投资动因的研究部分解释了发展中国家对发达国家的逆向投资问题，认为发展中国家生产技术的不断提高，为企业进行海外投资和扩张提供了技术竞争优势，而经济水平的不断发展为企业加强对外直接投资提供了保障。李优树和杨环（2003）通过动态考察对外直接投资与产业国际竞争力的关系，认为一国对外投资的动因在于其企业具有较强的国际竞争力，因为对外直接投资在促进一国产业结构不断升级和优化的同时，也在不断提升国内产业的国际竞争力。马亚明和张岩贵（2003）从技术扩散的角度探讨了落后的发展中国家企业对外直接投资的动因，认为企业通过对外直接投资不仅可以学习国外先进的生产技术、管理经验和经营模式，而且可以分享技术外溢产生的经济效应，从而增强企业的国际竞争力。

2. 对外投资促进产业结构升级的研究

在对外直接投资促进我国产业结构优化升级的研究方面，国内学者的研究成果并不多，主要集中在外商直接投资对中国产业结构调整的影响上，一般是从理论和实证两方面研究该问题。

在理论研究方面，国内学者高峰（2002）在分析我国当前利用外资总体情况的基础上，认为对外投资将促进我国产业结构的高度化、合理化以及高效化，即产业结构不断优化、不断趋势合理。曹秋菊（2006）对外商直接投资对我国产业结构的调整机制进行了深入分析，结合中国近年来吸引外商直接投资的实际情况，认为外商直接投资有利于促进我国产业结构的调整与升级。江小涓（2008）研究表明，我国利用外资的外溢效应促进了我国产业整体竞争力的提升，其外溢效益主要体现在生产技术的提升、管理水平的提高、人力资本的积累、研发能力的提升、产业链的延伸、关联产业的带动发展等方面。

在实证研究方面，国内学者一方面重点研究了外商直接投资对我国产业结构变动的影响程度。李雪（2005）通过构建计量模型，对1983—2003年外商直接投资对我国产业结构转变的影响进行实证分析，认为外商直接投资对我国产业影响最大的是第二产业，其次是第三产业和第一产业。孙军（2006）通过构建计量模型，对1983—2003年外商直接投资对我国三次产业变动影响的相关性进行了分析，研究表明外商直接投资对我国三次产业结构的影响具有差异，其结论是外商直接投资对我国第一产业的影响不很显著，对第二产业有显著影响，但对第三产业却有轻微的负影响。陈迅和高远东（2006）认为外商直接投资与我国产业结构变化二者之间存在长期稳定的协同关系，随着外商直接投资增长率的不断提高，我国产业结构向高级化、高效化的发展程度也越高。

另一方面，国内学者还研究了外商直接投资的技术溢出效应。江小涓（2002）通过测算外商直接投资对我国GDP增长的贡献度，认为外商直接投资促进了我国 GDP 的增长，外商直接投资带来的先进生产技术产生了技术溢出效应，是我国生产技术水平整体提升的关键所在。张淑玲和卢婵君（2007）的研究也表明，外商直接投资带来的技术外溢效应改善了我国的产业结构，促进了我国产业结构的不断优化升级。而李金玲和宋焕斌（2008）从区域间知识流动的角度进一步分析了外商直接投资的技术外溢效应，认为技术转移对区域产业结构的调整与外商直接投资对区域产业结构的调整具有一致性，第二、三产业所占的比重明显提高，均能达到调整产业结构和优化产业结构的目的。与此同时，个别学者认为外商直接投资不能带来技术溢出效应，王飞（2003）从我国地区构成的角度研究了外商直接投资对中国工业企业技术进步的影响，其结论是外商直接投资并未产生明显的技术外溢效应。而陈明森（2004）却认为当前外商直接投资对我国技术水平提升的作用呈现出不断弱化的倾向，其原因在于外商直接投资对东道国技术进步和产业结构升级的影响将受到诸多因素的影响，包括企业投资动机、东道国产业结构以及东道国的引资政策等因素。

（二）关于贸易政策及相关问题的研究

1. 对贸易政策问题的研究

国内学者李计广（2003）系统地研究了欧盟贸易政策体系、欧盟贸易政策的决策机制及特点，分析了欧盟的反倾销政策和贸易协定政策，并总结了欧盟贸易政策体系及其决策机制的特点。宋学丛（2005）从利益的视角对国际贸易政策进行了深入分析，探讨了贸易政策与国家利益、集团利益的关系，对我国目前的对外贸易政策进行了深入分析，并提出了有关我国对外贸易政策制定方面的建议。刘熠（2006）认为贸易政策是欧盟众多经济政策中出现最早、发展最完善的政策，贸易政策的实施，给欧盟带来了显著的经济效果。特别是"关税同盟政策""共同农业政策""反倾销与反补贴政策""对发展中国家的优惠政策"这些贸易政策的实施，产生了极强的经济效用。因此，对欧盟的贸易政策进行研究，可以对其他经济一体化组织产生很大的启发。杜光如（2009）在国际贸易理论及区域经济一体化理论的基础上，分析了中国与东盟贸易的发展历程、现状、特点及存在的问题，对制约中国与东盟贸易发展的影响因素进行了科学的分析，在此基础上，提出了相关的政策建议。赵梅（2010）将国际贸易理论的发展演变分为了三个阶段（传统国际贸易理论、第二次世界大战后至20世纪80年代、20世纪80年代以后），探讨理论演变的五种动因，论证国际贸易理论是从现实的生活中产生和发展起来的，并对国际贸易理论的发展趋势进行了预测。李红和方冬莉（2011）论证了中国、美国、日本、韩国与东盟的贸易具有协整关系，中国—东盟自由贸易区亦惠及亚太区域贸易，并结合定性分析与数学模型，预测2011年中国—东盟经贸合作将保持较高的增长势头。王进和巫雪芬（2011）利用加权产业内贸易指标、产业内贸易与贸易额和GDP之间的相关关系对"金砖四国"产业内贸易的经济效应进行实证分析。

2. 对中国—东盟贸易政策问题的研究

何慧刚（2006）认为中国—东盟自由贸易区的建立，将给中国与东盟国家带来正的经济效应（降低关税、贸易创造、非关税贸易壁垒减少、服务贸易效应、产业内分工和产业结构调整、刺激投资、规模经济、货币一体化），同时也会带来负的经济效应（合作效率损失、合作进程不一致、福利水平下降、合作成本提高）。张建中（2011）从双边货物贸易额、贸易差额、对外贸易依存度、货物贸易的商品结构和产业内贸易等角度，研究了后危机时代中国与东盟的外贸发展趋势，在此基础上进一步探讨了在后危机时代中国对东盟贸易政策的选择，即实施适度宽松的对外贸易政策、均衡实施出口导向战略和进口替代战略、以稳定外需转变外贸发展方式、建立中国—东盟自由贸易区互为融通的贸易综合管理体系。陈红（2013）探讨了中国—东盟自由贸易区建立的实际经济效应，包括动态效应及静态效应，分析了中国—东盟自由贸易区的发展现状、发展趋势及我国的政策选择，并对"10+3"模式进行了探讨。

（三）关于金融政策及相关问题的研究

1. 关于金融政策问题的研究

Friedman（1963）认为稳定物价和币值是货币政策的长期目标，货币政策的作用是防止宏观经济对货币政策产生震动，而货币政策对实体经济的影响是有限的。Mckinnon（1973）和 Shaw（1973）在《金融抑制论》中指出，金融政策与国家经济发展相互促进、相互制约，解决问题的关键取决于政府对金融政策的选择。La Porta、López de Silanes、Shleifer 和 Vishny（1997，1998，1999，2000）等学者认为金融政策是一组契约，金融政策的制定和实施离不开健全的法律保障体系。

Bech（2002）采用 65 个国家的面板数据，通过构建计量模型研究了开放经济条件下金融政策变化与经济发展的关系问题，认为合理的金融政策可以降低生产成本。此后，Bech 等学者（2006）进一步研究发现，金融政策变化与经济发展的关系不显著、影响不明显。而 Rousseau（1999）、Chlistopoulos 和 G. Tsionas（2004）运用时间序列数据进行实证分析却得出了不同的结论，认为金融政策变化与经济发展二者之间存在正相关关系，即金融政策变化对经济发展具有促进作用，经济发展将影响金融政策的制定与实施。

2. 关于中国—东盟金融政策问题的研究

在金融合作内容和模式方面，梁立（2005）认为中国应与东盟国家从金融政策协调、外汇储备共享以及发展区域性债券市场等方面共同推进中国—东盟金融合作。张家寿（2005）认为中国—东盟开展金融合作应包括货币合作和金融政策合作，即通过建立紧急救援安排、加强区域汇率安排管理和设立区域货币基金等方面加强货币合作；通过加强金融监管和预警、建立区域协调机制等方面加强金融政策合作。王丽娅（2007）认为中国与东盟具备了金融合作的经济基础，但还不具备成立最优货币区的条件，为此应创造条件积极推进中国—东盟金融合作，进而对中国—东盟区域金融合作的步骤、路径选择以及形成以人民币为核心的货币联盟提出相应的对策和建议。屠年松（2010）认为加强中国—东盟金融合作的重点在于货币合作、资本市场的合作和金融监管的合作。在此基础上，继续研究指出，中国—东盟金融合作应选择合理的金融合作模式，当前可参照的模式有日本主导的东亚金融合作模式、"中国+东盟"的金融合作模式、东盟各国主导的金融合作模式，认为"中国+东盟"合作模式是最佳选择。在后金融危机时代背景下，罗传钰（2011）以国际经济政策协调方式为理论基础探讨了中国—东盟金融合作的协调合作问题，提出相机性协调与规则性协调相结合的合作模式。陈剑波和胡列曲（2012）认为，中国—东盟金融合作应遵循循序渐进的发展模式，首先要建立和完善边贸结算体系，其次要推进中国—东盟投资合作基金发展，再次要建立中国—东盟地区债券市场，最后要完善区域危机救助机制。麻昌港（2014）以中国—东盟为例，深入研究了区域贸易和区域金融一体化的关系问题，认为中国和东盟国家应通过放开金融管制、提高金融开放度和建立双边金融风险防御体系来提高中国—东盟金融一体化程度。

在金融合作机制与法律方面，薛林和郭健斌（2007）认为建立金融监管合作法律机制对于推进中国—东盟金融合作具有重要的意义，从金融监管合作模式选择、监管合作法律依据、监管合作的阶段及其特点、金融监管与货币合作、金融监管合作机构的设立等方面探讨了中国—东盟金融监管合作法律机制的框架体系。张涛（2010）认为加强中国—东盟金融合作首先要解决法律障碍问题，目前存在的法律障碍包括资本账户管制尚未取消、人民币在境外流通存在数额限制、流通渠道不规范、外汇和税收政策的干扰、缺乏汇率协调机制以及人民币计价结算管制等问题。

在货币合作方面，关于中国—东盟货币合作问题，国内学者关伟、范祚军、唐文琳等对这一问题进行了系列研究和探讨。关伟和范祚军（2005）基于最优货币区理论的分析框架，认为在中国—东盟自由贸易区框架下构建区域内宏观金融政策协调机制具有可行性，实现中国—东盟自由贸易区成员国货币政策的协调是一个渐进的过程，可以从加大货币政策国际协调的实际操作、实行中国—东盟自由贸易区内部生产要素自由流通以及金融政策协调一致三个方面着手。唐文琳和范祚军（2006）认为，对于中国—东盟自由贸易区这一特定区域而言，与独立钉住单一货币制度相比，钉住货币篮制度能更为有效地降低实际有效汇率的变动，所以更适合贸易结构多元化的中国—东盟自由贸易区成员国，在条件允许的情况下，可以建立一个类似ECU的亚洲货币单位 EACU。基于贸易视角和货币竞争与"铸币税"视角，范祚军和关伟（2008）探讨了 CAFTA 框架下人民币区域化的现实基础，进而提出 CAFTA 框架下人民币区域化的具体策略和人民币区域化的保障措施。文淑惠（2007）从生产要素的流动性指标、经济开放度、产品多样性、金融一体化程度、宏观经济政策一致性、工资价格弹性等方面分析了中国—东盟区域金融合作的可行性，并运用最优货币区的指标体系对中国—东盟组成"最优货币区"进行检验，认为在整个东盟区域内推进区域金融合作应采取渐进的二重式合作。刘文娟（2013）基于货币互换的基本原理深入分析了人民币国际化的作用机理，认为中国与东盟国家加强货币互换合作是推进人民币国际化的重要手段，不仅可以摆脱美元陷阱，而且可以加速实现人民币国际化的过程。

（四）关于国际通道政策及相关问题的研究

1. 关于通道内涵的研究

对于通道，大多数国内学者主要从交通运输的视角来理解和界定。张国伍（1991）认为，通道就是"某两地之间具有已经达到一定规模的双向或单向交通流，为了承担此强大交通流而建设的交通运输线路的集合"。陆卓明（1995）将通道解释为距离较长的、穿越较多国家或地区、承担大部分国际运输且走向相同的交通线。张正华和史红亮（2013）指出，已有文献更多地将国际通道解释为国际综合运输通道，是"以铁路、公路、航空、海运、河运和管道运输以及光缆通信相配套的横跨洲际，连接海洋，实行海陆统一直接运输的新型现代化海陆国际通道"。国际通道运输能力大，规模经济效应明显，运输成本低。国际交通运输经济带作为运输干线，具有最优的通达性。

2. 关于通道建设与区域经济发展的研究

（1）关于通道经济带的研究。张文尝（2001）认为，交通运输体系空间网络的日益完善，不仅加强了通道经济带内部的经济联系与协作，还进一步促进了区域经济的集聚与扩散。夏飞和陈修谦（2004）在界定高速公路经济带及其边界的基础上，构建基于时间和运费的边界模型，并进行了实证研究，最后根据研究结果提出通过拓展高速经济带来促进区域经济发展的对策建议。杨鹏（2012）认为，在经济地理中，通道与交通线往往是同一概念，除了公路、铁路、江河（含运河）、湖泊、海洋、航空线，还包括经济走廊、边境口岸等。他指出，传统的通道经济逐步成为区域经济发展的新兴模式，并以广西为案例进行研究，构建了基于区位优势的通道经济的理论体系。

（2）关于通道建设促进区域经济发展的研究。李国强（1998）通过分析通道基础设施促进地方经济的作用，将其经济效益归结为降低运输成本，提高经济效率，优化区域产业结构，以及促进通道经济带全面发展。张正华、史红亮（2013）分析了国际通道的具体功能，指出国际通道运输容量大，需求集中，能够降低运输成本，提高区域交通可达性，有利于促进国际经贸合作与发展，并增强区域内经济活动的聚聚性和辐射性。

（3）关于通道建设空间溢出效应的研究。张学良（2009）利用1950—2005年的统计数据，基于空间权重矩阵对中国交通通道设施、空间溢出效应和区域经济发展进行实证分析，结果表明，交通通道设施建设对区域经济发展以正向溢出效应为主。刘生龙和胡鞍钢（2010）基于Panel Data模型，利用1988—2007年的统计数据，实证测度了我国交通基础设施对经济增长的溢出效应，研究表明，通道设施建设对区域经济发展具有显著的正向溢出效应，并且加强交通通道设施建设将进一步提高区域内的工业化、城市化和信息化水平。

3. 关于中国—东盟通道建设的研究

随着经济全球化、自由化的进程不断加快，国际交通运输便利化和自由化已成为必然的发展趋势。中国—东盟自由贸易区的全面建成启动，为该区域推行交通运输便利化和自由化提供了契机，也引起了国内外学者的高度关注。刘伟等人（2008）强调了交通运输发展的战略地位，并对中国—东盟立体化交通网络的发展情况进行了概览式的刻画和描述。夏飞和袁洁（2012）提出，中国—东盟自由贸易区的经济一体化研究应以交通通道建设为起点，通过构建区位熵测度模型，对中国和东盟7国（缅甸、老挝和文莱因数据缺失未列入）在交通设施质量水平、通达性、运输服务可得性等方面进行区位熵测度，对中国和东盟7国的交通运输发展水平差异进行全面客观的分析,并据此提出以中国、马来西亚和新加坡为主要节点,持续加强对交通基础设施的投资和建设力度,有步骤、有计划地推进交通基础设施、运输服务体系发展和改造升级。刁伟民(2008)针对中国和东盟国家空中通道建设的现状,对中国—东盟空中通道对接和航空运输合作的前景、发展趋势和存在的问题进行了全面分析,并提出了推进该区域航空运输便利化和自由化进程的对策措施。古小松等人(2010)认为,交通运输合作是中国—东盟自由贸易区全面快速发展的重要前提和基础,并提出两地合作的"四纵一横两网一枢纽"战略构想,推进中国—东盟互联互通、直通直达等新思路。

三 对国内外研究现状的述评

(一)投资政策

从国外学者现有研究成果来看,国外学者对投资政策问题的研究主要集中在三个方面:一是从发达国家的角度研究对外直接投资的动因问题,主要是从垄断优势和交易成本内部化的角度来进行研究;二是从发展中国家的角度研究对外直接投资的动因问题,主要是从技术反超的角度来进行研究;三是从实践的角度研究即投资的产业选择理论问题,主要是雁行模式理论和产品周期理论,并且这些理论在实际经济活动中起到很好的指导示范作用。

国内学者对投资政策问题的研究主要集中在三个方面:一是投资动因研究,主要是从规模经济效应、产业竞争力和技术外溢效应的角度来探讨;二是FDI对中国的产业结构升级影响,主要从理论和实证两方面分析,从理论方面大多数学者通过各种分析方法都认为FDI对中国产业结构升级有各种有益处的影响,从实证方面很多学者得出FDI对三次产业结构影响程度不一样的结论;三是关于FDI带来技术溢出效应影响,学者的观点呈现出差异,有的认为有积极作用,有的认为作用不明显。

对于中国—东盟对外直接投资政策问题的研究,可能出于中国目前仍然是吸收外资大国,对外尤其是对东盟投资数量较少的原因,大部分文献集中在中国吸收直接投资的影响分析,而缺乏中国对东盟的投资分析，在南海安全问题成为中国—东盟双边合作中不可回避的影响因素下，投资合作或许是一种化解中国与部分东盟国家争议的有效途径，这些都是值得我国学者继续关注和重点研究的问题。

(二) 贸易政策

对某一既定区域的贸易问题的研究，所涉及的范围非常广泛，从上文国内外的研究现状可以看出，许多经济学家在对外贸易的影响因素方面，做了许多工作。

目前国外的研究现状，大多是研究国别贸易政策对本国商品的进出口结构、贸易规模、双边进出口贸易关系以及贸易对各国经济的影响等。国内理论研究方面，大多研究自由贸易区建立后的贸易效应，对中国与东盟双边进出口贸易的影响因素的研究，主要是从理论方面分析，对南海安全下具体研究中国对东盟贸易政策问题的论文和著作，相对比较少。国内实证研究方面，则大多从中国—东盟对外贸易结构、对外贸易地理方向、对外贸易依存度、贸易竞争性和互补性等方面着手，单方面研究中国—东盟双边进出口贸易对中国或东盟国家经济发展的影响，而综合研究对中国和东盟国家经济发展或影响因素的文献相对较少。在打造中国—东盟自由贸易区升级版、共建21世纪"海上丝绸之路"、维护南海安全稳定等新的战略背景下，研究中国—东盟贸易政策的文献几乎是空白的。

因此，在当前背景下有必要进一步深入研究中国—东盟经贸政策的演变、双边进出口贸易发展的现状、特点、发展趋势及存在的问题、贸易政策选择等问题，这些问题的研究不仅可以为中国—东盟经贸发展提供理论和政策支持，而且可以更好地推进中国与东盟区域经济合作。

(三) 金融政策

国外学者主要是从货币政策效应、汇率政策效应等方面研究国际金融政策及相关问题，国内学者对金融政策问题的研究成果相对较多，而对中国—东盟金融政策问题主要是从理论研究和经验分析两方面研究金融合作问题，理论研究和经验分析均体现在研究中国—东盟金融合作的内容和模式问题、中国—东盟金融合作机制与法律问题、中国—东盟货币合作问题等。从研究方法来看，理论分析和规范分析的研究成果较多，而实证研究的成果较少，其原因可能在于中国—东盟区域经济合作时间较短，实证研究中数据资料的搜集具有一定的难度，计量模型的建立也具有不确定性。中国—东盟自由贸易区的如期建成，以及中国—东盟经济的高度融合将凸显中国—东盟区域经济合作对成员国的重要性，在未来的研究中实证分析方法将可能成为学者们主要的研究方法。在南海安全问题成为当前中国—东盟经贸合作的热点话题背景下，如何通过中国—东盟金融合作化解南海安全问题，还有待于专家和学者们进一步思考。

（四）国际通道政策

国内外对国际通道建设问题的研究已经取得了较为丰富的理论与实证成果，呈现出交叉学科的研究特点。在此基础上，探索通道建设与区域经济合作具备了一定的理论基础和方法论。但是，现有研究成果仍存在一些不足，有待进一步的深入研究。

第一，研究视角较为单一。综观当前的研究文献，多数学者都将关注的焦点集中于通道建设的经济效应，少有学者从地缘政治、经济合作、文化交流以及军事安全等多个视角来研究区域通道的对接和建设问题。事实上，政治、经济、军事、文化等方面是紧密相关的，都是国家或地区之间通道对接和建设中要深入研究的问题，应作为一个整体来研究。

第二，研究内容有待丰富。海上交通作为现代国际战略通道的新内涵具有越来越重要的意义，但从已有的研究成果来看，学者们对海上通道的研究，主要侧重于海洋在国家安全方面的研究，较少涉及国际经济合作方面的深入研究；侧重于海洋资源价值，较少涉及海洋的通道价值。

第三，研究方法有待改进。已有成果对国际通道的专门研究不多，并且迄今为止尚未形成"通道"统一的权威定义，大多数文献提到通道，只是将其作为一个笼统的概念；一些文献也提出评价通道效应的指标和方法，并对这些指标进行测定，但这些指标大多为比较单一的比值指标，且主要是宏观指标；现在还没有形成比较全面的用于定性和定量分析通道效应的评价指标体系。

第三节 研究内容和方法

一 研究内容

在打造中国—东盟自由贸易区升级版、共建21世纪"海上丝绸之路"、维护南海安全稳定等新形势下，本书基于国际投资理论、国际贸易理论、国际金融理论和国际通道理论，运用文献分析法、比较分析法、计量分析法、层次分析法和博弈分析法，在对中国—东盟区域经济合作现状、经贸政策演变、现有经贸政策体系、经贸政策的决定机制，以及经贸政策实施的经济效应、经贸政策实施的绩效评价等进行定性与定量分析的基础上，深入研究了新形势下中国—东盟国际贸易政策、国际投资政策、国际金融政策和国际通道政策的选择和调整问题，最后对中国—东盟经贸政策的实施和协调提出了相关政策建议。

第一章是导论。主要阐述了本书的研究背景和研究意义，以及与本书相关的国内外研究现状并对其进行述评。

第二章是研究的理论基础。主要包括国际投资理论、国际贸易理论、国际金融理论和国际通道理论，分别对以上四个方面具有代表性的理论进行梳理归纳，厘清了理论发展脉络，阐释了各理论的主要观点和基本结论，为对中国—东盟经贸政策分析框架开展定性分析和定量分析提供理论依据。

第三章分析了中国—东盟区域经济合作概述。主要对中国—东盟双边投资、双边进出口贸易、金融合作和国际通道建设等发展现状、特点与发展趋势及其分别产生的经济效应进行了深入系统的分析。

第四章和第五章梳理了中国—东盟区域经济合作的政策演变，以及当前中国—东盟区域经济合作的经贸政策体系。主要回顾了不同阶段中国对东盟经贸政策演变以及东盟对中国经贸政策的内容，厘清了双方经贸政策发展的脉络。

第六章研究了中国—东盟经贸政策的决策机制。本章具体对投资政策、贸易政策、金融政策、通道对接政策四类政策的决策机制进行分析。主要包括：对投资政策的决策主体、决策方式和决策原则等内容进行分析；对贸易政策的决策主体、决策方式和决策原则等内容进行分析；对金融决策主体、决策机制的表现形式和决策机制的演变历程进行分析；对通道对接的相关国际条约框架以及中国—东盟通道合作决策机制进行阐述。

第七章是实证分析部分。首先，构建联立方程模型，使用两阶段最小二乘法（2WLS），对中国对东盟国际投资、国际贸易、国际工程承包等主要变量在经济系统中的关系进行计量分析；其次，构建一套评价指标体系，运用层次分析法，对中国—东盟自由贸易区经贸政策实施的绩效进行评价。为探讨新形势下中国—东盟经贸政策的选择和调整提供依据。

第八章研究了新形势下中国—东盟经贸政策的选择与调整问题。其一，从投资协调机制建设、投资领域政策性引导、选择差异化投资项目三方面探讨了中国—东盟国际投资政策的选择和调整问题；其二，从完善对外贸易合作机制、调整对外贸易政策、推进中国—东盟经济共同体建设、实施出口导向战略和进口替代战略四方面探讨了中国—东盟国际贸易政策的选择和调整问题；其三，从区域经济合作的角度探讨了国际金融政策的选择和调整问题，主要包括推进人民币区域化、推进东盟国家钉住人民币的固定汇率制度建设、加强中国与东盟国家经济政策的协调、加快人民币利率市场化进程和切实防控区域性金融风险等；其四，从中国—东盟基础设施互联互通建设角度，包括优先发展交通基础设施、重点发展信息通信业、科学发展边境口岸等方面探讨了中国—东盟国际通道政策的选择与调整问题。

第九章研究了推进中国—东盟经贸政策的实施和协调问题。主要包括阐述中国—东盟经贸政策实施和协调的现实基础，明确经贸政策实施和协调的目标和任务，加强经贸政策实施和协调的对策建议等内容。

二 研究方法

第一,文献分析法。对现有的国际投资理论、国际贸易理论、国际金融理论和国际通道理论等相关理论进行全面的梳理,为本书的研究奠定理论基础。对中国—东盟区域经济合作的政策演变进行全面、系统的回顾,为进一步剖析现有政策对中国—东盟区域经济合作的影响及现有经贸政策局限性奠定理论基础。

第二,比较分析方法。运用年度面板数据,对中国—东盟的双边直接投资量、双边直接投资占各自对外直接投资的比例、投资的国别分布和行业分布进行比较分析,在此基础上,归纳总结中国—东盟直接投资的特点及发展趋势;对双边进出口贸易总额、贸易结构、产业内贸易水平等进行纵向和横向比较,进而归纳出中国与东盟的贸易发展特点及趋势。

第三,计量分析方法。构建联立方程模型,运用 Eviews 6.0 软件,使用两阶段最小二乘法(2WLS)对中国—东盟国际投资、国际贸易、国际工程承包和中国国内生产总值之间的相互关系进行实证分析,为研究中国—东盟经贸政策的选择和调整提供依据。

第四,层次分析法。在构建绩效评价指标体系的基础上,运用层次分析法,对我国对东盟实施的经贸政策的绩效进行系统分析,从而为中国—东盟自由贸易区经贸政策的选择和调整提供依据。

第四节 研究的创新之处和不足

一 创新之处

(1)本书以打造中国—东盟自由贸易区升级版、共建 21 世纪"海上丝绸之路"以及维护南海安全稳定等新形势为切入点,重点研究了中国—东盟国际投资、国际贸易、国际金融和国际通道等经贸政策的演变、现有体系和决策机制等问题,为深入研究经贸政策选择和调整提供依据。

(2)构建联立方程模型,对中国—东盟国际投资、国际贸易、国际工程承包和中国国内生产总值之间的相互关系进行实证分析，研究表明，我国对东盟国际投资和国际贸易具有替代而非互补关系，国际投资与国际工程承包、国际贸易与国际工程承包是相互促进的互补关系，中国对东盟国际投资、国际贸易、国际工程承包和中国经济增长具有显著为正的重要促进作用。

（3）构建中国—东盟经贸政策的绩效评价指标体系。运用层次分析法，对经贸政策的实施绩效进行科学评价，评价结果显示中国—东盟经贸政策的实施对深化中国—东盟区域经济合作具有重要的促进作用。

（4）根据理论研究和实证分析，对中国—东盟经贸政策的实施和协调问题进行深入的探讨，并提出相关对策建议。

二　研究不足

中国—东盟区域经济合作问题是当前研究的热点问题，在打造中国—东盟自由贸易区升级版、共建21世纪"海上丝绸之路"、维护南海安全稳定等新形势下，中国—东盟经贸政策的选择与调整是一个复杂的问题。尽管本书参考了大量前人的相关研究成果，从多个层面对相关经贸政策的实施进行较为全面深入的研究，但受到主客观条件的限制，仍有许多问题没有涉及，概括起来大致有以下几点有待于进一步深入研究：

其一，在阶段性研究成果分析产业政策和劳工政策对中国—东盟自由贸易区经济合作的影响进行分析时，尽管研究中采用了博弈矩阵，就现有产业政策阻碍分工深化和劳工政策阻碍要素跨区域流动产生的负面影响进行了理论推导，揭示了调整产业政策和劳工政策优化资源配置以提高双方经济效率的必要性，但受中观层面和微观层面有关产业分工、劳动力跨国流动等经济数据缺乏的限制，对上述两类政策的影响分析仅限于理论分析，尚缺乏实证方面的支持。若能广泛收集统计数据和构建一定的经济指标对其产生的不利影响进行测度，通过实地调研深化对中国与东盟各成员国之间的分工困境剖析和劳动力自由流动受限对经贸合作的影响程度进行国别比较，这部分的研究无疑将更具有现实意义。

其二，由于中国—东盟自由贸易区经贸政策受影响的相关利益主体涉及范围广泛，不但包含中国与东盟 10 个成员方等宏观经济主体，还涉及产业、企业等中观与微观经济主体，还涉及贸易、投资、金融合作与国际通道建设等多方面的合作内容，其复杂程度非同一般。在本书的研究中，支撑理论分析和验证理论观点的数据，多采用宏观和中观层面的统计数据，在一定程度上对经济政策实施的效应、经济变量的关系等问题进行了较为深入系统的剖析，但应用微观层面特别是对双方对外贸易企业、海外投资企业、行业协会和其他非政府组织对政策执行的效果及政策创新需求的探讨尚显薄弱。因此，如果能在微观层面加强中国—东盟自由贸易区经贸政策需求分析和实施绩效评价，其研究结论将对官方改善双边经贸合作的硬件和软件环境、优化合作机制、明确政策协调的重点进而提高经贸政策的效果，更具有指导意义。

其三，中国—东盟自由贸易区经贸政策的制定和实施，无疑将会受到区域外大国利益主体的干涉和影响，但本书研究中受研究资料和研究条件的限制，并未进一步探讨区域外大国利益主体对自由贸易区经贸政策选择和调整的影响问题。

第二章 研究的理论基础

第一节 国际投资理论

一 垄断优势理论

垄断优势理论（Monopolistic Advantage Theory）也被称为所有权优势理论或者公司特有优势理论，最早研究对外直接投资理论的学者是美国麻省理工学院教授海默（Stephan Hymer），1960年海默教授首次提出了垄断优势理论。20世纪70年代，美国麻省理工学院C. P. 金德贝格进一步补充和发展了海默教授提出的垄断优势理论。

海默认为，一个企业因为拥有比东道国同类企业更有利的垄断优势，对外直接投资的目的是在国外赚取更多的利润，其本质是具有某种优势的寡头垄断企业为了获取高额利润而控制不完全市场所采取的行为措施。市场竞争的不完全性是对外直接投资的根本原因，在东道国竞争不完全的市场中，跨国公司可利用其垄断优势获得超额利润。

垄断优势理论以国际直接投资为研究对象，从理论上开创了全新的研究领域。在20世纪60—70年代中期，随着全球对外投资的热潮，垄断优势理论对西方学者产生了深刻的影响。这一理论首先解释了跨国公司进行横向投资的目的是在更大范围内发挥垄断优势，然后进一步解释了跨国公司进行纵向投资的原因，即为了维护其垄断地位，跨国公司将部分生产工序，特别是将劳动密集型生产工序转移到劳动力成本较低廉的发展中国家进行生产。该理论的研究视角从流通领域转向生产领域，从而摆脱了新古典贸易思想的束缚，为研究国际投资理论开创了全新的思路，这无疑是该理论的最大贡献。

垄断优势理论以美国为研究角度，较好地解释了美国跨国公司对外直接投资的动因，但也存在一定的缺陷，一是不能很好地解释对外直接投资流向的产业分布或地理分布；二是无法解释20世纪60年代后期不具备垄断优势的发展中国家的跨国公司，却不断增加对外直接投资的动因；三是更无法解释处于技术劣势的发展中国家也向发达国家进行"逆向"直接投资的现象。因此，该理论的根本缺陷是缺乏普适性，其原因在于该理论受时代的限制而过分偏重于静态研究，忽略了对外直接投资中的动态影响因素，如时间因素、区位因素等。

二 内部化理论

20世纪30年代，科斯（Ronald H. Coase）、威廉姆森（Oliver E. Williamsom）等人创立了交易成本学说。随后，巴雷克和卡森在《国际经营论》和《跨国公司的未来》中，把科斯的交易成本理论应用到国际直接投资领域，就产生了内部化理论。

科斯认为，企业是一个多功能的复合体，除了生产之外还要进行研发、采购、招募雇佣、营销等一系列与市场相关的活动。但是，市场的运行是有成本的（例如选取交易对象、谈判、拟订和实施合同及监督控制等环节），不过如果以统一的行政管理取代市场交易，也就是将交易环节纳入企业内部，则可以节省交易成本。当企业的这种内部化交易行为跨越了国界，国际直接投资即可产生。

内部化市场产生的根本原因就是规避外部市场失效（比如市场不完全、中间产品市场不完全、跨国公司的出现）或者某些产品的特殊性质导致的外部交易成本的上升，将外部市场进行的交易行为转变为在公司所属企业内部进行，这一行为就是国际直接投资。内部化理论是从成本和收益的角度对国际直接投资的原因进行解释，只要内部化交易的获益大于外部市场交易成本和内部化成本，企业便可拥有内部化优势进而可以实现跨国经营，这一角度适用于分析企业跨国投资和经营，也可以对发展中国家企业的跨国投资和经营行为进行解释。

与垄断优势理论相比，内部化理论提供了一种完全不同的理论分析框架，更具有动态性，更接近跨国公司对外投资行为的实际情况。

内部化理论被称为跨国公司的核心理论,因为该理论不但能够合理地解释战后跨国公司的数量迅速增加与业务扩张行为,而且能够解释发达国家之间的相互投资,更重要的是成为跨国公司对外投资和扩展业务的理论指导依据。

三 产品生命周期理论

美国哈佛大学教授雷蒙德·弗农(Raymond Vernon)在1966年提出了产品生命周期理论(product life cycle),该理论在他所著的《产品周期中的国际投资与国际贸易》首次提出。在弗农的产品周期三阶段模型基础上,美国学者约翰逊则进一步了完善了该理论。

弗农认为,一种产品从进入市场到被市场淘汰都要经历形成、成长、成熟、衰退的周期。在生产技术水平不同的国家,其产品的周期存在时差,而这种时差就导致了国际贸易和国际投资的产生,生产技术水平的差异决定了国际投资的国别方向。根据产品生命周期理论,跨国公司对外直接投资要经历以下三个阶段:

第一阶段:产品的创新阶段。面对高利润的潜在市场最有竞争力的是拥有先进生产技术的研发产品。

第二阶段:产品的成熟阶段。这一阶段市场的需求量急剧增加,但因为产品还未形成并实行生产标准化,企业提高产品国际竞争力的手段主要是生产异质化产品。

第三阶段:产品的标准化阶段。在这一阶段由于产品持续出口产生的技术外溢效应,他国企业通过模仿逐步掌握产品的生产技术,国际市场上将会出现大量类似的替代产品,在这一阶段提高产品的核心竞争力就是要降低生产成本。

从产品生命周期理论的理论贡献来看,该理论从另一角度解释了国际投资发生的动因。对于初次进行跨国投资的企业而言,该理论主要适用于涉及最终产品市场的企业。但其局限性在于,首先,该理论无法解释工业领域非替代出口产品等投资比例增加的现象;其次,无法解释发展中国家日益增多的双向投资现象;最后,该理论同样不能有力说明对已经建立国际生产和销售体系的跨国公司进行对外投资的现象。

四 国际生产折中理论

1977年，英国经济学家约翰·邓宁（John Dunning）教授提出国际生产折中理论（Eclectic Theory of International Production），他认为20世纪50年代以来的有关国际直接投资理论具有一定的局限性，即没有形成一种将国际贸易和国际直接投资等行为有机结合的对外投资理论，而事实上一国的商品贸易、资源转让、国际直接投资的总和构成该国的国际经济活动。邓宁还认为，一国跨国公司如果拥有所有权优势、内部化优势和区位优势，并对三种优势进行不同组合，这就决定了该国从事国际经济活动的不同方式。

所有权优势（Ownership Advantage）是一国企业已经拥有或能够得到的诸如自然资源、资本、生产技术、劳动力等生产要素禀赋，这一要素禀赋正是他国尚未具备或短期内难以得到的，而跨国公司对外直接投资的能力直接取决于所拥有的所有权优势大小。跨国公司所拥有或能够得到的所有权优势主要有：通过出口贸易、资源转让和对外直接投资行为能给企业带来收益的要素，如产品、技术、商标、组织管理技能等。通过降低交易成本和流通成本、实施市场多元化和产品差异化战略、垄断国内外市场和生产原材料，跨国公司就拥有了所有权优势。

内部化优势（Internalization Advantage）是一国企业为了避免不完全竞争市场带来的负面影响，在企业内部保持的某种特殊优势。由于市场信息不对称导致市场失灵，企业所拥有的各种优势包括所有权优势都有可能失效，企业为了保持所有权优势而进行内部化，即通过供给与需求的交换内部化，以及配置资源内部化，企业的垄断优势才能获得最大的收益。

区位优势（Location Advantage）是跨国公司在对外投资时进行区位选择所具有的优势，区位优势的大小对于跨国公司是否进行对外直接投资或选择投资地区均具有决定性的影响。区位优势有直接区位优势和间接区位优势两种形式，直接区位优势是东道国本身所拥有的要素禀赋而形成的优势，如充裕的生产要素（土地、资本、生产技术等）、庞大的市场需求等；间接区位优势是由于投资国和东道国存在的某些客观因素而形成的优势，如出口商品运输成本过高、东道国进口关税过高等。

国际生产折中理论认为，区位优势是跨国公司对外直接投资的先决条件，但是投资必须具备所有权优势和内部化优势。因此，根据企业拥有的三种优势程度，可以对绝大多数企业的跨国投资行为进行解释和区分。该理论克服了之前对外直接投资理论的局限性，在前人研究的基础上运用多种变量来解释跨国公司对外直接投资应具备的必要和充分条件，相对于之前的对外直接投资理论，该理论具有较强的适应性和实用性。

五 边际产业理论

边际产业理论（Marginal Industry Theory）是1977年日本学者小岛清（Kyoshi Kojima）提出的，他认为应从国际分工等宏观经济的角度来解释国际直接投资产生的原因。基于比较优势理论，小岛清在对日本和美国的跨国公司对外直接投资进行实证分析过程中，进一步发展和完善了贸易互补型对外直接投资理论。

该理论认为，一国应该对本国具有比较优势的产业实行专业化生产并出口该产品；对具有比较劣势的产业则通过对外直接投资转移到国外，再从东道国进口所需产品弥补投资国生产该产品所处的劣势。因此，一国利用比较优势进行对外直接投资，通过国际分工进行商品生产并进行国际贸易，投资国和东道国在国际分工中均可获利。

这一理论的核心问题是对外投资的产业选择问题。小岛清认为投资国对外直接投资的产业应该是劣势产业或潜在的劣势产业，即对边际产业依次进行转移，投资国将劣势产业转移到东道国后可以利用东道国具有相对优势的资源禀赋，不仅可以延长该产业的生命周期，同时也将弥补东道国产业发展资金的不足，进而共同促进投资国和东道国经济的发展。

鉴于第二次世界大战后日本对外直接投资大幅增长的现象，边际产业理论从理论上较好地解释了这一经济活动。该理论从比较优势理论和国际分工出发，首次从投资国的角度分析了跨国公司进行对外直接投资的动因，从而克服了传统国际投资理论"重微观，轻宏观"的缺陷，在理论上具有一定的开创性。

六　国际直接投资发展阶段理论

20世纪80年代初，邓宁等人提出了国际直接投资发展阶段理论，该理论研究了经济发展阶段与资本流入以及资本（净）流出之间的相互关系，全面解释了对外直接投资阶段和在各阶段国际直接投资的特征，以及在各阶段对外直接投资的内在机制。一国在经济发展的不同阶段，其对外直接投资的行为也不同。

第一阶段：一国人均国民生产总值（GNP）小于或等于400美元，该国的企业没有任何所有权优势，因而也不会产生直接投资净流出。同时，受限于东道国较低的经济发展水平以及各种条件的制约，在这一阶段外资总的流入量较小。

第二阶段：一国人均国民生产总值（GNP）大于或等于400美元，但小于或等于1500美元，在这一阶段，该国的主要优势在于拥有丰富的原材料及廉价的劳动力，此时外资流入量会有所增加，但主要是引进生产性投资；在对外直接投资方面，仍保留在较低水平。

第三阶段：一国人均国民生产总值（GNP）大于或等于1500美元，但小于或等于4750美元，在这一阶段投资净流入有所下降，而对外直接投资流出有所增加，主要原因是本国企业实力有所增强。

第四阶段：一国人均国民生产总值（GNP）大于或等于4750美元，但小于或等于5600美元，这一时期的突出表现是经济发展处于较高水平，国际直接投资净流出迅速增加。主要原因是在这一阶段这个国家的企业所拥有的所有权优势和内部化优势得到进一步加强，并且拥有强烈对外投资的欲望。

在邓宁之后，很多学者从不同的角度完善和发展了国际投资理论，如波特提出了国家竞争阶段论，日本学者小泽辉智提出了国际直接投资模式理论等。

七　投资诱发要素组合理论

投资诱发要素组合理论，是从投资国与东道国的双方需求、双方所具备条件等综合因素的角度来说明对外直接投资的决定因素，诱发要素包括直接诱发要素和间接诱发要素，但是间接诱发要素的作用远大于直接诱发要素。

直接诱发要素主要是指各类生产要素,包括劳动力、资本、技术、管理及信息等。间接诱发要素是指除直接诱发要素之外的其他非要素因素。主要包括三个方面的因素:

一是投资国政府提供的,如鼓励性的投资政策和法规;政府与东道国的协议和合作关系。

二是东道国政府提供的,如投资硬环境(例如基础设施;水电供应;市场规模;人工成本等)和投资软环境(比如政治氛围、外资政策、融资状况、外汇是否自由进出、法律环境等)。

三是对外直接投资的外部环境,如经济一体化的发展进程,科学技术的进步,金融市场的变动,动乱、灾害及其他不可抗力的危害等。

与之前的国际投资理论相比,投资诱发要素组合理论关注了东道国的诱发要素和国际环境方面的作用,克服了之前理论只注重投资目的、动机和条件的片面性。

第二节 国际贸易理论

国际贸易理论作为国际经济学理论体系的重要组成部分之一,主要研究国家之间商品和服务的交换以及交换的原因和结果,同时还研究相关的贸易政策。国际贸易理论的发展大致分为四个阶段,分别为古典、新古典、新贸易理论以及新兴古典国际贸易理论。古典和新古典国际贸易理论的假设条件均以完全竞争市场为前提,其核心内容是强调贸易的互利性,并合理解释了产业间贸易产生的原因和结果;新贸易理论伴随着第二次世界大战后全球贸易发展新态势而产生,从不完全竞争、规模经济、技术进步等角度解释了新的贸易现象;新兴古典贸易理论从国际专业化分工的角度解释了国际贸易产生的原因,试图将古典、新古典和新贸易理论统一置于新兴古典贸易理论的理论框架体系之中。

一 古典国际贸易理论

18 世纪中叶,古典国际贸易理论在批判重商主义的基础上产生和发展,该理论以亚当·斯密(Adam Smith)的绝对优势理论和大卫·李嘉图(David Ricardo)的比较优势理论为代表,从劳动生产率的角度解释了国际贸易产生的原因、结果和利益分配问题,形成了较为完善的理论体系。

(一)绝对优势理论

15 世纪末至 16 世纪初,在资本主义原始积累时期,重商主义逐步形成了贸易差额论这一国际贸易观点,即晚期重商主义,其核心内容是在国际贸易中追求贸易顺差。该理论的代表人物是英国学者托马斯·孟(Thomas Mun),认为金银是财富的唯一形式,一国拥有金银的数量是衡量该国富裕程度的唯一尺度,而国际贸易是获取金银的主要渠道。一国在国际贸易中通过实施奖出限入的政策获得贸易顺差,金银的大量流入将使该国变得富裕。

1776 年,亚当·斯密(Adam Smith)在《国民财富的性质及原因的研究》一书中提出了绝对优势理论,斯密认为之所以会产生国际贸易,一个重要的原因就是劳动生产率以及生产成本存在绝对的差异。每一个参与国际贸易的国家,如果都能够利用本国优越的自然禀赋和绝对有利的生产条件,选择某种绝对优势的产品进行专业化的生产,就可以降低生产成本,然后通过国际贸易在各国之间进行商品交换,将会给所有参与贸易的国家都带来好处。通过参与国际分工,使得各国的自然禀赋得到充分的利用,从而更好地促进国际分工和商品交换,劳动生产率的提高将增加整个国际社会的财富。

绝对优势理论的合理性在于,较好地解释和论证了国际贸易产生的原因以及国际贸易带来的好处,是一种正和博弈(positive – sum game),该理论所主张的自由贸易,在一定程度上促进了国际贸易和社会生产力的发展。但该理论也存在一定的缺陷,如不能回答若一国在所有生产领域都不存在绝对优势,该国能否参与国际贸易?如果该国存在国际贸易又能否获取贸易利益,增加社会财富?

(二) 比较优势理论

1817年，大卫·李嘉图（David Ricardo）继承和发展了亚当·斯密的理论，在《政治经济学及赋税原理》一书中提出了"比较优势理论"，该理论认为，即使一国在两种产品的生产上均处于劣势，该国只要生产有利或不利的程度有所不同的产品，即通过国际分工生产劳动生产率差异较小的产品并参与国际贸易，同样可以获得比较利益；如果一国在一种产品的生产上劳动生产率均高于另一国，该国可以专门生产并出口优势较大的产品，处于劣势地位的另一国可以专门生产并出口劣势较小的产品，通过国际分工专门生产劳动生产率较高的产品并参与国际贸易，双方在国际贸易中均可获利。"两优取其重，两劣取其轻"是比较优势理论遵循的原则，认为比较优势产生的基础是国家间生产技术水平存在相对差异，因而生产成本也存在差异，这种差异的形成就是国际贸易产生的根源，同时也决定了国际贸易的模式。

二　新古典贸易理论

19世纪末至20世纪初，新古典经济学逐渐形成，该理论以"要素禀赋理论"和"里昂惕夫之谜"为代表。

(一) 要素禀赋理论

要素禀赋论是瑞典经济学家埃利·赫克歇尔（Eli F. Heckscher）于1919年提出的，该理论认为产生比较优势差异必须具备两个条件。1930年，赫克歇尔的学生伯尔蒂尔·俄林（Bertil G. Ohlin）充分论证了这一观点，并在《地区间贸易和国际贸易》这一著作中进一步发展和完善了生产要素禀赋理论，该理论又称为H-O理论。

要素禀赋理论认为，国际贸易产生的直接原因是：同样的商品在不同国家有着不同的价格，而商品价格的差异是由各国生产要素的禀赋不同决定的，因此不同国家的要素禀赋差异，是国际贸易之所以存在的根本原因。H-O理论有三个重要的结论：第一，在国际分工和国际贸易体系中，每个贸易参与国（或地区）都应该选择生产和输出本国（或地区）要素丰裕的商品，输入本国（或地区）要素稀缺的商品；第二，各个国家（或地区）之间商品价格的差异，是国际贸易或区域贸易产生的直接原因;第三,商品贸易趋向于消除各种生产要素(比如工资、地租、利润)收入的国际差异,从而使得各个国家(或地区)之间的要素价格趋于均等化,进而使得商品价格也趋于均等。

20世纪40年代,美国经济学家保罗·萨缪尔森(Palua A. Samuelson)用数学方式演绎了H-O模型,指出国际贸易对各国收入差距的影响,使不同国家间生产要素相对价格和绝对价格均等化,这也称为生产要素价格均等化定理或H-O-S定理(赫克歇尔—俄林—萨缪尔森模型)。这一定理潜在地认为,在没有要素跨国流动的条件下,仅通过商品的自由贸易也能实现世界范围内生产和资源的有效配置。

(二) 里昂惕夫之谜

根据要素禀赋理论,一国应该充分利用相对丰裕要素进行生产并出口该产品,而对于相对稀缺的要素产品,则通过进口来合理配置资源。以美国为例,由于美国资本丰裕而劳动力相对稀缺,美国应充分利用丰裕的资本要素进行生产并大量出口该产品,通过进口劳动密集型产品来弥补美国劳动力这一稀缺要素的不足,其对外贸易结构应该是出口资本、技术密集型产品,进口劳动密集型产品。

20世纪50年代初,为了进一步验证要素禀赋理论,美籍苏联经济学家里昂惕夫(Leontief)利用投入—产出分析法,对美国的对外贸易商品结构进行具体计算。里昂惕夫采用美国1947年200个行业的统计数据对其进出口贸易结构进行验证,研究结果表明,美国进口的主要是资本密集型产品,出口的则主要是劳动密集型产品。这一发现与要素禀赋理论的结论完全相反,因而这一难题被称为"里昂惕夫之谜"(亦称里昂惕夫悖论)。

里昂惕夫这一研究的贡献在于对要素禀赋理论这一国际贸易主流思想提出了挑战和质疑,由此推动了第二次世界大战后新的国际贸易理论的诞生和发展,该理论的缺陷在于没有形成系统的理论体系。

三 新贸易理论

第二次世界大战后,世界经济发展环境的变化导致国际贸易的产品结构和地理结构发生新的变化，产业内贸易以及发达国家间的对外贸易量大幅增长，随着跨国公司内部化和对外直接投资的迅速发展，产业分工、技术研发、商品生产的格局正在不断转移。传统比较优势理论这一经典的国际贸易理论认为，国际贸易是由于劳动生产率或资源禀赋存在差异而产生，这与第二次世界大战后国际贸易变化的新趋势相矛盾；而古典与新古典国际贸易理论都以产品市场是完全竞争的为假设条件，这一假定也不完全与当代国际贸易发展趋势相吻合。在此背景下，新生产要素理论、偏好相似理论、动态贸易理论、产业内贸易理论、国家竞争优势理论等新贸易理论应运而生。

（一）新生产要素理论

除土地、劳动和资本生产要素外，新生产要素理论对自然资源、技术、人力资本、研究与开发、信息、管理等新型生产要素赋予更丰富的内涵，该理论从新要素的角度解释了国际贸易产生的基础和国际贸易格局的变化。

1. 自然资源理论

1959 年，美国经济学家凡涅克（J. Vanek）认为自然资源的稀缺性导致里昂惕夫悖论，因而从资源的稀缺性角度解释了里昂惕夫之谜产生的原因。凡涅克认为，1947 年美国对外贸易结构表现为出口劳动密集型产品，进口资本密集型产品，其原因在于自然资源的开发或提炼，需要美国耗费大量的资本，因而进口替代品的资本密集度相对上升，一旦剔除要素资源的影响，美国对资本密集型产品的进口就会小于其出口。

2. 人力资本理论

人力资本理论对生产要素禀赋理论作了进一步扩展，其代表人物有基辛（D. B. Keesing）、凯南（P. B. Kenen）、舒尔茨（T. W. Schultz），该理论将人力资本作为一种新的生产要素引入理论体系，认为劳动力是极其重要的生产要素之一，对劳动力进行继续教育与培训的投资将提升劳动生产率，从对外贸易结构和对外贸易地理方向来看，人力资本丰裕的国家趋向于出口人力资本或人力技能要素密集的产品。

3. 研究与开发学说

研究与开发学说的代表人物格鲁伯（W. Gruber）和弗农（R. Vernon）认为，研究与开发也是一种重要的生产要素，一国出口产品是否具有国际竞争力与该产品的研究与开发要素密集度存在较强的正相关关系。一国如果要改变国际贸易格局，可以通过加大研究与开发力度，从而改变出口产品在国际分工中的比较优势。

4. 信息要素理论

信息要素是现代化商品生产和国际贸易的重要因素，这一无形资源创造的价值与传统的生产要素一样重要。信息作为软件要素，本身也是可以作为交换的商品，有效利用信息可以改变一国在国际分工中的比较优势，对一国国际分工和国际贸易地位改变具有重要的意义。虽然该理论尚未形成完整的理论体系，但将成为国际贸易理论未来的发展方向之一。

（二）偏好相似理论

1961年，瑞典经济学家林德（S. B. Linder）在《论贸易的转变》一书中从需求的角度首次解释了国际贸易产生的原因，并提出了偏好相似理论。林德认为要素禀赋理论只能解释国际贸易中的初级产品贸易，而对于第二次世界大战后具有相近要素禀赋的发达国家之间迅猛增长的产业内贸易却无法解释。该理论认为相互重叠的需求是产业内贸易产生的根源，一国对产品的需求决定了产品生产国出口产品的贸易量，两国之间的国际贸易量、国际贸易商品结构取决于两国需求偏好相似的程度，两国需求偏好越相似，则国际贸易量就越大；收入水平越接近，贸易量也越大，而影响一国需求结构的主要因素是收入水平。

（三）动态贸易理论

随着国际贸易理论的不断发展，众多学者从动态的角度解释国际贸易产生的原因、结果和利益分配问题。

1. 技术差距理论

1961年，美国经济学家波斯纳（Michael V. Posner）在《国际贸易与技术变化》一文中提出了技术差距理论（又称技术差距模型）。除劳动和资本两种生产要素外，该理论把技术作为一个独立的生产要素引入理论分析框架，探讨技术差距或技术变动对国际贸易的影响，认为技术的进步、创新和传播是国际分工的基础，各国间存在技术差距是国际贸易产生的根源，技术领先的国家具有比较优势，从而密集生产具有技术优势的产品并出口技术密集型产品。随着产品的出口，该产品的生产技术被进口国模仿，这一比较优势将逐渐消失，由技术差距引发的国家贸易也将结束。

1966 年，经济学家胡佛鲍尔（G. C. Hufbauer）从模仿时滞的角度对技术差距理论进行经验研究，进一步完善和丰富了技术差距理论，解释了国家间存在技术差距是国际贸易产生的重要原因之一。

2. 产品生命周期理论

1966 年，美国经济学家雷蒙德·弗农（Raymond Vernon）在《产品周期中的国际投资与国际贸易》一文中提出了产品生命周期理论，他认为商品和人的生命一样表现出出生、成长、成熟、衰退这一生命周期，产品的生命周期在技术水平不同的国家，其发生的时间和存在的过程也不相同。由于时差形成技术差距，导致同一产品的竞争力在不同国家市场具有差异，产品所处生命周期的不同阶段对生产要素的需求也不同，不同国家生产要素的禀赋程度也决定了该国产品的生产阶段和出口状况，由此解释了国际贸易产生的原因，并解释了发达国家出口贸易、技术转让和对外直接投资的发展过程。产品生命周期理论将比较优势理论与要素禀赋理论动态化，较好地解释了国际贸易产生的原因、结果和利益分配问题。

3. "干中学"效应与"技术外溢"

1962 年，经济学家阿罗（Arrow）在《干中学的经济含义》一书中提出了干中学效应（即学习效应），把从事生产的人所获得的知识作为内生变量，来解释动态规模经济的存在和发生过程，技术的变迁（即技术外溢）导致国际分工格局的改变。

1986 年，美国经济学家保罗·罗默（Paul M. Romer）在阿罗"干中学"概念的基础上，提出了以知识生产和知识溢出为基础的知识溢出模型。罗默认为"干中学"中的技术进步大都是从技术外溢中获得的，即国际贸易或对外直接投资使技术不断扩散，技术的外溢使各国的技术差异不断扩大,从而对国际贸易带来动态影响。

4. 动态比较优势理论

由于传统的比较优势理论以外生技术为基础,无法解释一国在一组特定产品上具有技术优势的原因;而内生增长理论以内生技术进步为基础,为动态(内生)比较优势理论的扩展提供了理论基础。目前,动态比较优势理论并没有形成完整的理论体系,1991 年格罗斯曼(Grossman)和赫尔普曼(Helpman)在动态贸易模型中阐述了这一理论。

该理论认为,一国创新产品在国际市场上的份额由该国国际分工的地位和长期贸易模式所决定,而动态(内生)比较优势决定了该国国际分工所处地位和长期贸易模式。格罗斯曼和赫尔普曼在分析动态比较优势时,首先分析了水平差异产品创新时的决定因素,同时将产业内贸易置于动态分析框架,研究表明各国研发新技术的数量决定了该国国际贸易的模式,即比较优势随着研究与开发技术的水平而动态演进。

(四)产业内贸易理论

传统的国际贸易理论,主要研究国家间劳动生产率的差异以及不同产业之间的国际贸易行为,而产业内贸易理论以不完全竞争市场和规模经济为前提,从动态角度出发考虑需求情况,主要研究同类产品在大多数发达国家间既进口又出口的国际贸易行为,解释了同质性产品和异质性产品的产业内贸易现象。产业内贸易理论的发展大致分为三个阶段:

第一阶段是经验分析阶段。代表学者有佛得恩(Verdoom, P. J.)、巴拉萨(Balassa, B.)和小岛清(Kojima, K.)。

第二阶段是理论研究阶段。1975 年,格鲁贝尔(H. G. Grubel)和劳埃德(P. J. Loyd)在《产业内贸易:差别化产品国际贸易的理论与度量》一书中最早阐述产业内贸易理论。

第三阶段是丰富和发展阶段。20 世纪 70 年代末,迪克西特(Dixlt A. K)、斯蒂格利茨(Stiglitz J. E.)、克鲁格曼(Krugman P.)等创立了新张伯伦模型,把张伯伦的垄断竞争理论运用到产业内贸易领域;20 世纪 80 年代初,兰卡斯特(Lancaster)从产业内贸易的角度，根据产品的水平差异和消费者偏好的唯一性，提出了兰卡斯特模型；同期，法尔维（R. E. Falvey）和基尔茨考斯基（H. Kierzkowski）对垂直差异产品的产业内贸易进行研究，创立新赫克歇尔—俄林模型；布兰德（Brander J.）和克鲁格曼（Krugman P.）为解释标准化产品的产业内贸易现象建立了差别模型。

1. 新张伯伦模型

张伯伦垄断竞争理论认为每个企业都有一定的垄断权，但随着竞争的加剧，单个企业的垄断利润消失，所有的企业都获得正常利润。在此基础上，迪克西特（Dixlt A. K）和斯蒂格利茨（Stiglitz J. E.）提出：产业内贸易也要考虑到产品的差异和内部的规模经济。此后，克鲁格曼（Krugman P.）将这一理论应用到更加开放的条件下，形成"新张伯伦模型"。

新张伯伦模型认为，由于产品存在水平差异，即使在两个经济体之间没有技术水平的差距，也没有要素的禀赋差异，在不完全竞争市场中，如果企业处于规模报酬递增阶段，企业会通过生产有差别的产品来争夺市场。这个模型说明了产品的差异和规模经济，可以推动国际贸易的发展和增加社会总福利。

2. 兰卡斯特模型

兰卡斯特（Lancaster）认为，如果两个经济体之间没有贸易壁垒，也没有运输成本，即使这两个经济体存在相同的特点，也能够进行产业内贸易。这一模型要求产品存在差异和不同，消费者对产品的水平差异也有不同的偏好，并且每个消费者偏好一个品种，但是厂商生产任何品种的成本是一样的，劳动力可以在各个经济体之间自由流动。在这样的假设条件下，如果没有国际贸易，各个经济体的厂商可以获得正常利润。如果有了国际分工和贸易，各个经济体就会调整差异产品的生产，形成每个差异产品由一个经济体的厂商来进行生产的局面，各个经济体生产的差异产品的数量，也比没有国际贸易时的数量要多。

3. 新赫克歇尔—俄林模型

新赫克歇尔—俄林模型是由法尔维（R. E. Falvey）和基尔茨考斯

基（H. Kierzkowski）对垂直差异产品的产业内贸易进行研究而得出的结论。新赫克歇尔—俄林模型通过要素禀赋来解释国际贸易，研究了产品差异与劳动、资本等要素的关系，也被称为"新要素比例学说"。该理论解释了垂直型产业内贸易的形成，认为各个经济体的厂商生产质量不同的产品，资本充裕的经济体生产同种产品中资本密集的高质量品种，劳动力充裕的经济体生产同种产品中劳动密集的低质量品种，产业内贸易的根源还是垂直分工。

4. 布兰德—克鲁格曼模型

1983年，詹姆斯·布兰德（Brander J.）和保罗·克鲁格曼（Krugman P.）在《国际贸易的相互倾销模型》中解释了标准化产品产业内贸易现象，将国际贸易理论推进到一个更高的层次。"相互倾销贸易理论"认为，各个经济体之间进行贸易的原因，不在于各经济体要素禀赋的不同，不在于产品成本的差别，也不在于生产者和消费者对差异产品的追求。即使各个经济体生产的商品没有任何的差异，垄断或寡头垄断企业可以通过市场销售战略，在各个经济体之间进行国际贸易，通过国际贸易向其他的经济体进行商品倾销。

（五）国家竞争优势理论

在传统的比较优势理论的基础上，哈佛大学教授迈克尔·波特（Michel E. Porter）提出了国家竞争优势理论，对特定经济体的企业能够在国际竞争中获胜的原因进行了深入的分析。波特认为，一个国家的经济发展一般包括生产要素导向、投资导向、创新导向和富裕导向四个阶段，国家的竞争优势主要来源于生产要素、投资、创新，这是一个国家能够发展的主要力量。

国家竞争优势能否形成，关键在于该国的主导产业是否具有竞争优势，能否提高本企业的劳动生产率，其根源在于一个国家是否具有创新机制和创新能力。因此，在经济全球化的背景下，一个国家的产业结构不应该是一成不变的，每个国家的产业都不能固守已有的比较优势，必须发挥自己的能动性，抓住生产要素、需求、相关产业、企业战略、竞争对手、政府、机遇等决定国家竞争优势的关键因素，以便谋求更大的发展。

四 新兴古典国际贸易理论

20世纪80年代开始,杨小凯等经济学家通过"超边际分析法",弱化了传统经济学中有关生产者和消费者对立的假设,使二者合二为一,并用现代经济理论解释了各种经济现象,从而形成了一个新的经济学流派——新兴古典经济学。

新兴古典经济学依托新的框架,对传统的贸易理论进行重新定位,从全新的角度解释了国际贸易的产生原因,在此基础上创立了新兴古典国际贸易理论(内生贸易理论)。该理论认为,所有的经济现象都是国际分工造成的,国际贸易也不例外,国际贸易产生的根源,是国际分工带来的专业化生产和交易费用之间的矛盾。

在专业化生产条件下,不管是生产者还是消费者,都会产生内生比较优势,生产专业化与消费多样化的矛盾,可以通过国际贸易来解决。由于国际贸易存在交易费用,如果交易费用大于专业化生产带来的收益,则不能产生国际贸易。只有专业化生产带来的收益大于交易费用,才能产生国际贸易,此时每个国家可以选择不同的产品进行专业化生产,并通过国际贸易来满足自身的需要。伴随经济的发展和交易数量的增加,国际贸易的规模也随之扩大,由地区贸易发展到国内贸易,再到国际贸易,国际分工也随之从国内均衡发展到国际均衡。

新兴古典国际贸易理论建立了一个内生动态优势模型,在贸易理论模型中引入了外生因素,统一了贸易理论和贸易政策,包容了国内贸易和国际贸易,整合了传统贸易理论和新贸易理论,推动国际贸易理论朝新的方向发展。

第三节 国际金融理论

一 汇率决定理论

(一)公共评价理论

15世纪初,意大利学者罗道尔波斯提出"公共评价理论",该理论被认为是最早的汇率决定理论,罗道尔波斯认为,汇率是由人们对两个国家货币所含贵金属的纯度、重量及其市场价值的公共评价而决定。由于该时期是世界上金本位货币制度盛行时期，货币之间的兑换以铸币平价为标准，因而这一时期的汇率决定问题相对简单。

（二）购买力平价理论

购买力平价理论（Theory of Purchasing Power Parity，PPP）是历史比较悠久的汇率决定理论，其理论渊源可以追溯到 16 世纪，随后瑞典学者卡塞尔（G. Cassel，1922）对其进行系统阐述。该理论认为，购买力决定了货币的价值，购买力的差异决定了不同货币间的兑换比率，货币之间的汇率与价格水平有着直接联系，即货币的价值和对货币的需求是由在该国国内使用本币所能购买的商品和劳务量来决定的。购买力平价理论包括绝对购买力平价和相对购买力平价，绝对购买力平价理论认为，如果"一价定律"在任何一种可贸易商品中都成立，则在物价指数中可贸易商品所占的权重相同，其公式表示为 $e = P/P^*$，P 和 P^* 表示两国物价指数，公式意味着汇率由不同货币衡量的可贸易商品的价格水平之比决定；相对购买力平价理论认为，由于国际贸易存在交易成本，"一价定律"在商品贸易中有可能不成立，且在物价指数中可贸易商品所占的权重也存在差异，因而不同国家贸易商品物价水平以同种货币计算将会存在一定的偏离，其公式表示为 $e = a \times P/P^*$（a 为常数）。相对购买力平价表明汇率的变动由两国的通货膨胀率差异决定，如果本国通货膨胀率超过外国，则本币将贬值。相对于绝对购买力平价理论而言，相对购买力平价更有应用价值，它避开绝对购买力平价理论的脱离实际的假设，并且关于通货膨胀率的数据更易于得到。

二 利率平价说

利率平价说最早的思想可追溯到 19 世纪下半叶，英国经济学家凯恩斯（1923）首次进行系统阐述，利率平价说突破传统国际收支和物价水平的范畴，它从资本流动角度出发研究汇率变化，从而奠定了现代汇率理论的基础。利率平价理论包括抛补的利率平价（Covered Interest – rate Parity，CIP）和非抛补的利率平价（Uncovered Interest – rate Parity，UIP）两种形式。

（一）抛补的利率平价

抛补的利率平价关系的机制也是"一价定律"，假定本国的利率水平为 I，外国的利率水平为 I^*，即期汇率为 S（直接标价法），远期汇率为 F，在资本套利的情况下，则有关系式 $F/S = (1 + I)/(1 + I^*)$，该公式的基本含义为，汇率的远期升贴水率是由两国的利差决定的，利率高的国家现汇市场货币升水，在期汇市场则贴水。抛补的利率平价具有比较高的实践价值，并被广泛用于交易中，外汇市场上的大银行通常用此公式来确定远期汇率的升贴水额，除外汇市场受外力冲击导致外汇市场激烈动荡外，此公式基本都能成立。

（二）非抛补的利率平价

投资者除了选择远期交易规避市场风险外，也可根据对远期汇率波动的预期进行投资，但投资活动应在其可承担的汇率波动风险范围内，即对于风险爱好者选择用非抛补套利方式获得收益。假定投资者预期一年后的汇率为 E_f，则投资者通过对外直接投资最终能获得的收益为 $E_f(1 + I^*)/S$，如果与本国同等投资者获得的收益存在差异，投资者将会采取与他人相同的投资策略，最终使投资收益趋同，而市场也会出现平衡：

$$E_f/S = (1 + I)/(1 + I^*)$$

该公式表明预期的未来汇率变动等于两国货币利率之差，在非抛补利率平价成立时，如果本国利率水平高于外国，则表明市场预期本币在远期将会贬值。

三 国际收支弹性论

弹性是指一变量变化相对于另一变量变动一定比例的属性，在西方经济学中也指消费者和生产者对商品价格变化的敏感程度，英国经济学家马歇尔（1923）把这种分析方法延伸到贸易领域，并提出"进出口需求弹性"概念，研究进出口条件下汇率变动对贸易均衡的影响。英国经济学家罗宾逊（1937）正式提出弹性分析理论，美国经济学家勒纳（1944）重点研究既定进出口供给条件下本币贬值对贸易可能产生的影响，并提出"马歇尔—勒纳"条件（Marshall - Lerner Condition）。该理论假设：一是没有资本流动，国际收入与贸易收支相等；二是国民收入等条件不变，不考虑汇率变动对贸易收支影响；三是国内外商品和劳务价格不变。国际收支弹性论研究的是本币贬值将如何影响该国贸易条件和国际收支的变化。

（一）本币贬值对贸易条件的影响

出口商品价格与进口商品价格的比值就是贸易条件，用公式表示为 $T = P_X/eP_m$，其中 T 为贸易条件，P_X 为以本币表示的出口商品单位价格指数，P_m 为以外币表示的进口商品单位价格指数，e 为直接标价法下本币对外币的汇率。T 上升表示本国贸易条件改善，表示出口相同数量的商品换得较多数量的进口商品；反之，则是贸易条件下降。本币贬值引起价格波动时，对贸易条件的影响取决于进出口商品供求弹性，其中：

出口商品的价格供给弹性为：$S_x = \dfrac{dQ_X^d}{Q_X^d} \bigg/ \dfrac{dP_x^d}{P_x^d}$

出口商品的价格需求弹性为：$D_x = \dfrac{dQ_X^f}{Q_X^f} \bigg/ \dfrac{d\frac{1}{e}P_x^d}{\frac{1}{e}P_x^d}$

进口商品的价格供给弹性为：$S_m = \dfrac{dQ_m^f}{Q_m^f} \bigg/ \dfrac{dP_m^f}{P_m^f}$

进口商品的价格需求弹性为：$D_m = \dfrac{dQ_m^d}{Q_m^d} \bigg/ \dfrac{deP_m^f}{eP_m^f}$

各变量含义如下：Q_X^d 为本币表示的本国出口量，Q_m^f 为外币表示的本国进口量，Q_X^f 为本国出口商品的国外需求量，Q_m^d 为本国进口商品的国内需求量，P_x^d 为本国出口商品的本币价格，P_m^f 为本国进口商品的外币价格，d 表示变动的绝对值，e 表示直接标价下本币对外币的汇率。

贸易条件恶化时，$S_x S_m > D_x D_m$；

贸易条件改善时，$S_x S_m < D_x D_m$；

贸易条件不变时，$S_x S_m = D_x D_m$。

（二）本币贬值对国际收支的影响

在进口商品的外币价格和出口商品的本币价格不变的情况下，本币贬值会导致本国贸易条件恶化，其结果是出口国外的贸易商品便宜，进口的贸易商品在国内昂贵，从而导致该国居民偏好消费本国商品，外国居民也偏好于消费价格较低的贸易商品，本国和外国居民都对本国商品的需求量增加，即本国商品进口需求减小而外国商品出口需求增加，从而影响本国进出口。具体影响程度大小则由进出口商品的价格供求弹性决定。

在本币记录国际收支 B 情况下，X 表示出口数量，M 表示进口数量，则有：

$B = X \times P_x - M \times eP_m$

如果假定贬值前国际收支平衡，则有 $X \times P_x = M \times eP_m$，本币贬值改善贸易收支的条件可以简化为 $D_x + D_m > 1$，即马歇尔—勒纳条件。表示在进出口商品价格供给弹性无穷大的情况下，进出口商品价格需求弹性之和大于1，本币贬值能改善国际收支；如果二者之和小于1，则本币贬值会恶化国际收支；如果二者之和等于1，则本币贬值对该国国际收支没有影响。

四　最优货币区理论

（一）传统的最优货币区理论

20世纪60年代在对固定汇率和浮动汇率的优劣争论中，罗伯特·蒙代尔（Robert A. Mundell, 1961）最早提出最优货币区理论。蒙代尔建议用生产要素的流动性作为确定最优货币区的标准，因此，这一理论也被称为要素流动论。蒙代尔认为，一国出现国际收入不平衡的主要原因是由于需求转移。即在两个经济实体A、B（两个区域或者两个国家）构成的简单模型中，假定两国开始都处于充分就业和国际收入平衡状态，当A国的商品需求转移到B国商品需求上时，两国之间就存在国际收支不平衡现象，从而引起A国的失业和B国的通货膨胀。如果A国的货币贬值有助于减轻A国的失业，B国的货币升值有助于降低B国的通货膨胀压力；但是，如果A、B是同一个国家的不同区域，由于使用同一种货币，那么汇率变动则无法解决A区域的失业问题，也不能解决B区域的通货膨胀问题，除非这两个区域都可以使用自己的地方货币。蒙代尔指出，通过浮动汇率制只能解决两个不同通货区域之间的需求转移问题,但是不能解决同一通货区内不同地区之间的需求转移问题,在使用同一货币的不同地区,只能通过生产要素的流动来解决需求转移问题。因此,蒙代尔认为,要想在几个国家之间保持固定汇率,并实现充分就业和保持物价基本稳定,就必须要建立相关机制来调节需求转移和国际收支,即促进生产要求在国家间自由流动。当生产要素在某一区域自由流动时,并且区域和外部之间又存在生产要素流动的障碍时,在生产要素具有流动性的区域就可以建立共同货币区。在共同货币区内,各成员国均实施单一货币或统一的固定汇率,而在区域之外实行浮动汇率,此时可以达到效率最优。

最优货币区理论是对浮动汇率的扬弃,该理论在肯定浮动汇率时,提出在货币区里应采取单一货币或者是固定汇率的政策主张。蒙代尔意识到政治差异是形成货币区的最主要障碍,因此,只有在政治结构发生快速变化的区域,建立最优货币区理论才可能实现。

(二) 最优货币区理论的发展

1. 罗纳德·麦金农 (Ronald I. McKinnon) 的经济开放标准

蒙代尔认为确定最优货币区的标准是生产要素的流动性,而麦金农 (1962) 在蒙代尔的理论基础上提出确定最优货币区的另一个标准——经济的开放度,即一国生产消费中的贸易商品对非贸易商品的比率。麦金农认为,对外贸易关系密切的经济开放国家适宜建立单一的货币区,并实行固定汇率制度,而对其贸易关系不密切的国家实行浮动汇率制度。他认为其主要原因在于:一是在一个经济高度开放的国家或者地区,运用汇率手段调整国际收支平衡会引起进口商品的价格上涨,从而推动国内或者本地商品价格上涨,如果采取限制措施控制贸易商品价格的上涨,将导致对贸易商品的需求减少,失业率就会上升;二是由于"货币幻觉"减弱,一国居民在本币贬值后将要求政府提高名义收入以维持实际收入水平,从而导致产品成本上涨,抵消了货币贬值的市场效应;三是随着各国经济开放度的提高,各国对贸易商品进口的依赖度越高,则需求弹性就越小,从而对汇率调整的要求和幅度也越大。

2. 彼得·凯南（P. B. Kenen）的低程度产品多样化标准

凯南（1969）提出确定最优货币区的标准是低程度的产品多样化。他认为，在产品多样化程度高的国家，由于存在不同产品出口需求的相互交叉，可以消除进口需求带来的冲击，从而对国际收入的失业的影响比较小，不需要通过汇率进行调节，在这些国家更适合采用固定汇率制度。但是，在低程度产品多样化的国家，则更适合建立汇率灵活安排的独立货币区。

3. 詹姆斯·伊格拉姆（J. C. Ingram）的金融一体化程度标准

伊格拉姆（1969）侧重于对资本账户的研究，他提出确定最优货币区的标准是金融一体化程度。伊格拉姆认为，在内部金融高度一体化的条件下，国际收入不平衡引起的利率变动，会导致经济组织内相当规模的资本流动，从而使区域内各国国际收支达到平衡，以避免汇率的剧烈波动。

4. 雷曼（S. S. Rehman）的多指标分析法

雷曼总结出确定最优货币区的五大标准，一是跨国境劳动力和资本的高度流动性。他认为要素的高度流动性减少了运用汇率工具稳定宏观经济和恢复国际竞争力的必要性，劳动力的自由流动不仅可以消除需求转移的影响，还能使工资水平趋于相同。二是经济开放度高和经济规模小。他认为一国经济开放程度越高，固定汇率就越有效，该国也更适合加入货币区。三是价格和工资具有较大的弹性，这种高弹性有利于发挥市场机制的自发调节作用，减少汇率调整的必要性。四是市场产品的一体化。他认为生产消费结构相似的国家受到外部冲击的影响也相似。五是财政的一体化。他认为财政一体化的实现，可以使货币联盟的运行能够更强地抵御外部冲击。

第四节　国际通道理论

国际通道理论主要源于区域经济学的区域经济空间结构理论和国际贸易经济学的贸易引力理论。而空间结构理论又是基于经典区位理论发展起来的。本书主要涉及的基础理论包括区位理论、增长极理论和点轴开发理论。

一 区位理论

(一)传统区位理论

传统区位理论主要包括杜能的农业区位论和克里斯塔勒的中心地理论。

1. 农业区位论

德国经济学家冯·杜能(von Thünen)在其名著《孤立国同农业和国民经济的关系》(以下简称《孤立国》)中,系统阐释了农业区位理论。该理论基于孤立化研究和区位地租,分析得出农产品种类围绕城市呈环带状(杜能圈)分布的模式。

杜能圈是杜能阐释农业区位理论的重要工具。杜能圈指基于某种耕作制度形成某些特定的区域,这些区域以城市为中心,形成农产品种类围绕城市呈同心圆状的分布。即以城市为中心,由里向外依次为自由式农业(生产鲜活农产品)、林业(供给木材和木炭)、轮作式农业(谷物和饲料作物轮作)、谷草式农业(牧草、休耕轮作)、三圃式农业(距城市最远的谷作农业圈)、畜牧业(生产牧草用于养畜)的同心圆结构。后来杜能逐步将市场价格变化、交通多样性及其成本因素纳入农业区位模式的分析中,并据此修正了"杜能圈"。

根据区位经济分析和区位地租理论,杜能对各种农业生产方式的土地利用效率进行了准确估算,绘出这些生产方式的地租曲线,并测算出曲线的高度和斜率。由于农业生产活动都以追求地租收入最大化为目标,因而农场主在规划农业生产活动时,往往选择地租收入最大的生产方式,这样就形成了土地利用的"杜能圈"。杜能还将大小城市存在的因素纳入孤立国的研究中,并指出大城市商品需求量大,市场价格高,地租收入高,而小城市商品需求量小,市场价格低,地租收入低,这样一来,大小城市在孤立国范围内展开竞争,其结果必然是基于各自的实力和市场需求形成相应的市场范围。

杜能的农业区位理论构建了土地的位置、地租收入和土地利用三者之间的相互联系,为后续相关研究提供了理论基础。

2. 中心地理论

中心地理论由德国地理经济学家克里斯塔勒（W. Christller, 1933）和廖什（A. Lösch, 1940）提出，被认为是 20 世纪世界人文地理学最重要的贡献之一，目前已成为城市地理学的一个重要研究领域。

中心地理论的核心概念是中心地，是指区域内向其外围地区的居民提供商品或服务的中心城市（中心居民点）。中心地对周围地区的影响程度通常用中心性（或中心度）来衡量。需求门槛是指为了供应某种商品和服务，一中心地能够维持的最低购买力和服务水平，一般用能够维持消费该商品和服务的最低收入所需要的最少人口数表示，这个最少人口数又称为门槛人口。商品销售范围是指中心地提供商品或服务的最大销售（服务）半径。

该理论的核心内容一般用"六边形市场区"来诠释。假定在一个均质的区域已经存在部分中心地厂商，并向各自服务范围内的居民提供某种商品和服务，如果市场准入门槛较低，新的中心地厂商将陆续进入该区域，从而导致原有中心地厂商和新中心地厂商存在激烈的竞争，最终导致区域内所有中心地厂商的经营范围和辐射能力逐渐缩小，直至该均质区域市场达到饱和，此时各中心地厂商仅能维持最低收入水平门槛，该类商品和服务的供给也达到了饱和状态。因此，各中心地厂商对于商品的销售和服务范围就以中心地为圆心，以商品最大销售和服务半径为圆半径形成的彼此相切的圆形。由于圆与圆相切后还存在空隙部分，此时生活在不重叠空隙部分的居民将无法享受中心地厂商提供的服务。

尽管中心地理论存在一些问题，但是仍然有其重要意义。克里斯塔勒创造性地将演绎的科学思维方法引入地理学研究，这既是对该领域研究思维和研究方法的重大突破和创新，还直接推动了地理学的研究重心由区域个性描述走向地理空间规律与法则的探讨。最后，中心地理论厘清了中心地与市场区域间的关系，为后来学者研究区域结构奠定了理论基础。

(二) 新古典区位理论

新古典区位理论通常指以新古典经济学家马歇尔 (Alfred Marshall) 和韦伯 (Alfred Weber) 为代表的传统区位理论体系。马歇尔在其经典名著《经济学原理》一书中,重点阐释了区位理论中的产业集聚现象,对完善区位理论作出了三大贡献。其一,劳动力市场的共同分享;其二,中间产品的投入与分享;其三,技术外溢。这三个基本概念具有理论创新的突破性进展,成为研究产业集聚现象的理论基础。

该理论的另一位奠基人韦伯 (Alfred Weber) 在 1929 年出版了经典名著《工业区位论》,系统地梳理了经济集聚现象的主要类型、形成机理以及竞争优势等内容,并在研究工业区位时,创造性地应用了抽象和演绎的方法,构建了较为完善的工业区位理论体系,研究出最小费用区位原则,不仅适用于工业,也同样用于其他产业布局。

此外,俄林、罗奈、伊萨德等新古典经济学家针对韦伯理论的薄弱之处,重点阐释和论证了工业区位、原材料产地与消费市场三者之间的相互关系,对新古典区位理论的创立和发展做出了重要贡献。

新古典区位理论是在新古典经济学的基础上发展起来的,因此它严格地遵循了新古典经济学的基本假设,如完全竞争的市场结构、规模收益递增和利益最大化等。该理论采用演绎与推理的研究方法,具有很强的理论逻辑性。当然,该理论也存在一些不足,如在考察工业区位时未将个人因素、未来不确定性以及消费者偏好等因素考虑在内,还有该理论的研究假设过于严格,导致理论与现实差距较大。

(三) 现代区位理论

发轫于新古典经济学的新古典区位理论,其理性经济人和完全信息的假设条件受到了很多学者的质疑。进入 20 世纪 60 年代以后,经济学家们开始考虑从人的行为和结构主义的角度来研究区位理论,代表性的学者有史密斯 (D. Smith) 和普雷德 (Praed) 的行为主义区位理论、梅西 (D. Massey) 的结构主义区位理论。

保罗·克鲁格曼 (P. Krugman) 及迈克尔·波特 (M. E. Porter) 是公认的现代区位理论创立者。1990 年,波特出版了经典名著《国家竞争优势》，引发了西方经济学界研究区位理论及产业集聚的热潮。除了上述两人以外，戈登、普科、哈里森、布雷耶、科兰西等人也在此领域作出了重要贡献。

现代区位理论的核心观点主要体现在以下几个方面：

第一，规模经济。现代区位理论认为，产业集聚带来的规模经济是产业竞争力的最大来源。即大量企业聚集在一起形成产业集聚，通过最大限度地降低生产和经营成本，提高生产要素的利用效率，从而提高相关产业的核心竞争力。

第二，外部效应。又称经济外部性或溢出效应，指在最先进入集聚地点的企业，不可能数量很多，大多数企业是以后陆续进入的。率先进入集聚地点的企业，不断地改善基础设施和经营环境，培育消费者市场。后来企业进入聚集地点时，已经不是零起点了，必然会受惠于先到企业已创造好的劳动力市场、中间产品、原材料的供应渠道以及专业知识的扩散等。

第三，向心力或离心力。又称为集中力或分散力。率先进入集聚地点的企业，通过改善经营环境和培养消费市场，必将对相关企业产生向心力（或集中力），于是就会有越来越多的企业进入聚集地点。但是，如果进入的企业过多，超过聚集地点资源环境的承载力，就会导致经营环境恶化，产业集群的规模经济效益下降，于是企业又纷纷迁出聚集地方，原来的向心力（或离心力）就变成了离心力（分散力）。

第四，区位竞争。传统的区位理论大多专注于区位主体进行区位选择的问题，而忽略了地区主体的能动性。即较多地考察了相关企业如何根据实际条件选择投资地点，而较少考察土地所有人为了争取本地成为集聚性投资行为的首选地点，如何通过改善经营环境和基础设施，与潜在对手展开区位竞争。此外，现代区位理论还将资源条件、运输费用、跨国公司投资、企业家精神、社会文化（历史文化传统、宗教信仰）以及政策（体制架构、政府政策）等因素纳入区位理论的研究，取得了丰富的理论和实践成果。

二 增长极理论

增长极理论由法国经济学家佩鲁（Francois Perroux）于 1950 年首次提出。该理论是不平衡发展论的依据之一，后来经保德维尔（J. B. Boudeville）、弗里德曼（John Frishman）、缪尔达尔（Gunnar Myrdal）、赫希曼（A. O. Hischman）将之引入到区域经济学中，被进一步丰富和发展，成为西方经济学中经济区域理论的重要基石。增长极理论认为：由于存在资源禀赋、人力资本的差异，在现实中一个国家要实现平衡发展是不可能的。由于存在区域差异，通常情况下经济增长会从发展水平高的地区向欠发达地区传导，最终实现区域协调发展。因此，在具体实践中，一个国家或地区可先选择特定的地区作为经济增长极，以点带面，带动其他地区的经济发展。

增长极理论的主要思想源自物理学中的"磁极"概念。该理论认为，经济空间中存在若干个类似"磁极"的中心，能够产生类似磁力的引力（向心力）或斥力（离心力），当某个中心的引力（向心力）和斥力（离心力）交汇，就能够形成一定范围的"场"。在现实中，这种增长极可能是某个地区，也可能是某个部门。

区域发展不平衡是当前世界各国经济发展过程中遇到的普遍性难题。无论是欧美发达国家，还是亚非拉发展中国家，都概莫能外。正因如此，增长极理论对于各国区域规划的实践指导意义非常重大。简单地说，一个国家可将区位、资源条件较好的地区或产业培育成为增长极，然后再带动经济发展水平较低的地区或产业。这个过程可以通过聚集效应和扩散效应来阐释，首先是增长极通过聚集效应，吸引大量的企业进入聚集地点，从而实现规模经济，提升了产业的核心竞争优势；待增长极本身发展到一定程度，就通过扩散效应将人才、资金、技术向周围地区扩散，从而促进这些地区的经济发展。

三 点轴开发理论

波兰经济学家萨伦巴和马利士将佩鲁的增长极理论进行延伸，提出点轴开发理论。该理论又称为点轴理论，阐释了在区域不平衡发展背景下如何实现整体经济快速增长。如前所述，无论哪个国家，也无论在何种发展阶段，其国内总存在区域发展不平衡的现象。由于区位条件、资源禀赋以及人力资本的差异，经济中心通常呈斑点状零散地分布在区位条件较好的地方。在点轴开发理论中，这种经济中心被称为"点"，也就是增长极理论中的增长极。中国学者陆大道进一步将这些"点"解释为中心城市或居民聚集点，"轴"指由交通通道、通信干线以及能源、水源供应线。随着经济中心的规模不断扩大，连接点与点之间的轴线因为经济中心服务而不断发展，吸引大量的人口、资源、产业向轴线两侧聚集，发展到一定程度就形成了新的经济中心。以点带轴，点轴连通，就形成了区域经济中的点轴系统。

点轴理论由增长极理论延伸而来，又汲取了聚散效应理论、梯度转移理论的部分精华。在经济发展过程中，点轴开发模式一般采取空间线性推进方式，这一方式被众多经济学家视为增长极理论聚点突破与梯度转移理论的完美结合。在经济发展的初级阶段，点轴开发模式将重心置于点的发展，然后由点转向轴。随着经济的不断发展，将有越来越多的点轴出现，如此众多的点轴就会交织形成区域网络和立体结构。此时，经济中心的极化作用将大大减弱，但扩散作用逐步增强，通道带动落后地区的发展，最终促使区域经济趋于均衡状态。

点轴开发理论总体上符合生产力空间运动的客观规律。与增长极理论一样，点轴开发理论对于各国区域规划具有非常重大的实践指导意义。在区域发展不平衡的情况下，一个国家或地区可以根据点轴开发理论，通过"点""轴"两要素的结合，由点而轴，由轴而面，最终带动整个区域经济的协调发展。有鉴于此，在进行区域开发和区域规划时，必须确定经济中心（中心城市）的等级体系和发展时序，有计划、有步骤地发展，逐步使开发重点转移扩散。

第三章 中国—东盟区域经济合作概述

第一节 中国—东盟国际投资发展概述

一 中国—东盟国际投资发展现状

近年来,随着中国经济发展水平的不断提高和综合国力的不断增强,中国—东盟国际投资规模不断扩大,投资额呈现出稳步增长的趋势,同时对东盟投资的水平和质量也在不断提高;但仍大大低于东盟对华投资规模。按照投资规模来划分,中国—东盟国际投资发展历程大致分为四个阶段。

(一)第一阶段:1984 年以前

新中国成立到 1984 年,由于内外在因素的影响,中国与东盟国家的经贸合作几乎处于空白,尽管中国与东盟部分国家接壤,但双边进出口贸易额极其有限,并且同期我国与东盟部分国家的政治与经济关系比较复杂,因而对东盟国家的投资规模较小。

(二)第二阶段:1984—2001 年

自 1984 年以来,中国对东盟国际投资逐步展开,随着经济全球化发展进程的不断加快,通过引进外资发展本国经济已成为实行改革开放的中国和东盟国家共同面临的首要问题。但此时中国正处于改革开放初期,经济基础相对薄弱,中国对东盟投资的目的在于寻求和开拓海外市场,投资规模小且集中在资源密集型产业,截至 1991 年年底,中国对东盟国家投资项目仅 100 多个,投资金额约 1.5 亿美元,其中,1991 年投资东盟 18 个项目,投资金额仅为 1250 万美元。

1995年12月，为了建立东盟自由贸易区以及吸引外资进入东盟地区，建立"东盟投资区"被东盟国家提上日程；1998年10月，东盟国家正式签署《关于东盟投资区的框架协议》（Framework Agreement on the ASEAN Investment Area）。中国东部发展较快的沿海城市以此为契机，鼓励纺织、家电等行业投资东盟国家，此后中国对东盟直接投资迅速增长。据中国国家商务部和东盟秘书处统计，1995年中国对东盟直接投资额为1.37亿美元，1996年为1.18亿美元，同比下降13.9%；受东南亚金融危机的影响，1997年中国对东盟投资大幅度下降47.5%，仅为0.62亿美元。金融危机后中国对东盟投资逐步回升，截至2000年年底，中国企业在东盟国家投资项目692项，项目总投资8.93亿美元，中方共投资4.58亿美元。

（三）第三阶段：2001—2008年

2001年12月11日，中国正式加入世界贸易组织（WTO），成为其第143个成员。为了推动中国—东盟区域经济一体化发展进程，2002年11月，中国与东盟签署了《中国—东盟全面经济合作框架协议》，启动了中国—东盟自由贸易区的建设进程；2004年，中国和东盟签订了《货物贸易协议》；2007年，双方签订了《服务协议》。一系列框架协议的签订，为中国投资东盟国家提供了政策保障，中国对东盟直接投资进入了快速发展阶段。仅2002年，中国对东盟投资项目增加了56个，协议金额1.7亿美元，实际投入额为1.2亿美元。从投资流量来看，2005—2008年，中国对东盟的直接投资额，从1.58亿美元增加到24.84亿美元，增长了14.72倍；从投资存量来看，2003年末中国对东盟国家直接投资存量达到5.87亿美元；截至2005年年底，中国对东盟国家直接投资存量增加了一倍，达到12.56亿美元，提前一年完成突破10亿美元的目标；2006—2008年，中国对东盟国家直接投资存量分别为17.63亿美元、39.53亿美元和64.87亿美元，投资规模迅速扩大。

（四）第四阶段：2008年至今

2008年，美国"次贷危机"引发全球性金融危机，中国企业"走出去"面临更加复杂的外部环境，2009年中国对东盟投资额比

2008年增长8.6%，但对外投资增速有所下降。2009年，中国和东盟国家签订《投资协议》，2010年中国—东盟自由贸易区正式建成以后，双边进出口贸易额迅速增长，中国对东盟直接投资总量也不断提升（见图3-1），东盟成为中国对外投资的最佳场所。2015年，中国对东盟十国的直接投资流量达146.04亿美元，比2014年增长87%，是1995年对东盟投资的106.6倍。中国在东盟其他国家的投资地位也在不断提升。

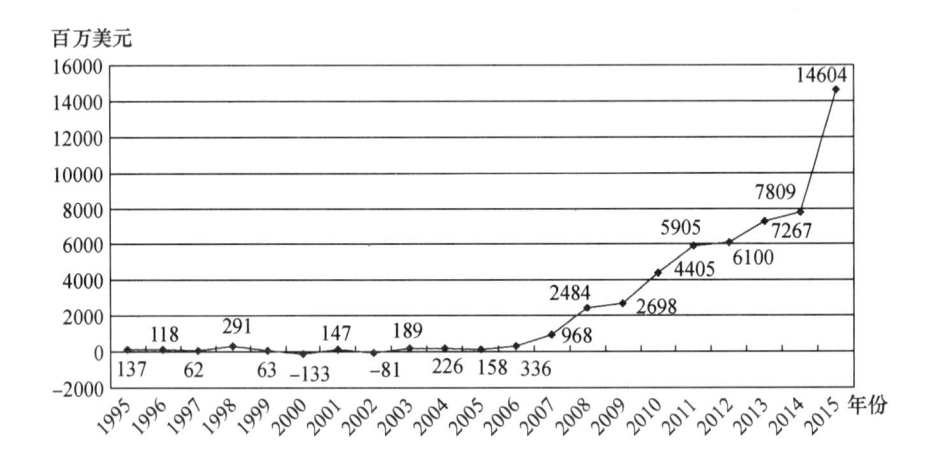

图3-1　1995—2012年中国对东盟直接投资流量变化情况

注：图中数据经过四舍五入处理。

资料来源：1995—2002年数据来源于《东盟统计年鉴》(2005)；2003—2015年数据来源于各年《中国对外直接投资统计公报》。

二　中国—东盟国际投资的特点及发展趋势

2001—2015年，中国对东盟投资呈现出快速发展态势，但从近年来中国对东盟国家投资结构、国别分布和投资主体来看，中国对东盟国家的投资极不平衡，具体表现在：

（一）投资结构不合理

2015年，从中国对东盟投资行业、投资流量、投资存量和投资产业等结构来看（见表3-1），对外投资过度集中于某些行业，且投资结构不合理。

表3-1　　　　　　　　2015年中国对东盟直接投资结构

行　业	投资流量（万美元）	比重（%）	投资存量（万美元）	比重（%）
租赁和商务服务业	667384	45.7	1608852	25.7
制造业	263944	18.1	935871	14.9
电力/热力/燃气/及水的生产供应业	31080	2.1	786570	12.5
批发和零售业	174324	11.9	753721	12.0
采矿业	3895	0.3	624743	10.0
金融业	91178	6.2	435619	6.9
建筑业	57327	3.9	386174	6.2
农/林/牧/渔业	50432	3.5	231428	3.7
交通运输/仓储和邮政业	6092	0.4	178260	2.8
房地产业	17583	1.2	116163	1.9
水利/环境和公共设施管理业	77804	5.3	81128	1.3
科学研究和技术服务业	8479	0.6	74361	1.2
信息传输/软件和信息服务业	6347	0.4	24607	0.4
居民服务/修理和其他服务业	3922	0.3	18259	0.3
住宿和餐饮业	1319	0.1	9995	0.2
文化/体育和娱乐业	1765	0.1	4678	0.1
教育	-2444	-0.2	1079	0.0
其他行业	-	0.0	88	0.0
合计	1460431	100.0	6271596	100.0

注：表中数据经过四舍五入处理。

资料来源：2015年《中国对外直接投资统计公报》。

1. 投资行业结构

从投资行业结构来看，2015年中国对东盟国家的投资主要集中在租赁和商务服务业、制造业、批发和零售业、金融业等行业，占中国对东盟投资存量和流量的94.6%以上。尽管东盟国家经济发展水平相差较大，但大多数国家的产业结构趋同现象导致中国对东盟国家投资的产业过于集中，不利于我国企业"走出去"战略的实施。

2. 投资流量结构

2015年，从中国对东盟的投资流量来看，租赁和商务服务业约66.74亿美元，同比增长438.6%，占45.7%，主要分布在新加坡、越南、马来西亚、印度尼西亚等；制造业约26.39亿美元，占18.1%，主要分布在印度尼西亚、泰国、新加坡等；批发和零售业约17.43亿美元，占11.9%，主要分布在新加坡、泰国、柬埔寨、马来西亚等；金融业约9.12亿美元，占6.2%，主要分布在新加坡、缅甸、柬埔寨、越南等；水利/环境和公共设施管理业约7.78亿美元，占5.3%，主要分布在新加坡；建筑业约5.73亿美元，占3.9%，主要分布在新加坡、柬埔寨、印度尼西亚等；农/林/牧/渔业约5.04亿美元，占3.5%，主要分布在柬埔寨、老挝、印度尼西亚等；电力/热力/燃气及水的生产供应业约3.11亿美元，占2.1%，主要分布在印度尼西亚、缅甸等；房地产业约1.76亿美元，占1.2%。

3. 投资存量结构

2015年，从中国对东盟的投资存量来看，其行业主要分布在租赁和商务服务业，对上述行业投资存量约160.88亿美元，占25.7%，主要分布在新加坡、印度尼西亚、老挝、越南、菲律宾等；制造业约93.59亿美元，占14.9%，是中国对东盟投资涉及国家最广泛的行业，其中投资额上亿美元的国家有：印度尼西亚（18.18亿美元）、越南（17.08亿美元）、泰国（15.1亿美元）、新加坡（13.52亿美元）、老挝（9亿美元）、马来西亚（8.99亿美元）、柬埔寨（7.9亿美元）、缅甸（2.53亿美元）、菲律宾（1.18亿美元）；电力/热力/燃气及水的生产供应业约78.66亿美元，占12.5%，主要分布在新加坡、缅甸、老挝、印度尼西亚、柬埔寨等；批发和零售业约75.37亿美元，占12%，主要分布在新加坡、印度尼西亚、越南、泰国、菲律宾、马来西亚等；采矿业约62.47亿美元，占10%，主要分布在印度尼西亚、缅甸、新加坡、老挝、越南、柬埔寨、泰国等；金融业约43.56亿美元，占6.9%，主要分布在新加坡、泰国、印度尼西亚、马来西亚、越南等；建筑业约38.62亿美元，占6.2%，主要分布在新加坡、柬埔寨、老挝、马来西亚、越南、印度尼西亚、泰国等；农/林/牧/渔业约23.14亿美元，占3.7%，主要分布在老挝、柬埔寨、印度尼西亚、新加坡、缅甸、泰国、越南等；交通运输/仓储和邮政业约17.83亿美元，占2.8%，主要分布在新加坡、泰国等；房地产业约11.62亿美元，占1.9%，主要分布在新加坡、老挝等；水利/环境和公共设施管理业约8.11亿美元，占1.3%；科学研究和技术服务业约7.44亿美元，占1.2%；信息传输/软件和信息服务业约2.46亿美元，占0.4%；居民服务/修理和其他服务业约1.83亿美元，占0.3%；住宿和餐饮业占约1亿美元，0.2%。

4. 投资产业结构

从中国对东盟直接投资产业分布来看，与主要发达国家对东盟投资还存在较大的差距，投资产业结构还有待进一步调整和优化。截至2015年年底，中国对东盟直接投资主要集中于五大产业，分别为租赁和商务服务业、制造业、批发和零售业、金融业、水利/环境和公共设施管理业，对上述产业的直接投资占中国对东盟直接投资流量的87.2%。其中，中国对东盟租赁和商务服务业、批发和零售业、制造业等劳动密集型产业投资迅速增长，表明中国对东盟投资主要集中于资源密集型产业。

采矿业方面，中国对东盟投资存量由2011年的4.4609亿美元上升到2015年的62.4743亿美元，占比10%，但投资流量的占比比较低，仅占中国对东盟投资流量的0.3%。

租赁和商务服务业方面，中国对东盟投资存量由2011年的27.5887亿美元上升到2015年的160.8852亿美元，增长483.2%，投资流量的占比也提高到45.7%，取得了显著增长。

(二) 中国对东盟投资的国别分布不均衡

由于东盟国家经济发展水平存在差异，因而对吸引外资的需求也不同。近年来，中国对东盟直接投资主要集中在收入水平较高的新加坡、经济发展较快的印度尼西亚以及经济发展水平相对落后的越南、缅甸、柬埔寨、老挝等国。

1. 投资流量国别分布

从投资国别分布来看（见表3-2），中国对东盟各国的直接投资差异较大。2006年以前，中国对文莱基本没有进行直接投资，但最近几年投资增速较快，2011年中国对文莱直接投资达历史最高值0.2亿美元。2001年，新加坡、越南、马来西亚是中国对东盟直接投资的主要目的地，排名前3位，投资流量分别约为0.92亿美元、0.24亿美元和0.17亿美元，占当年中国对东盟直接投资总额的92.15%。经过十几年的发展，中国对东盟直接投资国别分布发生了变化，2015年中国对新加坡的投资流量约104.52亿美元，占当年中国对东盟直接投资总额的71.57%，中国对印度尼西亚的投资，从无到有，2015年投资流量约14.51亿美元，占当年中国对东盟直接投资总额的9.93%。

表3-2　　　　2001—2015年中国对东盟各国直接投资流量变化

单位：百万美元

国家	2001	2005	2010	2011	2012	2013	2014	2015
文莱	-	1.50	16.53	20.11	0.99	8.52	-3.28	3.92
缅甸	0.5	11.54	875.61	217.82	748.96	475.33	343.13	331.72
柬埔寨	2.9	5.15	466.51	566.02	559.66	499.33	438.27	419.68
印度尼西亚	-1.5	11.84	201.31	592.19	1361.29	1563.38	1271.98	1450.57
老挝	11.8	20.58	313.55	458.52	808.82	781.48	1026.9	517.21
马来西亚	16.9	56.72	163.54	95.13	199.04	616.38	521.34	488.91
菲律宾	0.1	4.51	244.09	267.19	74.90	54.40	224.95	-27.59
新加坡	91.5	20.33	1118.5	3268.96	1518.75	2032.37	2813.63	10452.48
泰国	-2.5	4.77	699.87	230.11	478.60	755.19	839.46	407.24
越南	24.2	20.77	305.13	189.19	349.43	480.50	332.89	560.17
合计	143.9	157.71	4404.64	5905.24	6100.44	7267.18	7809.27	14604.31

注：表中数据经过四舍五入处理。其中2002—2004年、2006—2009年数据略。

资料来源：相关年份的《中国对外直接投资统计公报》。

2. 投资存量国别分布

从中国对东盟投资存量的国别分布来看（见表3-3），在东盟国家中,新加坡一直是中国对外直接投资的首要目的地,中国对新加坡的投资存量一直居于首位。截至 2015 年年底,中国对新加坡的投资存量为 319.85 亿美元,占对东盟投资总存量的 51%;而同期中国对文莱的投资存量为 0.73 亿美元,仅占中国对东盟投资总存量的 0.12%。在对东盟中等收入国家的投资中,中国对印度尼西亚的直接投资额为 81.25 亿美元,相对较高,而对泰国、马来西亚和菲律宾的投资额分别为 34.4 亿美元、22.31 亿美元和 7.11 亿美元,相对较低。在低收入水平国家中,中国对老挝、缅甸的投资较多,分别为 48.42 亿美元、42.59 亿美元,对柬埔寨、越南两国的投资额相对较少,分别为 36.76 亿美元、33.74 亿美元。

2015 年年末中国对东盟各国投资存量的变化说明,随着中国—东盟自由贸易区建设的不断深入,中国在稳定新加坡投资市场的同时,逐渐将投资市场转移到老挝、缅甸和柬埔寨等东盟新成员国,属于典型的市场型投资。

表 3-3 2015 年末中国对东盟十国投资存量情况

排序	国家	投资存量(亿美元)	所占比重(%)
1	新加坡	319.85	51.00
2	印度尼西亚	81.25	12.96
3	老挝	48.42	7.72
4	缅甸	42.59	6.79
5	柬埔寨	36.76	5.86
6	泰国	34.40	5.49
7	越南	33.74	5.38
8	马来西亚	22.31	3.56
9	菲律宾	7.11	1.13
10	文莱	0.73	0.12
合计	东盟十国	627.16	100.00

注:表中数据经过四舍五入处理。

资料来源:2015 年《中国对外直接投资统计公报》。

(三) 中国对东盟投资的主体不平衡

从中国对东盟投资的主体来看,由于中国对外直接投资尚处在初始发展阶段，投资主体基本以大型国有企业为主、民营企业为辅。但随着《投资协议》的签订和CAFTA的正式建成，投资主体呈现出多元化发展趋势，国有企业占比逐年下降，民营企业比重增加；民营企业以追求最大利润为目标，自主经营，采用不同的投资策略，加快"走出去"的步伐，成为中国投资东盟的主力军，投资领域以制造业、农业、采矿业为主，不断向金融服务业和高新技术业等产业拓展，投资规模也不断扩大。

2015年末，中国对外直接投资者达到2.02万家，从其在中国工商行政管理部门登记注册的情况看，有限责任公司占67.4%，是中国对外投资占比最大、最为活跃的群体；私营企业占9.3%；股份有限公司占7.7%；国有企业占5.8%，较上年下降0.9个百分点；外商投资企业占2.8%，股份合作企业占2.3%；港澳台商投资企业占1.9%；个体经营占0.9%，集体企业占0.4%，其他企业占1.5%。

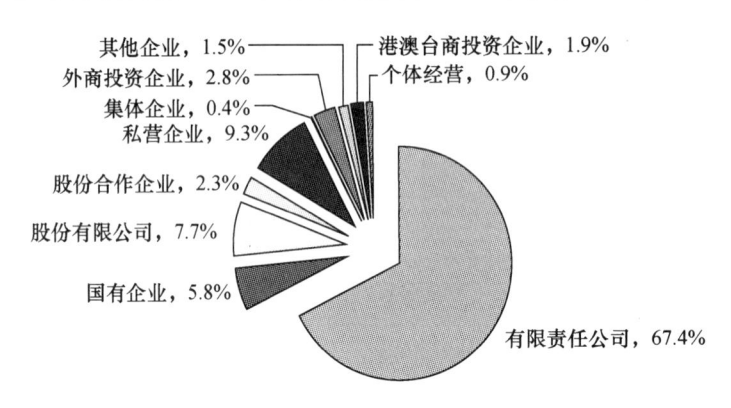

图3-2 2015年中国对外投资主体构成

注：图中数据经过四舍五入处理。

资料来源：2015年《中国对外直接投资统计公报》。

在对外非金融类直接投资者中，中央企业及单位517家，仅占2.6%，各省区市的地方企业投资者占97.4%。境内投资者数量前十位的省区市依次为：广东、浙江、江苏、上海、北京、山东、辽宁、福建、湖南、黑龙江，共占境内投资者总数的77.7%。广东境内投资者数量最多，超过4300家，占21.6%；其次为浙江，占12.4%；江苏位列第三，占 9.8%。近七成的私营企业投资者来自浙江、江苏、广东、上海、山东五省市。

三 中国—东盟国际投资效应

1966 年，美国经济学家查尔斯·P. 金德尔伯格（Charles P. Kindleberger）在"贸易创造"和"贸易转移"概念的基础上，认为区域经济一体化将产生两种国际投资效应，即"投资创造"效应和"投资转移"效应，贸易转移发起投资创造，贸易创造引起投资转移。随着区域经济一体化的发展，国际投资使国际分工进一步精细化，由此产生规模经济效应，从而产生"投资创造"效应；同时，区域经济合作中各国生产要素的重新组合和优化配置，将改变区域内①直接投资的流量、流速和流向，使区域内的直接投资以及区域外②的直接投资均发生改变，从而产生"投资转移"效应。

（一）中国—东盟区域内"投资创造"效应

随着中国—东盟区域经济合作的不断深入，中国和东盟国家之间逐渐取消投资壁垒，通过完善投资机制，区域内各国相互直接投资增速逐年攀升，投资项目数量也不断增多，在一定程度上实现了中国—东盟自由贸易区域经济合作的"投资创造"效应。

1. 东盟对中国"投资创造"

目前，东盟已成为我国吸引外资的重要来源地之一，东盟国家对我国直接投资规模逐年扩大。1990—2015 年东盟对中国直接投资额来看（见图 3-3），从 1990 年开始一直呈增长趋势，特别是 20 世纪 90 年代末期，出现了东盟对中国投资的第一个高峰，但受到东南亚金融危机的影响，在 1998 年后东盟对中国投资额略有下降。2001 年，东盟对中国直接投资出现回暖的发展趋势，此后一直阶段性增长，到 2013 年达到最大值，2014 年稍微有些回落，2015 年又恢复增长。2015 年，东盟对中国直接投资额达到 76.6 亿美元，比 2005 年增长了 146.3%，是 2000 年的 3.55 倍。

---

① 区域内是指包括中国—东盟自由贸易区 11 个成员方。
② 区域外是指除中国—东盟自由贸易区 11 个成员方以外的其他国家和地区。

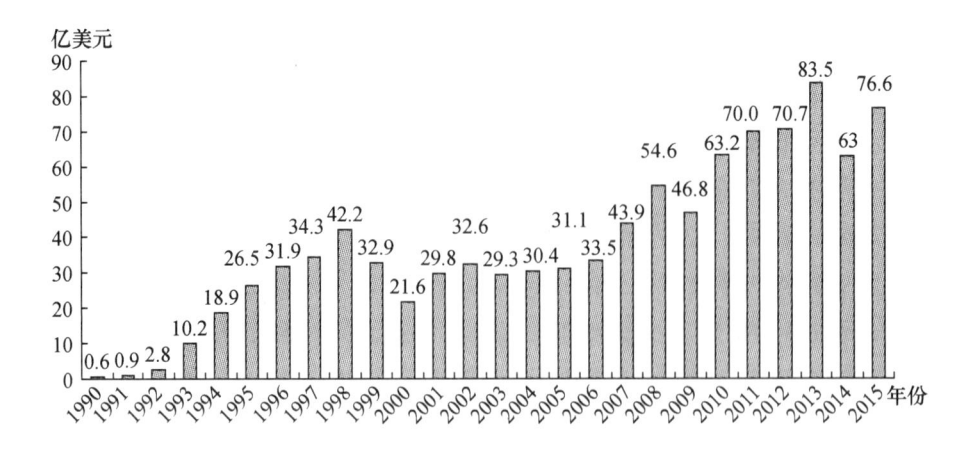

图 3-3　1990—2015 年东盟对中国直接投资额

注：图中数据经过四舍五入处理。

资料来源：根据历年《中国统计年鉴》计算。

从 1990—2015 年东盟对中国直接投资情况来看（见图 3-4），新加坡一直是中国吸引外商直接投资的主要来源国，对华直接投资额累计达 781.83 亿美元，占东盟国家对中国直接投资的 79.62%；其次是马来西亚、泰国、菲律宾、文莱和印度尼西亚五国，对华直接投资

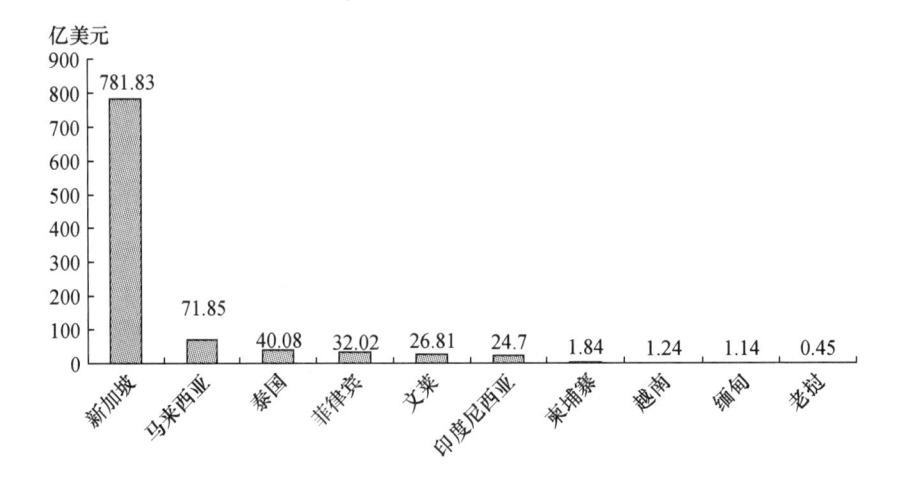

图 3-4　1990—2015 年东盟各国对中国的投资总额

注：图中数据经过四舍五入处理。

资料来源：根据历年《中国统计年鉴》计算。

占比分别为 7.32%、4.08%、3.26%、2.73%、2.52%；柬埔寨、越南、缅甸、老挝四国对华直接投资总额相对较少，仅占东盟国家对华直接投资的 0.48%。

2. 中国对东盟"投资创造"

1984 年，中国开始对东盟国家进行直接投资，开启了中国对东盟直接投资的发展历程。进入 21 世纪，随着《东盟投资区框架协议》①、《中国—东盟全面经济合作框架协议》（附录1）②、《货物贸易协议》（附录2）③、《服务贸易协议》（附录3）④、《投资协议》（附录4）⑤ 的相继签署，以及 2010 年 1 月 1 日中国—东盟自由贸易区的正式建成，中国对东盟国家直接投资进入了快速发展阶段。2013 年，中国对东盟国家直接投资流量为 72.6718 亿美元，比 2012 年增长了 19.13%。

（二）区域外国家对中国和东盟"投资创造"效应

1. 区域外国家对中国的"投资创造"效应

进入 21 世纪，伴随着中国—东盟自由贸易区建设的步伐，中国—东盟自由贸易区区域外国家对中国的投资额不断增加。除受 1997

---

① 1998 年 10 月，为了促进东盟区域内投资透明化和自由化，在马尼拉召开的第三十届东盟经济部长会议上签署了《东盟投资区框架协议》（Framework Agreement On the ASEAN Investment Area），该协议是东盟投资合作的最高成就和最主要的法律文件，东盟投资方面的制度性安排随着《东盟投资区框架协议》的签订而真正开始形成，东盟投资区（AIA）也应运而生。

② 2002 年 11 月 4 日，原国务院总理朱镕基和东盟 10 国领导人共同签署了《中国—东盟全面经济合作框架协议》（以下简称《框架协议》），这标志着中国与东盟的经贸合作进入了一个新的历史阶段。《框架协议》是未来自贸区的法律基础，共有 16 个条款，总体确定了中国—东盟自贸区的基本架构。

③ 2004 年 11 月 29 日，在老挝万象召开的第八次中国—东盟领导人会议上，原国家商务部部长薄熙来与东盟 10 国经济部长共同签署了《中国—东盟全面经济合作框架协议货物贸易协议》（以下简称《货物贸易协议》）。2005 年 7 月 20 日，《货物贸易协议》的核心内容，即中国—东盟自贸区降税计划全面启动，这标志着《货物贸易协议》正式进入了实施阶段，也标志着中国—东盟自贸区的建设进程全面拉开了帷幕。

④ 2007 年 1 月 14 日，在原国务院总理温家宝和东盟 10 国领导人的共同见证下，中国与东盟 10 国在菲律宾宿务签署了中国—东盟自由贸易区《服务贸易协议》。

⑤ 2009 年 8 月 15 日，在泰国曼谷举行的第八次中国—东盟经贸部长会议上，原国家商务部部长陈德铭与东盟 10 国经贸部长共同签署了中国—东盟自由贸易区《投资协议》。

年东南亚金融危机和 2008 年国际金融危机的影响外,区域外国家对中国的投资一直呈现平稳增长的发展趋势(见图 3-5 和表 3-4)。2015 年,CAFTA 区域外国家对中国直接投资为 1186 亿美元,达历史最高水平,区域外国家对中国直接投资额占中国吸引投资总额的 93.94%,表明区域外国家对中国产生了"投资创造"效应。

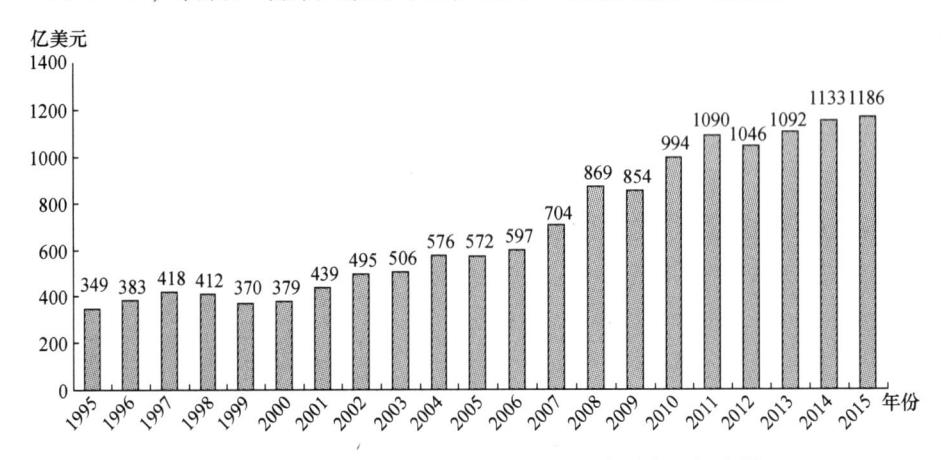

图 3-5　1995—2015 年 CAFTA 区域外国家对中国投资情况

注:图中数据经过四舍五入处理。

资料来源:《中国统计年鉴》(历年)。

表 3-4　1995-2015 年中国吸引投资来源国构成

年份	金额(亿美元)			比重(%)	
	总额	东盟	东盟外	东盟	东盟外
1995	375.12	26.54	348.58	7.08	92.92
1996	417.26	34.15	383.11	8.18	91.82
1997	452.57	34.81	417.76	7.69	92.31
1998	454.62	42.23	412.39	9.29	90.71
1999	403.19	32.89	370.30	8.16	91.84
2000	407.15	28.45	378.70	6.99	93.01
2001	468.78	29.84	438.94	6.37	93.63
2002	527.43	32.56	494.87	6.17	93.83
2003	535.05	29.25	505.80	5.47	94.53
2004	606.30	30.41	575.89	5.02	94.98
2005	603.25	31.05	572.20	5.15	94.85
2006	630.21	33.51	596.70	5.32	94.68

续表

年份	金额（亿美元）			比重（%）	
	总额	东盟	东盟外	东盟	东盟外
2007	747.68	43.91	703.77	5.87	94.13
2008	923.95	54.61	869.34	5.91	94.09
2009	900.33	46.78	853.55	5.20	94.80
2010	1057.32	63.24	994.08	5.98	94.02
2011	1160.10	70.05	1090.05	6.04	93.96
2012	1117.16	70.73	1046.43	6.33	93.67
2013	1175.86	83.47	1092.39	7.10	92.90
2014	1195.62	63.00	1132.62	5.27	94.73
2015	1262.66	76.58	1186.08	6.06	93.94

注：表中数据经过四舍五入处理。

资料来源：根据历年《中国统计年鉴》计算。

2. 区域外国家对东盟的"投资创造"效应

自1995年以来，区域外国家对东盟国家的直接投资额不断增长（见表3-5），从东盟各国吸引外商直接投资的情况来看，新加坡一直是引资比较多的东盟国家，2014年新加坡吸引外商直接投资720.98亿美元，在区域外国家对东盟直接投资中的占比为52.94%。其次，印度尼西亚具有较开放的引资政策和较好的外商直接投资环境，一跃成为继新加坡后的第二大外商直接投资输入国，2014年吸引外商直接投资222.76亿美元。另外，区域外国家对泰国和越南的直接投资也迅速增长，这两个东盟国家2014年吸引外商直接投资分别为115.38亿美元和92亿美元。

表3-5　　　　　1995—2014年东盟各国吸引投资情况　　　　单位：亿美元

年份	文莱	柬埔寨	印度尼西亚	老挝	马来西亚	缅甸	菲律宾	新加坡	泰国	越南
1995	0.83	1.51	-	0.95	58.15	3.18	14.59	115.35	20.70	17.8
1996	6.54	2.94	-	1.60	72.97	5.81	15.20	96.82	23.38	18.03
1997	7.02	1.68	-	0.86	63.23	8.79	12.49	137.53	38.82	25.87

续表

年份	文莱	柬埔寨	印度尼西亚	老挝	马来西亚	缅甸	菲律宾	新加坡	泰国	越南
1998	5.73	2.43	—	0.45	27.14	6.84	17.52	73.14	74.92	17.00
1999	7.48	2.32	—	0.52	38.90	3.04	12.47	165.78	60.91	14.84
2000	5.49	1.49	-45.50	0.34	37.88	2.08	22.40	147.52	33.50	12.89
2001	5.26	1.49	-29.79	0.24	5.54	1.92	1.95	173.02	50.61	13.00
2002	10.35	1.45	1.50	0.05	32.03	1.91	15.42	82.62	33.35	12.00
2003	33.75	0.84	-5.96	0.19	24.73	2.91	4.91	165.32	52.35	14.50
2004	2.06	1.31	18.95	0.17	46.24	2.51	6.88	241.03	58.62	16.10
2005	2.89	3.81	83.36	0.28	40.65	2.36	18.45	172.99	80.48	19.54
2006	4.34	4.83	49.14	1.87	60.60	4.28	29.21	366.13	94.60	24.00
2007	2.60	8.67	69.28	3.24	85.38	7.15	29.16	463.38	113.30	67.00
2008	3.30	8.15	93.18	2.28	72.48	9.76	15.44	111.15	85.39	95.79
2009	3.71	5.39	48.77	3.19	14.05	9.63	19.63	250.36	48.53	76.00
2010	6.25	7.83	137.71	3.33	91.56	22.49	12.98	550.35	91.12	80.00
2011	12.08	8.92	192.42	4.67	120.01	20.58	18.16	467.74	38.61	75.19
2012	8.65	15.57	191.38	2.94	94.00	13.54	27.97	609.80	106.99	83.68
2013	7.25	12.75	184.44	4.27	122.97	26.21	38.60	561.38	130.00	89.00
2014	5.68	17.27	222.76	9.13	107.14	9.46	62.01	720.98	115.38	92.00

注：表中数据经过四舍五入处理。
资料来源：2015年《东盟统计年鉴》。

从东盟整体吸引投资情况来看，1995—2000年，区域外国家和地区对东盟的投资增幅一直呈递减的趋势，2000年区域外国家和地区对东盟投资额仅占世界总投资比重的1.55%。2002年，随着《中国—东盟全面经济合作框架协议》的签署，东盟国家吸引直接投资总额呈现增长的势头。2002—2014年，东盟吸引世界投资额由190.68亿美元上升到1361.81亿美元，增长了7.14倍，占世界总投资的比重由1995年的6.95%上升到2014年的11.09%。

表 3-6　　1995—2014 年东盟整体吸引投资情况　单位：亿美元，%

年份	东盟	世界总投资	东盟占世界总投资的比重
1995	238.06	3423.91	6.95
1996	243.29	3885.55	6.26
1997	296.29	4863.89	6.09
1998	225.17	7075.84	3.18
1999	306.31	10895.97	2.81
2000	218.09	14026.80	1.55
2001	223.24	8261.77	2.70
2002	190.68	6268.74	3.04
2003	293.54	5727.90	5.12
2004	393.86	7423.86	5.31
2005	424.89	9825.93	4.32
2006	639.12	14618.63	4.37
2007	849.17	19709.40	4.31
2008	496.93	17441.01	2.85
2009	479.27	11850.30	4.04
2010	1003.60	12436.71	8.07
2011	958.38	15241.24	6.29
2012	1154.53	14030.00	8.23
2013	1176.87	14670.00	8.02
2014	1361.81	12280.00	11.09

注：表中数据经过四舍五入处理。
资料来源：联合国贸易和发展会议数据库，http://comtrade.un.org/。

（三）中国—东盟区域内"投资转移"效应

1. 东盟对中国"投资转移"

随着经济的发展，东盟对外投资规模呈现不断扩大的趋势，从 1999 年的 99.35 亿美元激增到 2007 年的 554.13 亿美元，2008 年由于金融危机影响大幅度下降，但 2009 年迅速回升，到 2015 年东盟对外投资为 986.28 亿美元。随着中国—东盟自由贸易区的建设和发展，东盟对中国的直接投资额不断增加，但增长幅度较小。从东盟对外投资构成来看，东盟对中国直接投资比重由 2002 年的 71.92% 下降到 2015 年的 7.77%（见表 3-7），说明东盟对中国存在"投资转移"效应。

表 3-7　　　　1999—2015 年东盟对中国的直接投资及占比

单位：亿美元,%

年份	东盟对中国直接投资总额	东盟对外直接投资总额	东盟对中国直接投资占比
1999	32.9	99.35	33.11
2000	21.6	81.02	35.11
2001	29.8	205.73	14.50
2002	32.6	45.27	71.92
2003	29.3	52.03	56.22
2004	30.4	169.78	17.91
2005	31.1	181.68	17.09
2006	33.5	287.82	11.64
2007	43.9	554.13	7.92
2008	54.6	251.86	21.68
2009	46.8	338.46	13.82
2010	63.2	598.48	10.56
2011	70.0	798.17	8.77
2012	70.7	859.05	8.23
2013	83.5	967.83	8.63
2014	63.0	783.54	8.04
2015	76.6	986.28	7.77

注：表中数据经过四舍五入处理。

资料来源：《东盟统计年鉴》（历年），《中国统计年鉴》（历年）。

自 2002 年《中国—东盟全面经济合作框架协议》的签署到 2010 年正式建成中国—东盟自由贸易区，东盟国家不断加大对中国直接投资，投资总额呈现递增的发展趋势，但其增长速度远低于东盟国家内部相互投资增长率。对比东盟对中国直接投资和东盟内部相互投资情况（见图 3-6），东盟国家内部相互投资由 2003 年的 20.7 亿美元迅速增长到 2014 年的 243.77 亿美元，以年均 132.5% 的速度高速增长；而东盟对中国直接投资仅由 2003 年的 29.3 亿美元增长到 2015 年的 76.6 亿美元，增长速度仅为 14.8%。随着东盟国家经济发展水平和对外资需求的不断提高，原本可能流向中国的直接投资已"转移"到东盟内部成员国。

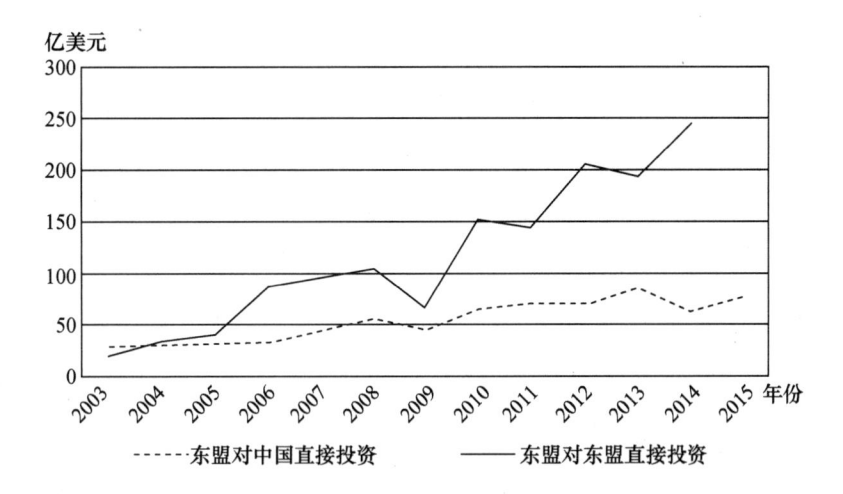

图 3-6　1995—2015 年东盟对东盟和中国直接投资比较

注：图中数据经过四舍五入处理。

资料来源：《东盟统计年鉴》、《中国统计年鉴》（历年）。

2. 中国对东盟"投资转移"

1995—1998 年，中国对东盟投资规模逐年增长，但受 1999 年东南亚金融危机的影响，2000 年、2002 年中国对东盟直接投资分别为 -1.33 亿美元、-0.72 亿美元。随着中国—东盟自由贸易区的建设和发展，2015 年中国对东盟直接投资超过 146 亿美元，是 2001 年的 101.39 倍。从中国对东盟直接投资总额来看（见表 3-8），投资额变化波动较大，且 2000 年和 2002 年出现负增长；自 2005 年后，中国对东盟直接投资占比迅速上升，由 2005 年的 1.29% 增长到 2015 年的 10.03%。这一变化充分说明，中国对东盟直接投资存在"投资转移"倾向。

表 3-8　1995—2015 年中国对东盟的投资及其占比

单位：亿美元，%

年份	中国对东盟直接投资总额	中国对外直接投资总额	中国对东盟直接投资占比
1995	1.37	20.00	6.86
1996	1.18	21.14	5.58
1997	0.62	25.62	2.42

续表

年份	中国对东盟直接投资总额	中国对外直接投资总额	中国对东盟直接投资占比
1998	2.91	26.34	11.06
1999	0.63	17.74	3.55
2000	-1.33	9.16	-14.50
2001	1.44	68.85	2.09
2002	-0.72	25.18	-2.86
2003	1.89	28.55	6.62
2004	2.26	54.98	4.11
2005	1.58	122.61	1.29
2006	3.36	176.34	1.91
2007	9.68	265.06	3.65
2008	24.84	559.07	4.44
2009	26.98	565.29	4.77
2010	44.05	688.11	6.40
2011	59.05	746.54	7.91
2012	61.00	878.04	6.95
2013	72.67	1078.40	6.74
2014	78.09	1231.20	6.34
2015	146.04	1456.70	10.03

注：表中数据经过四舍五入处理。

资料来源：2015年《中国对外直接投资公报》以及联合国贸易和发展会议数据库，http://comtrade.un.org/。

从2011—2015年中国对主要经济体投资情况来看（见表3-9），2011和2015年中国对东盟的投资，不管是投资流量还是投资存量均排名前3位，明显大于对澳大利亚、美国、俄罗斯等发达国家的投资额，但与对中国香港的直接投资相比要小很多。中国对东盟直接投资流量占比，由2011年的7.9%，增长到2015年的10.0%；中国对东盟的投资存量占比，由2011年的5.0%，增长到2015年的5.7%，说明中国对东盟直接投资存在明显的"投资转移"倾向。

表 3-9　　　　　2011—2015 年中国对主要经济体投资情况

单位：亿美元，%

经济体	2011 年流量		2015 年流量		2011 年存量		2015 年存量	
	金额	占比	金额	占比	金额	占比	金额	占比
中国香港	356.55	47.8	897.90	61.7	2615.19	61.6	6568.55	59.8
欧　　盟	75.61	10.1	54.80	3.8	202.91	4.8	644.6	5.9
东　　盟	59.05	7.9	146.04	10.0	214.62	5.0	627.16	5.7
美　　国	18.11	2.4	80.29	5.5	110.41	2.6	408.02	3.7
澳大利亚	31.65	4.2	34.01	2.3	89.93	2.1	283.74	2.6
俄罗斯	7.16	1.0	29.61	2.0	37.64	0.9	140.20	1.3

注：表中数据经过四舍五入处理。

资料来源：2011 年和 2015 年《中国对外直接投资统计公报》。

3. 中国对东盟各国的"投资差异"

由于东盟国家的经济发展水平存在较大的差异，因而中国对东盟各国的投资流量、流向也存在差异。从中国对东盟直接投资的国别来看，2003 年中国对新加坡、泰国、马来西亚和柬埔寨的投资额，在我国对外直接投资中分别排名第 8、第 9、第 13 和第 20 位；2015 年中国对新加坡、印度尼西亚、老挝和缅甸的投资额，在我国对外直接投资中分别排名第 5、第 11、第 17 和第 20 位。因此，从中国对东盟直接投资国别来看，在一定程度上也存在"投资转移"倾向。

从中国对东盟国家的投资流量来看（见表 3-10），2000—2015 年中国对新加坡投资流量最大，2015 年达到最大值 71.57%。中国对东盟 4 个老成员国（马来西亚、印度尼西亚、菲律宾和泰国）的投资流量逐年递增，但投资占比却呈下降趋势，于 2008 年达最低值 11.58%，随后逐年上升，在 2013 年达到峰值 41.13% 后下降。2006 年以来，中国对东盟 4 个新成员国（老挝、越南、柬埔寨和缅甸）的投资流量迅速增长，中国对东盟新成员国的直接投资占比超过了对东盟老成员国的直接投资占比，但从 2012 年开始这一占比又逐年减低。由此可以看出，中国对东盟的投资，在 4 个老成员国（马来西亚、印度尼西亚、菲律宾和泰国)和4个新成员国(老挝、越南、柬埔寨和缅甸),以及新加坡之间,有规律地进行着"投资转移"。

表 3-10　　2000—2015 年中国对东盟国家的投资流量

单位:亿美元,%

年份	中国对东盟4个老成员国的投资		中国对东盟4个新成员国的投资		中国对新加坡的投资	
	投资额	占比	投资额	占比	投资额	占比
2000	5.1	—	30.1	—	-168.6	—
2001	13	9.03	39.4	27.38	91.5	63.59
2002	34.1	—	64.7	—	-170.9	—
2003	87.03	46.02	35.5	18.77	-3.21	—
2004	93.56	41.40	54.02	23.90	47.98	21.23
2005	77.84	49.36	58.04	36.80	20.33	12.89
2006	89.59	26.66	114.01	33.93	132.15	39.33
2007	147.18	15.20	421.99	43.59	397.73	41.08
2008	287.57	11.58	644.01	25.92	1550.95	62.43
2009	369.88	13.71	908.16	33.66	1414.25	52.42
2010	1308.81	29.71	1960.8	44.52	1118.5	25.39
2011	1184.62	20.06	1431.55	24.24	3268.96	55.36
2012	2113.83	34.65	2466.87	40.44	1518.75	24.90
2013	2989.35	41.13	2236.64	30.78	2032.37	27.97
2014	2857.73	36.59	2141.19	27.42	2813.63	36.03
2015	2319.13	15.88	1828.78	12.52	10452.48	71.57

注:表中数据经过四舍五入处理。

资料来源:历年《中国对外直接投资统计公报》。

(四)区域外国家对中国—东盟"投资转移"

1. 区域内部"投资转移"

从表 3-11 可以看出,1995—2002 年中国吸引区域外国家的直接投资量,远大于东盟吸引区域外国家的直接投资量,说明中国市场是区域外国家更为理想的外商直接投资目的地；2002年以来，尽管中国吸引区域外国家的直接投资总量在持续增长，但增长幅度与东盟国家相比却逐年下降，表明区域外国家对中国和东盟的直接投资，也产生了"投资转移"倾向。

表3-11 1995—2014年区域外国家对东盟和中国的直接投资情况

年份	区外对东盟和中国的直接投资金额		占比（%）	
	东盟（亿美元）	中国（亿美元）	东盟	中国
1995	232.89	348.58	40.05	59.95
1996	255.25	383.11	39.99	60.01
1997	286.33	417.76	40.67	59.33
1998	191.40	412.39	31.70	68.30
1999	254.00	370.30	40.69	59.31
2000	220.43	378.70	36.79	63.20
2001	159.41	438.94	26.64	73.36
2002	101.50	494.87	17.02	82.98
2003	159.57	505.80	23.98	76.02
2004	229.95	575.89	28.54	71.46
2005	368.01	572.20	39.14	60.86
2006	452.01	596.70	43.10	56.90
2007	585.95	703.77	45.43	54.57
2008	460.93	869.34	34.64	65.35
2009	379.00	853.54	30.75	69.25
2010	735.51	994.09	42.52	57.48
2011	819.35	1090.05	42.91	57.09
2012	949.04	878.04	51.94	48.06
2013	982.87	1078.44	47.68	52.32
2014	1118.04	1231.20	47.59	52.41

注：表中数据经过四舍五入处理。

资料来源：《中国统计年鉴》（历年），《东盟统计年鉴》（历年）。

2. 区域外和区域内国家吸引直接投资对比

对比区域外和区域内国家吸引直接投资流入量情况（见表3-

12），1995—2001 年区域内国家吸引直接投资，从 1995 年的 613.27 亿美元增长到 2001 年的 699.78 亿美元，年均增长 2.35%；与此同时，区域外国家吸引外商直接投资流入量，从 1995 年的 2810.64 亿美元增长到 2001 年的 7561.99 亿美元，年均增长 28.18%。

表 3 – 12　　1995—2011 年区域内和区域外国家直接投资流入量①

年份	区内 金额（亿美元）	区内 比重（%）	区外 金额（亿美元）	区外 比重（%）	世界 金额（亿美元）	世界 比重（%）
1995	613.27	17.91	2810.64	82.09	3423.91	100.00
1996	660.55	17.00	3225.00	83.00	3885.55	100.00
1997	748.86	15.40	4115.03	84.60	4863.89	100.00
1998	679.80	9.61	6396.04	90.39	7075.84	100.00
1999	709.50	6.51	10186.47	93.49	10895.97	100.00
2000	688.66	4.91	13338.14	95.09	14026.8	100.00
2001	699.78	8.47	7561.99	91.53	8261.77	100.00
2002	698.21	11.14	5570.53	88.86	6268.74	100.00
2003	783.44	13.68	4944.46	86.32	5727.90	100.00
2004	970.75	13.08	6453.11	86.92	7423.86	100.00
2005	1131.34	11.51	8694.59	88.49	9825.93	100.00
2006	1294.07	8.85	13324.56	91.15	14618.63	100.00
2007	1592.53	8.08	18116.87	91.92	19709.40	100.00
2008	1551.68	8.90	15889.33	91.10	17441.01	100.00
2009	1329.32	11.22	10520.98	88.78	11850.30	100.00
2010	1848.64	14.86	10588.07	85.14	12436.71	100.00
2011	2048.51	13.58	13037.63	86.42	15086.14	100.00

注：表中数据经过四舍五入处理。
资料来源：根据联合国贸易和发展会议数据库整理所得，http://comtrade.un.org/。

---

① 区域内国家是指中国—东盟自由贸易区 11 个成员方，区域外国家是指除中国—东盟自由贸易区 11 个成员方以外的其他国家和地区。

第二节 中国—东盟国际贸易发展概述

一 中国—东盟国际贸易发展现状

（一）货物贸易发展迅速

2000年以来，我国与东盟进出口贸易进入了快速发展阶段，双边进出口贸易总额一直保持快速增长的趋势（见图3-7）。

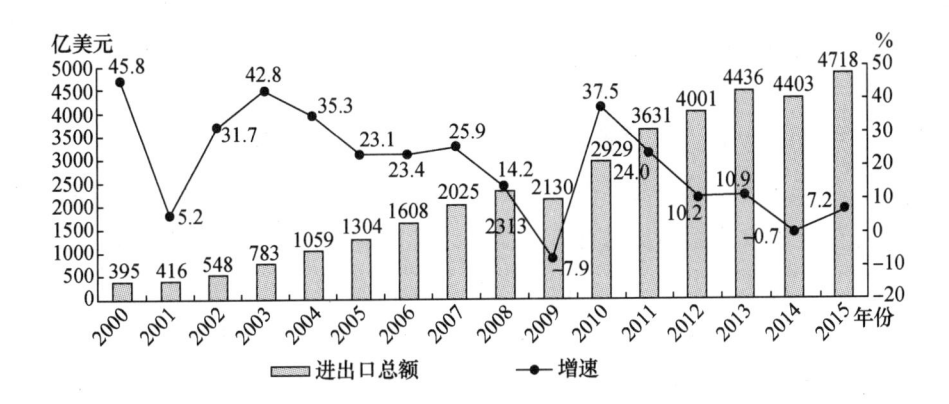

图3-7 2000—2015年中国—东盟进出口总额及增长速度

注：图中数据经过四舍五入处理。
资料来源：根据2001—2016年《中国统计年鉴》计算。

2015年，中国和东盟进出口总额达到4717.66亿美元，比2014年增长7.2%，其中，中国对东盟出口2772.91亿美元，中国从东盟进口1944.75亿美元，贸易顺差828.16亿美元，中国连续6年成为东盟的第一大贸易伙伴，东盟继续保持中国第三大贸易伙伴的地位。

（二）服务贸易合作加深

中国—东盟服务贸易合作不仅带来了国际"贸易转移"，而且对区域内国家吸引外商直接投资起到了积极的促进作用。随着中国—东盟自由贸易区的建立与不断发展，中国与东盟国家充分发挥比较优势，促进了区域内服务贸易合作的进一步加深和服务贸易的快速增长，加大了服务贸易市场的开放开发程度。由于中国金融、通信等行业的对外开放水平相对较低，随着中国—东盟自由贸易区贸易自由化和便利化水平的不断提高，我国将增加金融、通信等行业的进口，扩大国际工程承包等行业的出口。其原因在于，中国拥有大量的劳动力和庞大的建筑业市场，而新加坡在电信业、金融业、教育培训和建筑业等领域具有比较优势，中国和新加坡可以加强彼此间的合作，通过优势互补提高两国在服务贸易领域中的合作水平。

(三) 进出口市场集中度过高

从中国对东盟进出口市场结构来看（见表3-13），进出口市场集中度较高，各国的贸易额差异比较显著，这就使对外贸易的风险大大提高，同时也降低了对外贸易的灵活性和竞争力。对比2015年我国对东盟各国的进出口情况，2015年我国对马来西亚、越南、新加坡、泰国、印度尼西亚5个国家的出口总额为4023.18亿美元，占我国对东盟出口总额的比重为85.28%，其中对越南出口总额为660.17亿美元，占比为23.81%；新加坡和马来西亚的占比分别为18.73%和15.86%。长期以来，我国集中向东盟部分国家进出口，部分出口产品容易被进口国列为反倾销的对象，从而影响我国出口企业的外部发展环境；另外，我国从东盟进口则过度依赖于马来西亚，2015年我国从马来西亚进口的商品总额达到532.77亿美元，占从东盟进口总额的27.40%。

表3-13　　　　2015年我国与东盟各国的进出口额　　　单位：亿美元，%

国家和地区	出口		进口		进出口	
	出口额	增速	进口额	增速	进出口总额	增速
文莱	14.07	-19.43	1.01	-46.68	15.09	-22.10
缅甸	96.51	3.02	54.49	-65.07	151.00	-39.52
柬埔寨	37.63	14.92	6.67	38.04	44.30	17.89
印度尼西亚	343.42	-12.08	198.86	-18.78	542.28	-14.66
老挝	12.26	-33.36	15.47	-12.97	27.73	-23.34
马来西亚	439.80	-5.12	532.77	-4.27	972.58	-4.65
菲律宾	266.71	13.62	189.66	-9.62	456.36	923.76

续表

国家和地区	出口		进口		进出口	
	出口额	增速	进口额	增速	进出口总额	增速
新加坡	519.42	6.20	275.81	32.42	795.23	-0.27
泰国	382.91	11.67	371.69	-3.03	754.60	3.91
越南	660.17	3.59	298.32	49.86	958.49	14.60

注：表中数据经过四舍五入处理。

资料来源：根据2014年《中国统计年鉴》计算。

（四）出口贸易内部结构存在缺陷

我国对东盟国家的出口产品，虽然出口贸易总额逐年增加，但出口贸易内部结构存在严重的生产结构缺陷。从2000—2015年我国出口产品的贸易方式来看（见表3-14），一般贸易方面，2000—2005年所占份额总体上呈现出下降趋势；2006年以来，除2009年受东南亚金融危机的影响有所下滑外，一般贸易所占份额总体呈现上升趋势。加工贸易方面，2001—2005年所占份额一直维持在55%左右，远高于一般贸易所占份额；自2006年开始，加工贸易所占份额呈下降趋势，但所占份额仍高于一般贸易份额。总的来看，2011年以来，一般贸易所占的份额逐渐超过同期的加工贸易所占份额，尤其是2015年，一般贸易占比高达53.42%，加工贸易占比仅为35.08%，一般贸易占比超过加工贸易占比近20%。

表3-14　　　　　　2000—2015年我国出口贸易方式　　　单位：亿美元,%

年份	出口额	一般贸易	加工贸易	一般贸易占比	加工贸易占比
2000	2492	1052	965	42.22	38.72
2001	2662	1119	1475	42.04	55.41
2002	3256	1362	1799	41.83	55.25
2003	4384	1820	2418	41.51	55.16
2004	5934	2436	3280	41.05	55.27
2005	7620	3151	4165	41.35	54.66
2006	9691	4163	5104	42.96	52.67

续表

年份	出口额	一般贸易	加工贸易	一般贸易占比	加工贸易占比
2007	12180	5386	6177	44.22	50.71
2008	14285	6626	6752	46.38	47.27
2009	12017	5298	5870	44.09	48.85
2010	15779	7207	7403	45.67	46.92
2011	18986	9171	8354	48.30	44.00
2012	20489	9880	8628	48.22	42.11
2013	22096	10875	8605	49.22	38.94
2014	143912	73944	54320	51.38	37.75
2015	141255	75456	49553	53.42	35.08

注：表中数据经过四舍五入处理。

资料来源：根据2001—2016年《中国统计年鉴》整理和计算所得。

导致这一变化的原因，主要在于我国工业企业的主要优势是低价竞销，价格是我国企业参与国际市场竞争的主要因素，而中国与东盟国家的大部分消费者对产品的价格非常敏感，企业缺乏进行技术创新的动力，导致我国贸易产品的技术创新能力不够，出口产品的附加值比较低，产品容易被替代。通过低价竞争策略，企业虽然在国际贸易中增加了出口数量，但获得的利润非常低，从长期发展的角度看，这种贸易结构对一国的经济发展是不利的，不能使贸易得到可持续发展，不利于贸易方式的提升。

二 中国—东盟国际贸易的特点及发展趋势

（一）贸易差额呈"W"形发展趋势

中国与东盟进出口贸易的差额，从1991年以来，在两个不同的发展阶段，出现了不同的发展特征。第一个阶段从1991年到1999年，中国与东盟的贸易差额非常小，双边进出口贸易基本保持平衡的状态。第二个阶段从1999年到2015年，这一阶段中国与东盟进出口贸易的差额，呈典型的"W"形发展趋势。受到2008年金融危机的影响，2011年中国对东盟的贸易出现逆差，达到最低值226.88亿美元。但从2012年开始，这一指标出现好转，2012年中国对东盟的进出口贸易出现顺差，顺差额为84.51亿美元，此后顺差一直不断增

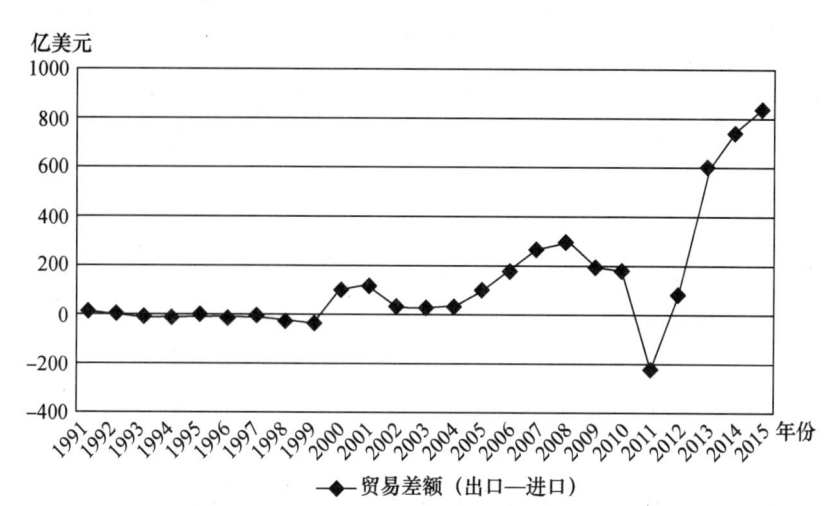

长，2015 年中国对东盟的贸易顺差大幅度上升到 828.16 亿美元。

图 3-8　1991—2015 年中国对东盟的贸易差额发展趋势图

资料来源：根据 2001—2016 年《中国统计年鉴》整理和计算所得。

（二）中国—东盟贸易依存度呈阶段性上升发展趋势

对外贸易依存度，是衡量一个国家对外开放程度的重要指标，反映了一个国家对国际市场的依赖程度，一般用一个国家的对外贸易总额在该国国内生产总值中所占的比重来表示对外贸易依存度，其计算公式为：对外贸易依存度 =（一国进口 + 出口总额）/国内生产总值。

随着中国与东盟政治经济交往的日益密切，双边进出口贸易总额在我国经济中所占的比重日益增加，表明我国与东盟国家的对外贸易依存关系日益加深，图 3-9 反映了 1990—2015 年中国—东盟贸易依存度的变化趋势。在 1997 年东南亚金融危机以前，中国—东盟贸易依存度缓慢下降，说明此前中国—东盟的经贸往来，还不太频繁。自 1997 年以来，中国—东盟贸易依存度不断提高，2007 年外贸依存度达 0.75 的最高值，但受 2008 年金融危机的影响，中国—东盟的贸易依存度有所下降，2009 年降到 0.63，但此后一直保持平稳上升的趋势，2013 年中国—东盟的贸易依存度再次达到最高值 0.75，此后又开始缓慢下降，2015 年降到 0.69。

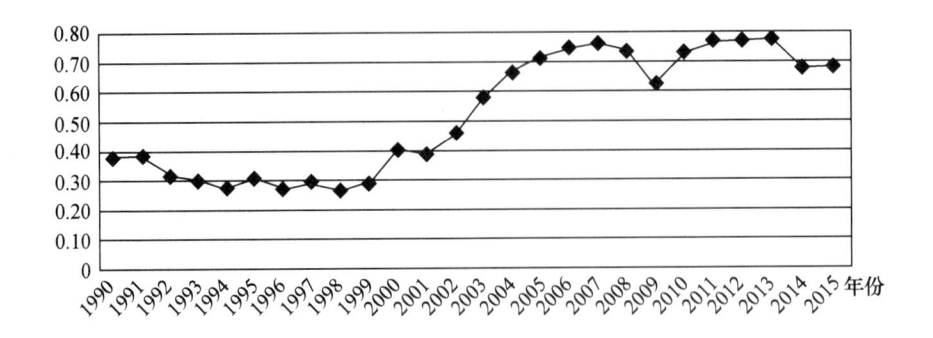

图 3-9　1990—2015 年中国—东盟贸易依存度变化趋势

资料来源：根据 2001—2016 年《中国统计年鉴》整理和计算所得。

（三）服务贸易成为中国—东盟区域经济合作新的亮点

服务贸易是中国—东盟自由贸易区建设的一个重要环节，从 20 世纪 80 年代开始，服务贸易的发展速度，就一直远远超过了货物贸易的发展速度。随着中国—东盟自由贸易区建设步伐的加快，中国与东盟国家间的服务贸易从 2006 年的 126 亿美元发展到 2010 年的 268 亿美元，增长了 113%。中国成为东盟的第四大服务贸易伙伴国，而东盟继续保持中国第五大服务贸易伙伴的地位。2011 年 1—6 月，中国与东盟国家的服务贸易总额为 174 亿美元，与 2010 年同期相比，增长了 35%。

在东盟十国中，新加坡是服务贸易发展最快的国家，2013 年新加坡服务贸易总额 2390 亿美元，占对外贸易进出口总额的比重为 23.4%，其中，服务贸易出口额 1170 亿美元，占对外贸易出口总额的比重为 22.2%，服务贸易进口额 1220 亿美元，占对外贸易出口总额的比重为 24.6%。近年来，泰国、马来西亚、印度尼西亚三个东盟国家的服务贸易，也得到了快速发展，2013 年这三个国家服务贸易总额分别为 1140 亿美元、830 亿美元、557 亿美元，占对外贸易进出口总额的比重分别为 19.2%、16.1%、13.1%[1]。

从 2015 年主要国家（地区）服务贸易来看，中国服务贸易总额

---

[1] 中华人民共和国商务部：《2014 中国服务贸易统计》，中国商务出版社 2014 年版。

7130亿美元,占对外贸易进出口总额的比重为18.04%,其中,服务贸易出口额2882亿美元,占对外贸易出口总额的比重为12.68%,服务贸易进口额4248亿美元,占对外贸易进口总额的比重为25.29%。

三 中国—东盟国际贸易效应

随着中国—东盟自由贸易区的建设向纵深发展,尤其是竞相开放的东南亚国家积极参与进来,中国—东盟经济合作所产生的贸易效应,将得到更大的提升,主要包括以下几个方面:贸易扩大效应、促进生产要素的自由流动、社会福利效应、规模经济效应、促进竞争效应、提升国际地位效应、促进经济体制的改革等。

(一)贸易扩大效应

1991年中国和东盟开始正式对话,双方在经济、政治、文化上,交流日益密切,双边进出口贸易迅速增长。从1992—2015年中国—东盟进出口贸易情况可以看出,1993—1995年,双边进出口贸易额经历了第一个增长的高峰,年均增长率达30%以上;2002年双方签署《中国—东盟全面经济合作框架协议》,在2002—2004年,双边进出口额获得第二个增长高峰期,年均增长率达40%;2010年CAFTA正式建成,双边进出口额再次高速增长,2010—2011年,双方贸易额年均增长30%;到2012年,双边进出口额为4000.91亿美元,同比增长10.26%;2015年,双边进出口额为4717.66亿美元,同比增长7.15%。从1992—2015年中国—东盟进出口贸易情况来看(见表3-15),中国与东盟贸易额占中国进出总额的比例由1992年的5.1%上升到2015年的11.9%,呈现出递增的发展趋势。

表3-15 1992—2015年中国—东盟进出口贸易情况

单位:亿美元,%

年份	与东盟贸易额	增长率	中国进出口总额	中国与东盟贸易额占中国进出口总额的比例
1992	85.00	—	1655.3	5.1
1993	107.00	25.9	1957.0	5.5
1994	132.10	23.5	2366.2	5.6

续表

年份	与东盟贸易额	增长率	中国进出口总额	中国与东盟贸易额占中国进出口总额的比例
1995	184.40	39.6	2808.6	6.6
1996	203.90	10.6	2898.8	7.0
1997	243.60	19.5	3251.6	7.5
1998	234.80	-3.6	3239.5	7.2
1999	271.01	15.4	3606.3	7.5
2000	395.22	45.8	4742.9	8.3
2001	415.91	5.2	5096.5	8.2
2002	547.81	31.7	6207.7	8.8
2003	782.55	43.9	8509.9	9.2
2004	1058.67	35.3	11545.5	9.2
2005	1303.61	23.1	14219.1	9.2
2006	1608.38	23.4	17604.0	9.1
2007	2025.33	25.9	21737.3	9.3
2008	2311.16	14.1	25632.6	9.0
2009	2130.11	-7.8	22072.2	9.7
2010	2927.77	37.5	29727.6	9.8
2011	3628.54	23.9	36420.6	10.0
2012	4000.91	10.3	38670.75	10.3
2013	4436.11	10.9	41603.31	10.7
2014	4402.86	-0.77	43015.30	10.2
2015	4717.66	7.15	39530.30	11.9

注：表中数据经过四舍五入处理。

资料来源：1995—2016年《中国统计年鉴》。

（二）促进生产要素的自由流动

中国—东盟区域经济合作的不断发展，使生产要素不仅可以在不同行业间自由流动，还可以在区域内国家间自由流动。生产要素流动的结果，使生产要素从"专用性"约束条件下解放出来，从而提高了劳动生产率和资源配置率。通过增强要素在各个地域的流动速度和方式，以期能够有效化解生产要素跨行业流动的困难。在中国—东盟自由贸易区消除区域内市场分割的状态，可以为生产要素的跨国流动提供更加便利的条件，通过拓宽生产要素的流动空间，减少国际分工的调整成本，从而实现区域经济一体化整体利益最大化的目的。

（三）社会福利效应

社会福利效应包括对生产者和消费者的福利。中国—东盟自由贸易区的建设和发展，要求区域内各国必须分阶段对不同的产品取消关税壁垒。通过逐步消除贸易壁垒，合作区内各国间国际贸易出口成本将大大降低，从而商品的价格也将随之下降，合作区内的消费者，将有可能以比较低的价格购买以前相对价格较高的商品。对于进口国而言，贸易商品的跨国流动使消费者剩余增加；对于出口国而言，降低贸易商品的出口成本将降低商品的消费价格，出口国生产者剩余将有所增加，薄利多销甚至还可以增加出口国生产者剩余。因此，中国—东盟自由贸易区各成员国社会总福利有所增加，区域经济一体化带来的社会福利效应也不断扩大。从表3-16可以看出，中国—东盟自由贸易区的建设和发展对中国和东盟各国带来正的收益效应，区域经济合作使中国社会福利提高了21.3655亿美元，东盟整体社会福利提高了37.9623亿美元。

表3-16　自贸区建设和发展对中国和东盟各国的宏观经济影响

国家	GDP变化（%）	家庭收入变化（%）	出口总量变动（%）	进口总量变动（%）	福利变化（百万美元）
中国	0.38	0.20	2.19	3.36	2136.55
印度尼西亚	0.94	0.31	1.47	2.18	409.21
马来西亚	1.56	1.58	1.17	1.36	1227.49
菲律宾	0.89	0.30	0.84	1.17	188.57
新加坡	1.54	0.88	1.77	1.90	658.03
泰国	1.67	0.82	1.79	2.77	815.45
越南	2.76	1.71	0.08	3.02	497.20
其他国家	0.07	0.00	1.71	2.42	0.28

注：表中数据经过四舍五入处理。
资料来源：中国及各国统计年鉴。

(四) 规模经济效应

中国和东盟国家通过区域经济合作,把原本相对分散的、孤立的小市场逐渐连接成消除贸易壁垒的统一大市场,区域内企业的生产规模不断扩大,生产要素配置不断优化。根据规模报酬递增的原理,每单位生产要素的投入,由于生产规模的扩大带来了更多的产出,规模经济效益得以实现。中国—东盟自由贸易区统一市场的形成,有利于促进成员国之间进行国际分工并进行专业化生产,也有利于基础设施(如运输、通信网络等)互联互通建设而产生规模经济效应。自贸区区域内各国可以通过签订各种协议,扩大贸易商品消费市场,从而共同分享规模经济效应带来的社会福利。

(五) 促进竞争效应

中国—东盟自由贸易区的建设和发展,区域内国际贸易和国际投资壁垒将被逐渐废除,各国的国内垄断将被打破,随着整个区域市场一体化发展,各国企业将面临所有成员国同质企业的强大竞争。激烈的市场竞争,有利于各国调整和升级产业结构,有利于区域内生产要素的自由流动,随着区域内贸易和投资自由化、便利化的不断发展,各成员国企业将面临激烈的竞争。竞争压力的加大,将促使各成员国同质化企业竞相提高生产技术和管理水平,通过生产要素的优化配置进行规模生产,从而推动了整个自贸区区域内产业结构的调整和升级。

(六) 提升国际地位效应

中国—东盟自由贸易区的建设和发展,有利于区域内各国国际政治经济地位及其影响力的提升。从中国的角度来看,中国—东盟自由贸易区建成之后,还可以继续进行中国与日本、韩国之间的自由贸易区谈判,从而提升中国在整个亚洲的区域影响力,力争在不久的将来将中国打造成亚太地区区域经济一体化轴心国。从东盟的角度来看,中国—东盟自由贸易区的建立使东盟国家在亚太地区的政治和经济地位大幅度提高,尤其在与日本、韩国等进行"10+3""10+6"谈判中增加了筹码。中国—东盟区域经济合作不仅提升了所有成员国的经济实力,而且提高了区域内各国的政治经济地位,为成员国和区域外国家的政治、经济谈判增强了话语权。

(七) 促进经济体制的改革

中国—东盟自由贸易区的建设和发展削弱了各国对其自身产业的贸易保护，使各成员国国内利益集团的作用不断弱化。在区域经济合作背景下，"寻租"利益集团的形成难度有所增加，中国—东盟自由贸易区的如期建成意味着区域内各种经济政策具有延续性和稳定性，并且受到区域经济一体化组织的约束，无形中提高了各成员国经济政策的公信力。对于外部投资者而言，长期稳定的经贸政策可以避免因政策的变动对投资者产生的不利影响；对于各成员国来说，区域内经济的高度融合和发展，在一定程度上有利于促进成员国经济体制的改革和产业结构的优化升级。

第三节　中国—东盟国际金融合作发展概述

一　中国—东盟国际金融合作发展现状

(一) 中国与东盟国家间互设金融机构数量不断增加

自中国—东盟自由贸易区成立以来，中国与东盟国家间的金融合作日益紧密，银行业金融机构跨境 FDI 快速发展，一方面，中国通过"引进来"的优惠政策，放宽东盟国家银行业金融机构来中国设立分支机构。截至 2012 年年底，10 个东盟成员国已在中国设立 36 家银行类分支机构，总资产规模达到 200 亿美元。另一方面，通过"走出去"政策，中国积极鼓励国内银行到东盟国家成立分支银行和办事处等，截至 2012 年年底，中国银行业金融机构已在东盟国家成立近 20 家分支机构。目前已形成以新加坡为中心，金融业务范围向周边国家拓展的趋势。

(二) 中国与东盟国家间已建立跨境结算网络

随着中国与越南、老挝等东盟国家边境贸易的进一步扩大，中国—东盟银行跨境结算网络迅速发展。目前，与东盟国家相邻的广西和云南两省已有近十家省级国有商业银行与东盟国家签订了双边结算协议,并在边境贸易口岸进行双边进出口贸易结算。以 2010 年为例,仅在广西边境贸易中,总人民币结算业务量就达到 164 亿元,在全国 8 个边境省区中结算总量排列第一。

(三) 中国—东盟区域性债券市场不断发展

区域性债券市场是中国与东盟国家进行国际性直接融资的场所。2003 年 6 月,东亚及太平洋地区的 11 个中央银行和金融管理当局同时发布公告,正式启动第一期亚洲债券基金,募集总资金规模 10 亿美元。随后,在 2005 年 5 月又启动第二期亚洲债券基金。从 2003 年至今,中国—东盟区域性债券市场已从无发展到现在初具规模的国际性债券市场,截至 2010 年 6 月底,亚洲债券市场总余额达到 48019 亿美元,比 1998 年增长了近 15 倍。除了规模的迅速增长,债券的发行主体结构也不断优化,公司债券占总债券的比例大幅增加,如马来西亚和新加坡公司债券余额占比达到 50% 左右。同时,债券市场的国际化水平不断增加,各种债券流动性变强,主要表现为外国债券有了很大发展。

(四) 东盟各国经济金融信息不透明

中国—东盟金融合作需要以相互信任为原则,然而由于一系列因素的影响,东盟各国政府不愿意公开本国的经济金融信息,有时即使公开也是政府经过一定处理,信息的可靠程度不强。因此,由于信息的不透明,从而限制了中国—东盟金融合作的深度,也阻碍了东盟监督机制对各国经济金融情况的分析和评价。

(五) 中国与东盟国家缺乏政治上的信任

由于东盟部分国家强烈的主权意识,以及历史、宗教和政治体制等各方面的差异和利益冲突,部分东盟国家在政治上视对方为对手,缺乏相互间的信任,并且金融合作意味着国家之间必须放弃货币甚至其他经济政策的自主权,从当前中国与东盟各国金融合作的情况来看,都不愿意放弃独立制定本国货币政策的权力,因此,这必将成为中国—东盟金融合作的最大桎梏之一。在金融合作机制方面,在东盟自由贸易区也没有成立类似欧盟货币委员会的超国家主权的权力机构,缺乏对违反金融合作协议国家的强制惩罚机制,阻碍了区域金融合作深度。

(六) 中国—东盟各国经济发展水平差异比较大

按照蒙代尔的"最优货币区理论",在一个区域货币金融合作组织里面,各国在经济制度和结构、经济发展程度以及生产要素流动情况等方面要求相似,然而,中国和东盟各国经济发展水平差异很大(见表3-17),并且各经济体的经济周期以及经济体应对内外部冲击的影响因素、作用方向等都不相同,从而增加了中国—东盟区域金融合作的难度,也导致各国在金融政策协调和产业结构调整等方面存在一些冲突。

表3-17 2008-2015年中国—东盟各国GDP和人均GDP情况

单位:亿美元,美元

	2008 GDP总值	2008 人均GDP	2010 GDP总值	2010 人均GDP	2012 GDP总值	2012 人均GDP	2015 GDP总值	2015 人均GDP
中国	45200	3404	59304	4423	82502	6094	110379	8050
新加坡	1900	38087	2274	43865	2679	49936	2891	52849
文莱	144	36223	124	29852	169	38801	171	41720
马来西亚	2311	8390	2468	8737	3072	10578	3677	12180
泰国	2726	4300	3189	4992	3770	5848	4373	6508
印尼	5103	2209	7084	2981	8949	3660	11880	4698
菲律宾	1736	1918	1996	2123	2407	2462	2783	2781
越南	903	1048	1036	1174	1377	1523	1650	1783
老挝	53	879	69	1105	93	1454	112	1641
柬埔寨	104	711	113	753	142	934	173	1193
缅甸	314	533	454	742	540	849	639	1190

注:表中数据经过四舍五入处理。

资料来源:IMF统计数据库、世界经济数据库。

(七) 中国—东盟国际金融合作缺乏长期规划和具体措施

区域金融合作是更高层次的区域经济合作,也是各国经济一体化向更高层次发展的集中表现,由于区域金融合作,也将带动经济、政治和文化等各个领域的合作。因此,在区域金融合作中,要结合各国实际制定出符合其利益的长期战略目标,并通过各种保障措施进行落实,使区域金融合作能够达到合作共赢的目的,发挥增进成员国福利和提高生产效率的作用。然而,从目前情况来看,各国进行金融合作时,还只是把合作目标定在防范金融危机这个初级阶段,没有着眼于长远金融合作与货币一体化目标。

(八) 中国与东盟各国对美国经济依赖性比较强

美国是东盟贸易区最主要的贸易伙伴之一,在国际贸易结算和进出口等方面,各国受美国干扰和影响程度比较大,影响到区域金融合作的顺利进行。美国是中国与东盟国家最主要的出口市场,在各国的贸易结构中,与美国贸易的份额占比处于主导地位,除了选择以美元为主的结算货币,各国还把美元资产作为主要外汇储备,导致美国对区域金融合作的影响增强。同时,美国为了维持美元在国际货币体系中的霸主地位,必然会使用各种手段干预中国—东盟区域金融合作。

二 中国—东盟国际金融合作的特点及发展趋势

(一) 中国—东盟国际金融合作的特点

1. 以实现合作共赢为金融合作的出发点

中国—东盟自由贸易区内的金融合作是建立在共同利益的基础之上,这些共同的利益具体表现为两个大的方面,一方面通过建立地区性的合作组织来有效防范和控制区域金融风险,另一方面是通过金融合作中的汇率合作来降低国际贸易和投资中的货币贬值风险。从这些共同利益出发,中国与东盟国家在预防区域金融风险、促进经济共同发展等方面达成了共识,使各国金融合作有相同的努力目标。

2. 在金融政策协调方面坚持规则性的方式

国际经济政策协调一般采用规则性协调和相机性协调两种模式,规则性协调是通过制定条款、协定和原则等相关规则,具体指导各成员国采取相应政策措施以达到国际协调的模式。其优势在于采取的政策具有一定的可操作性和约束力,有利于政策实施的稳定性和连续性,目前在国际货币基金组织(IMF)、世界贸易组织(WTO)以及欧元区（UC）等都采取规则性协调。相机性协调是根据世界经济发展形势的变化和各国经济发展的具体情况，以会议、论坛等方式共同协商具体经济政策的制定和实施，其优势在于经济政策的制定和实施具有一定的灵活性和实时性。目前中国—东盟自由贸易区的金融合作采取相机性协调模式，主要表现在相应的法律文件中，如1993年中越两国中央银行签订的《关于结算与合作的协定》、2000年东盟与中日韩"10+3"财长在泰国建立的区域性货币互换网络的协议，即《清迈倡议》（CMI）以及证券监管的相关合作协议等（见表3-18）。

表3-18　　　　　中国和东盟各国证券监管合作协议

年份	合作机构	协议名称
1995	新加坡金融监督局	关于监督证券和期货活动的相关合作与信息呼唤的备忘录
1997	马来西亚证券委员会	证券期货监管合作谅解备忘录
2003	印度尼西亚资本市场监管委员会	关于相互协调和信息交流的谅解备忘录
2004	印度尼西亚商品期货交易监管局	期货监管合作谅解备忘录
2005	越南证券委员会	证券期货监管合作谅解备忘录
2007	泰国证券交易委员会	证券期货监管合作谅解备忘录

资料来源：中国证券监督管理委员会。

3. 以互律方式维持金融政策的协调和均衡

在国际上维持已达成的金融政策均衡一般采取三种方式，一是自律，即各成员国通过自我约束的方式，不违背均衡，这是操作中最困难的一种方式；二是他律，成员国如违背已达成的均衡政策，由外部机构对此行为进行惩罚，各成员国在外部机构的监督和相关惩罚机制的约束下维持金融政策的协调，从而达到均衡的目的，他律方式操作简单但运作成本较高；三是互律，各成员国通过相互约束的方式维持金融政策现有的均衡，这一方式缺乏约束力和强制性，一旦失衡只能借助非法律方式协调各成员国，从而达到均衡的目的。在中国—东盟区域金融合作过程中，由于缺乏一个超国家的管理机构，其金融政策协调主要是通过互律的方式进行。

（二）中国—东盟国际金融合作的发展趋势

1. 进一步完善边贸结算体系

随着中国—东盟边境贸易规模的不断增长，中国—东盟跨境结算合作更加紧密，特别是中国和越南间的结算通道有了更好的发展，对边境贸易结算提出更高的要求。因此，在未来中国—东盟金融合作中，各方要积极创造有利条件，完善中国与越南、老挝和泰国等国家签订的结算协议，进一步加强中国与东盟国家的交流和沟通，各方可以采用多种形式的金融协会、金融学会和金融机构研讨会等，探索中国—东盟国家的跨境合作，改善当前中国—东盟国际贸易中对美元过度依赖的现状，加强各国之间货币的直接结算，在不违背东盟国家主权的前提下，发挥人民币作为主要交易货币地位的作用，减少各国交易成本，避免因使用美元为结算货币而出现的美元贬值现象。

2. 落实并推进中国—东盟投资合作基金

深化中国—东盟区域经济合作需要良好的基础设施环境，要不断完善交通运输和信息通信等基础设施，由于东盟国家经济发展普遍比较落后，导致基础设施条件比较薄弱，因此，大力发展基础设施对于中国—东盟区域经济合作具有非常重要的意义。然而，基础设施投入需要大量投资资金，尽管中国在2009年设立总规模100亿美元的投资合作基金，以支持东盟国家的区域基础设施建立。首批基金主要用于改善东盟国家现有基础设施，为深化中国—东盟国际经济合作提供必要保障，这一举措增加了东盟国家抵御国际金融危机的信心，帮助他们尽快实现经济可持续发展。但是，对于东盟十个国家而言，100亿美元的总规模相对太少，因此，在中国与东盟未来金融合作中，要多募集和筹措资金，不断增加中国—东盟投资合作基金规模，为区域经济和金融合作打下坚实的基础。

（三）继续推动区域性债券市场建设

自1997年东南亚金融危机以来，为了应对金融危机对区域经济发展环境的冲击和影响，中国—东盟区域性债券市场快速发展，且发展规模不断扩大。从2003年正式启动亚洲债券基金一期开始，到2010年上半年亚洲债券基金总规模达到50亿美元，相比1998年增长了近15倍。在未来亚洲债券市场发展上，要合理利用东盟国家的现有外汇储备，积极推出亚洲债券基金三期，不断扩大债券规模。在债券结构上增加公司债券发行比重，争取公司债券发行规模占比扩大50%以上，通过实行债券品种多样性、扩大债券流动性等方式不断满足投资者的多种需求。同时，各国也要加强本国债券市场基础设施建设，积极开展双边金融合作，培育双边本币债券市场，继续推动区域性亚洲货币债券市场建设。

（四）推进人民币区域化和国际化建设

人民币已经实现了经常项目下的自由兑换，十八届三中全会提出要实现人民币资本项目的可自由兑换。人民币一旦实现完全可自由兑换，就达到作为国际储备货币的基本条件。在中国—东盟贸易和投资等领域，美元还是主要储备货币，人民币区域化和国际化必然会受到美元的压制，短期内人民币还难以撼动美元在东盟经贸合作中的强势地位。因此，在未来中国—东盟金融合作中，中国要不断提高经济和金融实力，在实现人民币完全可自由兑换的基础上，建立人民币回流机制，并保持人民币币值稳定，使持有人民币成为规避风险的金融资产，扩大人民币在中国—东盟经贸合作中的使用范围，促进人民币发挥国际货币职能，充分利用中国—东盟自由贸易区和上海自由贸易区建设契机，提高人民币国际化水平，扩大人民币在国际金融领域的影响力。

（五）完善区域金融危机救助机制

中国与东盟各国要最大限度地发挥《清迈倡议》（CMI）的作用，可以考虑撤销与国际货币基金组织的联动，改由CMI独立进行资金供给，在互换资金的基础上，通过东盟国家集体决策的方式，降低与国际货币基金组织贷款条件80%挂钩的比例，拓展CMI的功能。同时，各成员国应积极参与并加强金融监管，落实CMI的作用功能，在充分考虑区域内资源融合性的基础上，完善区域金融危机救助机制。

三 中国—东盟国际金融合作效应

中国—东盟金融合作对金融开放增长效应体现在多方面，主要表现为部分经济相对发达国家可以通过本国比较发达的金融市场和金融部门，充分利用其他国家外来资本，并发挥流入资本溢出效应，降低金融合作后经济增长大幅波动的不利现状，同时吸引更多其他东盟国家资本的流入。

(一) 提高流入资本的利用效率

中国—东盟金融合作对提高区域内国家吸收外来资本效率具有积极和重要的作用。如果资本流入国金融体系效率比较低下，则外国流入资本不可能被高效配置到资本流入国项目，Prasad、Rajan 和 Subramanian（2007）认为对于资本密集型、投资和回收周期长的项目，资本更难得到优化配置，从而阻碍区域内国家利用外资的能力。通过建立一个区域性的债券市场和投资基金市场，可以满足中国—东盟国家企业融资需求，中国—东盟金融合作可以提高外资流入带来的人力资本、相关产业关联和高新技术创新等溢出效应。以国际直接投资（FDI）资本为例，当一国学习和科研能力达到一定水平后，该国可以充分利用外国先进技术建立一个新企业，而新设企业往往需要大量投资，当前主要渠道还是依靠国内金融市场，通过金融市场效率超高的国家其融资成本相对越低，获得国际直接投资溢出效果就更显著。同时，国际直接投资溢出效应需要一个良好的金融合作环境，金融合作越紧密的国家，国际直接投资企业与本国企业的投资合作也相应紧密，他们可以通过金融市场，采用资本运营策略达到资本集聚的效果。

(二) 提高金融开放的经济稳定效应

中国—东盟金融合作可以通过国家之间的资产组合，达到资产多样化的效果，分散资本输入国和资本输出国的金融风险，从而熨平经济增长波动的目的。一般而言，发达的国内金融市场往往能够提供安全性高、流动性强和收益性稳定的多种金融产品，从而进一步提高合作国金融风险的风险分散能力。紧密的金融合作对金融相对发达国家发挥着稳定器作用，并能平滑经济长期剧烈波动，让国家经济体达到最优的稳态均衡状态。对于金融合作中金融发展水平相对落后的国家，资本流入也能在一定程度上提高稳态均衡的产出水平。因此，中国—东盟金融合作可以使区域内国家的经济发展波动趋向稳定。

(三) 扩大资本流入规模效应

一般而言,金融合作区域内一国金融部门越发达,开展金融合作过程中流入该国的外资也越多。主要原因是在一国金融部门发达的前提下,其效率相对也比较高,导致国内生产率也提高,经济增长速度也比较快,由此会鼓励外资投资和消费支出增加,从而吸引更多外资流入。当然,如果一国金融部门效率低下,那么该国金融市场也难以提供安全性比较高、收益性比较稳定和流动性比较强的金融产品,由于居民投资渠道狭窄,收入的增长往往是带来储蓄率的提升,而不是增加投资和消费,一些过剩的储蓄资产在逐利的本性下,往往会流向发达国家,投资其高质量的金融产品,导致资本流出现象。

(四) 开放风险效应

高效、发达和成熟的区域性金融市场对防范和控制金融危机有着非常重要的作用,金融体系发展落后将大大降低该国抵御风险的能力,也是导致开放风险效应的重要因素。在中国—东盟金融合作区域内,金融体系落后的国家开放国内金融部门将会产生比较大的金融风险,国外金融机构的进入将会采取竞争战略,挖掘该国盈利高的市场和优质客户,从而对该国金融业产生较大冲击。该国为了应对外资金融机构的竞争,往往通过提高风险贷款规模等冒险行为,导致本国银行业资产质量降低,引发金融风险。同时,如果该国金融市场结构不合理,也会导致重要金融风险。通常发展中国家往往以银行信贷等间接融资为主,以股票和债券等直接方式融资规模比较小。在中国—东盟金融合作中,将会导致大量国外资本流入该国商业银行体系,增加该国银行可贷资金规模。如果该国银行监管落后以及金融风险管理能力有限,将会导致银行贷款规模迅速增长,使银行脆弱性大幅增加。一旦银行体系出现问题,金融风险将难以分散并可能向其他国家进行传导,导致金融合作中的金融风险产生。另外,金融监管不严也可能导致金融开放风险效应大打折扣,使金融合作中国家的银行和货币危机爆发。如在金融合作中,该国在负债方面,其金融机构可能通过国际资本市场渠道,向其他国家过度负债,但是在资产方面,该国金融机构又可能向风险过高的国家提供贷款,这将导致该国金融机构出现金融风险问题。主要表现在资产币种、资产期限和金融风险种类等不相匹配。

第四节　中国—东盟国际通道建设概述

一　东盟国家内部通道建设概况

（一）新加坡

新加坡是联系亚、欧、非、大洋洲的枢纽，同时也是世界重要的转口港。新加坡的铁路以地铁为主，全国共设65站，总长度达109.4公里；此外还铺建了与地铁相连的轻轨铁路，共设31站，总长度达28.8公里。国内交通便利，公路总长度达3234公里，若计入城市支路达8355公里，其中高速公路共有8条，总长150公里。新加坡是世界最大的燃油供应港口，共有200多条海运航线连接世界600多个港口。新加坡是世界著名的航空港，樟宜国际机场连续多年被评为世界最佳机场。现已开通至57个国家的航线，平均每周提供的定期飞行服务超过4000班次。

（二）马来西亚

马来西亚被柔佛海峡分为东西两大部分，东马来西亚位于婆罗洲岛上的北部，西马来西亚位于马来半岛，通过良好的铁路和公路交通网络，将东西两部分国土连接起来。马来西亚的内河运输不太发达，水运主要依靠海洋运输。由于80%以上的海运依赖外航，因此近年来马来西亚大力发展远洋运输和港口建设，主要港口包括槟城、巴生、关丹、古晋和新山等。马来西亚的航空业较发达，现已开通航线113条，其中国际航线为80条；全国共建有37个现代化机场，吉隆坡机场、槟城机场、浮罗交怡机场、哥打基那巴鲁机场和古晋机场为国际机场。

（三）泰国

泰国的交通运输较发达，各府、县都有公路相连，公路里程数超过20万公里，交通便利，四通八达。火车铁路以窄轨为主，联通全国 47 府，总长达 4451 公里。在水运方面，湄公河和湄南河为该国两大水运运输干线，共建有 47 个内河港口；海运线可达中国、新加坡、日本、美国及欧洲等国。曼谷港是泰国最重要的港口，同时也是世界二十大集装箱港口之一，不仅承担该国 95% 的外贸货物的吞吐，而且柬埔寨、老挝等国的部分外贸货物也经此转口。泰国的航空业很发达，全国共有 37 个机场，其中国际机场 8 个。曼谷廊曼国际机场是东南亚地区重要的空中交通枢纽，曼谷第二座国际机场素挽纳蓬国际机场已投入使用。共 53 个国家 80 家航空公司在泰设有固定航线，89 条国际航线可达欧、美、亚及大洋洲 40 多个城市，国内航线遍布全国 21 个大、中城市。

（四）柬埔寨

柬埔寨以高原平原为主，南部和北部山区交通闭塞，国内的交通干线主要集中于中部广阔平坦的洞里萨平原。全国建有四条主要的公路：金边—越南胡志明市、金边—西哈努克港、金边—马德望—泰国边境、金边—磅同—暹粒—吴哥古迹，公路总长约 1.5 万公里。铁路仅有两条，即金边—波贝，全长 385 公里，可通曼谷；金边—西哈努克市，全长 270 公里，是交通运输的大动脉，但铁路年久失修，运输能力较低。内河航运以湄公河、洞里萨河为主，主要河港有金边、磅湛和磅清扬。柬埔寨主要航空公司有暹粒航空公司和吴哥航空公司，共开通五条国际航线。拥有金边和暹粒两个国际机场，马德望、西哈努克港、上丁三个国内机场，有定期航班通行，可起降中、小型飞机。

（五）菲律宾

菲律宾的铁路不发达，以公路和海运为主。公路客运量占全国运输总量的 90%，货运量占全国运输货运量的 65%。全国共有大小港口数百个，商船千余艘。主要港口为马尼拉、宿务、怡朗、三宝颜等。菲律宾的航空公司都由国家出资设立或经营，航线遍及全国各主要岛屿的 40 多个城市，此外还与 30 多个国家签订了国际航运协定。

（六）老挝

老挝是东南亚地区经济不发达的内陆国家，交通运输以公路为主，至今尚未开通铁路。该国没有出海口，内河运输较不发达，航道总长 4600 公里，客运量 157 万人次，货运量 62.1 万吨。相比之下，该国的航空业发展较快，现有开通万象至曼谷、清迈、河内、胡志明市、金边、暹粒、昆明 7 条国际航线，全国建有 3 个国际机场，分别是万象瓦岱机场、巴色机场和琅勃拉邦机场。

（七）缅甸

缅甸交通设施落后，交通以水运为主，近年来陆路运输发展较快。由于西方国家数十年的经济制裁，导致缅甸的经济发展严重滞后，目前全国公路和主要道路总里程仅 9.4 万公里，且通往中国和其他东盟国家的公路都年久失修。铁路多为窄轨，尚存大量的蒸汽机车。相对而言，缅甸的水运发展较好，目前拥有各种船只近千艘，内河航道总长近 2 万公里，近年来远洋货运也有长足的发展，仰光港、毛淡棉港和勃生港均可供远洋货轮停靠。缅甸国内的大城市和主要旅游景点均已通航，并已与 13 个国家或地区建立了直达航线。

（八）印度尼西亚

印度尼西亚是一个群岛国家，铁路较不发达，目前只有苏门答腊和爪哇两岛铺建铁路，且多为窄轨。相比之下，公路在全国交通运输中发挥了主要作用，承担了国内 90% 的客运和 50% 的货运。作为群岛国家，印度尼西亚一直非常重视水运发展，目前全国共有各类港口 604 个，河运、海运船只近万艘，建有丹戎不碌国际港、丹戎佩拉和勿老湾等主要港口。近年来印度尼西亚的航空业发展迅速，不仅增加了国内各岛之间的航班数量，还增开了数条国际航线，目前已建成的国际机场有 27 个，国际客运量达 2232 万人次，货运量 44.2 万吨。

（九）越南

由于连年的战争，越南的经济发展相对滞缓，国内的基础设施建设也相对落后，已成为制约其经济快速发展的瓶颈因素。越南的陆路交通以公路为主，除了贯穿南北的交通干线，连接各县乡的公路网络已较发达。不过，这些公路主要以土石路为主，柏油路和水泥路仅占 10% 左右。越南现已建成 6 条铁路干线和一些支线，总长超过 4000 公里。相对于经济发达的其他东盟国家，越南的铁路交通的效率较低，蒸汽机车头还占有较大的比重。近年来，越南大力发展水运，尤其是海洋运输，不断加大投入力度，加强对交通部直接管辖的广宁、海防、炉门、归仁、义安、芽庄、岘港和西贡港八大港口的提质改造。越南国内共有大小机场90个，河内的内排机场、岘港机场、新山机场都是现代化程度较高的国际机场。

（十）文莱

文莱是东南亚地区国土面积最小的国家，同时也是世界上最富有的国家之一。国内陆路交通以公路为主，铁路较不发达。由于绝大部分居民都有私家车，文莱的公共运输不太发达。作为沿海国家，水运是该国重要的运输渠道。文莱的石油储量丰富，在东南亚地区仅次于印度尼西亚，原油和天然气是国家的主要支柱产业，诗里亚港和卢穆港主要用于出口石油和液化天然气。首都斯里巴加湾市有国际机场，现已开辟了26条国际航线。

二 中国—东盟国际通道建设现状

国际通道是国与国之间物质资源交换和流动的载体，也是物流系统的重要组成部分。运输是物流系统中最主要和最基本的构成要素。

（一）中国与东盟跨境立体交通网初具规模

20多年来中国与东盟在交通领域的合作取得了累累硕果，一个跨境立体交通网初具规模。航空运输方面，截至2012年，中国已经和东盟十国签订了双边协定，双方每周开通862班航班，初步构建了覆盖中国与东盟各国主要城市的航线网络。为进一步促进双方在航空运输领域的合作，经国务院批准，2010年11月19日，中国与东盟正式签署了《中华人民共和国和东南亚国家联盟成员国政府航空运输协定》及其第一议定书。在铁路建设方面，自泛亚铁路概念提出以来，中国本着以东盟为主导原则，尊重东盟国家的自主选择，大力支持和稳步推进各项建设工作。国家《中长期铁路网规划》明确提出泛亚铁路东、中、西三个方案中国境内段的建设规划，且在按计划稳步推进国内建设的同时，还通过多边、双边合作等多种形式，支持泛亚铁路境外路段的修建工作。

(二) 中国—东盟自由贸易区国际货物运输线路选择

运输线路选择是中国—东盟自由贸易区国际货物运输中的一个重要问题。目前自贸区国际化大通道分为陆上、海洋和空中三类，主要产品的运输依靠海运和陆路运输实现。

(1) 陆路运输方面，主要有南宁—曼谷货运直达通道和昆明—曼谷两条运输线路。南宁—曼谷货运直达通道全长1934公里，由凭祥友谊关出关，途经越南、老挝、泰国，运行30多小时。这也是中国对东盟国家陆路运输时间最短、最便捷的直达运输通道。昆曼高速公路是中国第一条国际高速公路，北起中国云南省昆明，经老挝到达泰国的曼谷，全长1818公里，被称为"一线"连三国。但是能够直通公路和铁路之地也大多被局限在边境处，这一点与我国劳动密集型产业向中西部内陆地区转移不相适应。

(2) 海洋运输方面，中国—东盟自由贸易区90%的贸易均通过海洋运输，产品多为附加值较低的劳动密集型产品和初级原材料。因此，对自贸区而言，海洋运输的重要性不言而喻。其中，中国往来东南亚的运输航线主要有以下几条：

①新马航线。到新加坡、马来西亚的巴生港、槟城和马六甲等港，这条航线是自贸区内最繁忙的航线。

②暹罗湾线。又称为越南、柬埔寨、泰国线，线路到达越南海防，柬埔寨的磅逊和泰国的曼谷等港口，主要运输越南、泰国、柬埔寨与中国进行贸易的石油、煤炭、磷化工等原材料和半成品、零部件等。

③菲律宾线。主要由中国南方沿海港口到菲律宾的马尼拉港。

④印度尼西亚线。中国沿海港口到印度尼西亚爪哇岛的雅加达、三宝垄等，主要运输产品包括石油、锡矿、天然气、汽车零部件等。

(三) 中国—东盟自由贸易区多式联运问题

中国与东盟国家间物流目前主要是采用多式联运的方式居多。国际多式联运是指依照运输合同的要求，在运输过程中采用海运、公路、铁路等多种运输方式，由承担联运的经营者将货物从一国运出，并进入另一国指定地点进行交付的运输。中国与东盟国家中新加坡、印度尼西亚、马来西亚等国的货物运输是"以海运为主、其他方式为辅"的运输方式；中国与柬埔寨、越南、缅甸等国的货物运输则多数是通过公路铁路联运的方式完成。多式联运首先要求经营方具有国内外经营多式联运的网络和集装箱场站，同时要有先进的信息系统的支持和一支高素质的人员队伍服务于这个系统，更重要的是要有雄厚的资金实力。其次要求中国—东盟自由贸易区相关国家涉及集装箱运输的现行法规较为完善。这些法律法规包括集装箱的管理、货物安全标准、国际船代、国际货代、EDI协议规则等，但目前缺乏相应的法律法规来保障运输过程的顺利进行。最后还要求具有完善的物流基础设施。目前就我国而言，内河航道等级仍显偏低，航道的通过能力、整治标准、渠化程度还需要提高。

总体而言，各国多联式国际货物运输已经初具规模，但与CAFTA所要求的发展水平还有一定的差距。

三　中国—东盟国际通道建设的特点及发展趋势

（一）东盟通道基础设施建设取得良好成效

新加坡航空公司是世界首个获得空中客车公司A380客机的航空公司。新航名列世界最佳全能航空公司榜首，同时新航商务舱被商务舱乘客评为最佳商务舱。新航连续多年被评选为世界最佳航空公司。2008年，越南批准了《2020年国内水路交通运输发展总体规划》。按规划，到2020年，越南船运交通货运量达21000万吨/年，客运量达54000万人次/年。报道称，2020年，越国内水路交通运输业至少需要投资733500亿越盾（约合44.5亿美元）。其中，水路交通基础设施投资367800亿越盾（约合22.3亿美元），水路交通运输工具投资363000亿越盾（约合22亿美元），水路航运维修投资2700亿越盾（约合1636万美元）。到2020年越南胡志明市交通建设需投资259亿美元。据越南公布的2020年胡志明市交通运输发展规划，该规划已经政府总理批准，根据该规划，到2020年胡志明市建设的交通运输项目投资约为410万亿越盾（约合259亿美元）。其中大型交通运输项目有，升级6条通向市中心的公路、兴建6条高流量的高速公路、兴建4条高架路、新建79个多向交通交叉路口、改造扩建34个同向交通交叉路口、兴建22座桥梁、建设2条过河隧道等。2008—2020年，柬埔寨将通过争取中国、日本、韩国和泰国等国家的援助，筹集50亿美元用于交通网络建设。除了扩建原有的城市公路以外，柬埔寨政府还要投入资金新建连接城乡地区、通往旅游地区和周边国家的道路。

（二）东盟通道建设对外开放程度提高

近年来，东盟成员国纷纷采取招标方式筹集通道建设资金。2007年印度尼西亚政府对包括高速公路、通信设施、港口和机场等19项基础设施建设项目进行国际招标，工程价值总计约70亿美元。马来西亚最大的私营投资高速公路建设和管理集团MTD公司将投资2.4亿美元，用于建设连接印马两国之间的高速公路，建成以后预计每天通车达3.7万辆。2008年，印度尼西亚政府批准世界第三大集装箱承运公司法国达飞海运集团（CMA－CGM）以BOT方式投资2.5亿美元，用于新建巴淡巴都安巴国际海港。该海港建成以后，将达到120万个标准集装箱的吞吐量，成为继新加坡、马来西亚之后，东南亚地区又一个新兴的重要港口。此外，日本亦投资8亿美元用于中加里曼丹煤运铁路建设项目。

（三）中国—东盟积极进行边界互通建设

2008年越南通过了重点交通基础设施项目建设目录。据此，从2008年到2020年，越南政府将投入675.7亿美元用于交通网络建设。具体说来，2008年到2010年，主要建成首都河内—胡志明市、重点经济开发区内的高速公路，此外还将重点建设海防木门港、云峰港等国际集装箱中转港，以及推进后江入海口码头工程项目。2010年到2020年，重点建成中越"两廊一圈"高速公路，推进连接平阳、林同两省的多条高速公路。在铁路方面，越南政府批准了5大铁路干线的投资项目建设计划。为了加强与中国及其他东盟国家的互通互联，菲律宾政府投资3720亿比索用于4条交通干线的修建，并形成完整的物流网络体系。

（四）东盟交通一体化建设全线提速

2008年，东盟成员国共同发布了《到2015年加快建成东盟共同体宿务宣言》，提出全面加速实施建设东盟共同体的相关政策和措施，力争在 2015 年前实现"远景目标"。东盟共同体以经济合作、公共安全和社会文化等为支柱，并将东盟交通一体化作为共同体进程中的核心内容。在世界经济全球化进程不断加快的大背景下，东盟交通一体化建设全线提速，充分体现了东盟成员国加速推进东盟一体化的坚定决心。

交通运输产业对东盟内部区际贸易以及国际贸易都能起到后勤保障的重要作用，因此，东盟交通一体化始终作为东盟一体化进程中的核心环节，并被列为优先发展的领域。为了加快执行"东盟东部增长区路线图"，印度尼西亚、菲律宾、马来西亚和文莱 4 国共同签署了《增加航线的谅解备忘录》，全面开放东部增长区的民航业务，新增更多航线，以加强东部增长区的空中联系，进而促进增长区经济、投资以及旅游业的快速发展。

由于东盟成员国之间的资源禀赋和经济发展的水平参差不齐，各国在交通建设以及推进道路、港口和空运基础设施改造方面都存在较大差别，因而东盟交通一体化不可能一蹴而就。为此，东盟成员国先达成数项容易实现的区域性交通运输协议，包括发展东盟高速公路网、简化货物转运手续、扩大开放航空货运服务、发展多层次联运等。鉴于东盟国家旅游资源非常丰富，成员国还为进一步加强旅游运输服务一体化而开发了多项海、陆、空旅行合作项目。

四　中国—东盟国际通道建设效应

（一）溢出效应

作为一种典型的公共投资，通道基础设施投资能够极大地促进区域经济发展，因而在各国特别是发展中国家的社会总投资中占有极其重要的地位。交通通道设施投资之所以如此重要，一方面在于它可以直接拉动经济增长，另一方面则在于其外部性，亦即溢出效应。由于交通通道基础设施具有网络特性，因而能够加强区域间的经济要素流动，优化区域间的资源配置，引导区域内产业集聚和扩散。与此同时，本地基于交通网络而形成的产业集聚和扩散效益又将对相邻区域产生相应的影响，比如人力资源、资源要素等流动，以及生产技术革新进步等。此时通道基础设施就会呈现溢出效应。当本地的通道基础设施通过上述传导机制，促进相邻区域的经济发展时，通道基础设施就表现出正溢出效应。中国—东盟国际通道对接的溢出效应是通过经济活动集聚效应和扩散效应实现的。

1. 集聚效应

国际通道是由多个相关元素组成的特定功能的系统，具备一切系统所具有的基本属性，即集聚与辐射特性。对于经济资源的区域集聚，以及交通通道在其中的作用，古典和新古典经济学理论进行的解释主要有两个方面，一是以俄林（Bertil Ohlin，1933）为代表的资源禀赋差异论，二是以马歇尔（Alfred Marshall，1890）为代表的外部性理论。从本质上讲，交通运输就是一种空间位移活动，通道设施条件是影响经济活动便利的重要因素。由于经济活动的空间距离存在差异，也就导致了经济活动的交通成本不尽相同，最终必然导致不完全竞争和报酬递增的市场结构。

2. 扩散效应

经济活动的扩散过程又称辐射过程，是经济集聚的反过程。当区域内经济要素的集聚规模超过规模经济临界点，就要产生经济要素的辐射，受利益的驱使，经济要素会流向其他周边区域，国际通道区便是通过部门与部门、区域与区域之间的相对辐射得到发展。此时，国际通道运输走廊在通道支撑腹地经济发展中，发挥着重要的催化剂的作用。

中国—东盟国际通道对接，为自贸区内的资源、信息的快速流动创造了条件，并使资源和要素在各产业间的分布状况有利于整体经济效益提高。国际通道对接不仅为资源的流动、配置和加工等活动提供条件，而且还有效地推动了这一进程，因而是地区经济发展的关键因素。运输通道建设和发展有利于经济要素在中国—东盟自由贸易区内空间聚集，增强了贸易区内城市经济的可接近性，加强了贸易区中心城市间的联系，对形成贸易区内产业集群和城市群都起到了很好的引导和促进作用。

（二）投资乘数效应

凯恩斯（Maynard Keynes，1936）在其经典名著《就业、利息与货币通论》一书中提出投资乘数理论，其核心原理可概括为：家庭收入和家庭消费通过一系列的循环相互作用，可以导致在平衡状况下形成一个大于初始总需求增量的国民收入增量。因此，只要社会存在闲置的经济要素，就会产生投资乘数效应。

交通通道建设投资是一种典型的公共投资，也是一个特定的产业，其发展与设备制造、机械加工、建筑材料、金属冶炼、环保材料、电子、计算机等产业具有高度的关联，同区域产业布局、区域城市发展、区域土地集约利用等都有着密切的内在联系。通过通道基础设施投资，能够引致一轮又一轮消费支出的变化，从而导致社会总支出的增加，最终导致国民收入成倍地增长。

近年来，持续加大对中国—东盟通道建设的投入，能使交通运输相关产业、整个交通产业链，包括通道建设工程运营单位、基建施工、交通设备、机车配件及车站配套系统等都受益匪浅。东盟成员国充分意识到这一点，都将互联互通建设作为本国经济发展的一大亮点。2008—2014年，东盟成员国分别投入资金，大力发展区域交通基础设施，先后落实了700多项互联互通规划工程和项目，其中用于陆海空交通运输、信息通信、金融证券、旅游物流等基础设施建设的总投资达到600亿美元。这些建设项目的完成不仅有效地推动东盟经济共同体的进程，而且还极大地促进了东盟成员国制造业、建筑业、物流业以及金融、信息等新兴服务业的快速发展。

第四章　中国—东盟区域经济合作的经贸政策演变

第一节　中国对外经贸政策演变

一　封闭式保护经贸政策（1949—1978年）

1949—1978年改革开放前夕，中国对外贸易政策包括对东盟的经贸政策，都属于国家统制型的封闭式保护经贸政策。

在新中国成立初期，由于西方国家对中国实行经济封锁和禁运政策，中国经济发展总的指导思想是自力更生和自给自足。在对外贸易方面，我国实行了具有保护贸易倾向的对外贸易政策，1949年9月通过的政治协商会议共同纲领中，明确我国的对外贸易政策是"实行对外贸易的管制，并采用保护贸易政策"。

在这一阶段，中国实行国家统制型的封闭式保护贸易政策，对外贸易体制上形成了"高度集中、独家经营、政企合一"的管理模式，政府统筹国内、国外两个市场；对外贸易管理手段基本以行政计划为主，通过行政计划和配额限制直接干预进出口贸易。除了早期与苏联、东欧等社会主义国家有经济来往，几乎没有双边经济贸易合作，与东盟国家也基本上无贸易关系；同时为了满足重工业的发展，对外贸易的主要目的是为了获取外汇收入，实行了人民币币值高估以及外汇管制的外汇政策（从中国对外贸易的数据来分析，人民币币值高估实际上鼓励了进口，抑制了出口，导致新中国成立后20年中出现进口盈利，出口亏损的局面）。

实施"进口替代"战略是这一阶段的主要对外贸易战略,"进口替代"战略实施的重点行业主要以重工业为主,其目的在于配合当时我国提出的工业化战略,同时引进成套机械设备用于农药、化肥等生产,确保农业生产和发展的需要。与此同时,政府通过进出口管制、关税等贸易措施限制商品的进出口。

二 开放式保护经贸政策（1978—1992年）

1978年改革开放以来,中国开始实行计划商品经济体制下的国家统制型的开放式保护经贸政策,这一政策一直持续到1992年中国准备进入社会主义市场经济阶段。

1978年年底,十一届三中全会明确了对外贸易在中国经济发展中的战略地位,中国对外贸易政策开始朝开放方向转变。同时中国于1986年7月正式向关贸总协定（GATT）递交了《中华人民共和国对外贸易制度备忘录》,并提请要求恢复在GATT的创始缔约国地位。

在这一阶段我国实施奖出限入的对外贸易政策,首先,通过实施"出口导向"战略,鼓励和扶持外向型企业大力发展对外贸易,其目的在于获得维持国民经济正常发展所必需的外汇储备;同时,对外向型企业在税收和利率方面提供优惠政策,并实施出口退税制度,为外向型企业的发展提供更广阔的发展空间。其次,实施较严格的传统进口限制措施,通过关税、进口许可证、外汇管制、进口商品分类经营管理、国营贸易等措施,从而达到限制或减少进口的目的。最后,颁布并实施吸引外商直接投资政策,鼓励企业充分利用两种资源、两个市场和引进先进技术。

1978—1992年,我国实施的是"奖出限入"的对外贸易政策,以限制、动态的贸易保护手段确保国家统制型开放式保护经贸政策的实施,这一时期中国对外贸易的主要对象国是美国以及欧洲部分发达国家,对东盟国家进出口贸易尚处于起步阶段。

三 贸易自由化倾向的保护经贸政策（1992—2001年）

1992年10月,中国进入社会主义市场经济阶段,对外贸易政策与之相适应开始进行大幅调整,这一时期我国实施有贸易自由化倾向的保护经贸政策。

在限制进口贸易方面的改革包括：第一，为了与国际接轨，积极调整关税政策，主要体现在1992年实施的《国际商品名称和编码协调制度》关税税则，通过降低多个税目的进口税率，鼓励部分急需贸易商品的进口；第二，逐步削减非关税措施，降低贸易商品准入门槛；第三，为了早日加入世界贸易组织（WTO），梳理和完善关贸总协定（GATT）和世界贸易组织（WTO）关于我国的涉外法律体系。

在促进出口贸易方面的改革包括：第一，继续执行出口退税政策；第二，成立中国进出口银行，专门用于扶持企业的对外出口；第三，实施有管理的浮动汇率制度；第四，成立各类商会和协会，并积极组织和参与国际性贸易博览会和展览会等；第五，大力发展出口援助等。

20世纪90年代，经济全球化和跨国公司生产链的全球转移是全球经济快速发展的主要特点，对外开放的中国逐步成为国际分工以及全球生产链中的重要组成部分。1992—2001年，我国对外贸易呈现出以下特点：第一，出口贸易方式主要以加工贸易和定点生产（OEM）为主；第二，三资或中外合资企业出口占比逐年上升。与此同时，东盟国家也成为全球生产链中的一环，中国与东盟国家在出口产品结构和出口市场上形成激烈的竞争关系。

四　入世后中国对外经贸政策（2001年至今）

2001年12月中国如期加入世界贸易组织（WTO），为了履行承诺，中国入世后在对外贸易政策方面进行了大范围调整，主要体现在促进对外贸易发展，构造有利于经济均衡发展的产业结构，实现产业的持续升级，推动中国经济在适度内外均衡基础之上高速发展。

2001—2010年，世界经济呈现出经济全球化和区域经济一体化发展趋势，为了营造良好的外部经济发展环境，入世后的中国通过双边和多边磋商方式积极参与区域经济一体化组织谈判，如2002年中国与东盟国家共同签署了《中国—东盟全面经济合作框架协议》，为中国融入区域经济一体化奠定了基础。

对外贸易地理方向、对外贸易市场结构、对外贸易商品结构以及国家间政治经济关系，是制定对外贸易政策的重要决定因素。中国主要的贸易伙伴同时也是吸收 FDI 的主要来源国，因此政策的制定也要根据伙伴国的情况有所调整，例如，东盟国家是我国重要的贸易伙伴和新兴市场，长期以来中国对东盟贸易逆差有利于协调与东盟国家的经贸关系。

中国成功加入世界贸易组织（WTO），不仅为我国经济发展注入了新的活力，而且为我国企业实施"走出去"战略提供了机遇。为了履行入世承诺，中国也为此付出了一定的代价，主要体现在：第一，对于有关特别产品保障措施条款，我国做出了较大的让步；第二，在中国入世 15 年内，中国不能享受市场经济待遇，进行反倾销、反补贴等调查程序的手续极其烦琐；第三，加入世界贸易组织初期的 8 年时间内每年将会对中国的贸易政策进行审议。回顾这一历程，仅第二条就给中国企业出口带来了较多障碍。因此，关于我国市场经济地位问题就成为当时中国国家领导人与国外领导人会晤时的主要议题之一。

第二节 东盟对外经贸政策演变

一 东南亚国家联盟对外经贸政策（1967—1992 年）

1967—1992 年，东南亚国家联盟（以下简称"东盟"）的对外经贸政策主要是围绕促进地区经济发展和维护地区安全而展开。在 1976 年印度尼西亚巴厘首脑会议上，东盟发表了《东南亚友好与合作条约》和强调东盟各国协调一致的《巴厘宣言》，对促进地区经济发展和维护地区安全的代表性经贸政策有：

（一）东盟工业工程项目（AIPs）

1976 年提出的东盟工业工程项目，属于规模较大的资本密集型跨国公司，是东南亚国家联盟各成员国政府共同出资建立的，其目的是为了满足地区需求和更有效率地利用资源。由于东南亚国家联盟各成员国的国内市场较小，建设大型的工业项目往往遇到国内市场需求的局限，因此东南亚各国领导人决定采纳联合国调查组的建议，合作兴建一批大型工业企业，通过共同集资，产品在成员国市场销售，以期获得规模经济效益。东盟工业工程项目的建设,不仅可以满足区域内各成员国的国内需求,而且还可以提高生产要素的有效配置和提高资源的利用效率。根据东盟工业工程项目的规定,每个成员国都建立一个大型工业合作项目(耗资在 2.5 亿至 3 亿美元之间),由五个成员共同拥有,东道国拥有 60% 的股份,其余由其他成员分摊,产品通过认购和关税优惠制在各成员销售。

但是东盟工业工程项目最后以失败告终,失败的原因有以下几点:

第一,有些成员不能决定选择何种工业生产,或者不能凑足 60% 的投资。更深层次的原因是,成员国在工业合作上缺乏主动性。大部分东盟成员国都更愿意发展本国出口工业,出口到区域外市场而不是东盟内部市场。

第二,参与此项目的五个成员国经济发展程度相近、产业结构趋同,生产同质性产品。项目建设的初衷本身有助于市场整合,因为他们要依赖国外机械设备、中间产品和其他投入资源的进口,但却威胁到参与国的经济安全。

第三,东盟工业工程项目没有得到微观私人部门的支持。

(二)东盟工业互补计划(AICs)

与东盟工业工程项目不同的是,1981 年提出的东盟工业互补计划和其变种是由私人部门提出的工业合作计划,目的是为本地区生产汽车及汽车零部件提供便利,相关产品均可获得关税优惠。根据这一计划,成员方分别承担某一工业部门的互补工业产品的生产,然后按优惠待遇进行贸易。这样,零部件和最终产品将拥有较大的销售市场,从而促进成员国有关工业的发展。东盟工业互补计划的指导准则包括降低成员国的关税壁垒以及政府提供多种便利条件。

总的来看,工业互补计划进展十分缓慢。其原因在于,一方面,每一个项目都由东盟工商会与各国政府进行研究磋商,实施过程周期较长;另一方面,各个项目都至少要有 4 个成员方参加,这也增加了该计划实施的困难。加上东盟多数国家都在发展各自的汽车工业,并采取高关税措施加以保护,它们对本地区汽车工业的专业分工逐步失去兴趣,但欧洲和日本的六个汽车制造商却从中获得了利益。

(三) 东盟工业合资计划 (AIJV)

1983年发起的东盟工业合资计划与东盟工业互补计划一脉相承，这一计划更为灵活，而且覆盖了更多的行业。计划的目的是鼓励区域内投资，通过资源优化配置和市场共享的措施刺激区域内各成员国经济的共同发展。

尽管实施众多刺激措施，但是自东盟工业合资计划提出以来只有18种产品通过了认证要求，计划中很多项目处于瘫痪状态。东盟工业合资计划失败的原因有：第一，计划的建立缺乏明确的目标和指导方案，导致关于产品、投资和市场准入的谈判没有依据。第二，繁杂的官僚行政审批制度拖延了计划实施的效率。第三，东盟工业合资计划对东盟的商界和外国投资者没有吸引力。

(四) 东盟特惠贸易安排协议 (PTAs)

1977年提出的东盟特惠贸易安排协议，是为了在东南亚国家联盟促进贸易自由化，成员国50%以上的产品都可享受优惠关税。但是由于各国又列出了"例外商品"清单来保护特殊产业，这些"例外商品"清单又囊括了大部分的东盟区域内贸易，因而使东盟特惠贸易安排协议的作用大打折扣。虽然特惠贸易安排的商品项目从1978年的71种，增加到1992年的16458种，但是东盟区域内贸易所占份额仅从15.84%上升到18.40%，略增加2.5个百分点，其原因在于各成员国政府缺乏将东南亚国家联盟发展成自由贸易区的动力。

二 东盟自由贸易区对外经贸政策 (1992年至今)

1992年1月，东南亚国家联盟第四次首脑会议在新加坡举行，签署了《1992年新加坡宣言》和《东盟经济合作框架协定》两个文件，标志着东南亚地区的区域经济合作进入了崭新的历史阶段，会议决定从1993年1月1日起的15年内 (2008年之前) 建立东盟自由贸易区 (AFTA)，关税最终降至0—5%。随后，在东盟经济部长会议上正式签署了作为建立东盟自由贸易区主要机制的《共同有效普惠关税方案协议》(The Common Effective Preferential Tariff Scheme, CEPT)。随着东盟自由贸易区的不断发展以及与周边国家经贸关系的不断改善，东盟对外实施了一系列经贸政策 (见表4-1)。

表 4-1　　　　　　　　　　　东盟自由贸易区贸易政策的发展

阶段与时间	主要内容
第一阶段：初始合作阶段（1992—1995年）	1. 初始议程（1992年1月）：2008年实现自由贸易区； • 制成品关税降到0—5%； • 不包括非加工农产品； • 允许成员自行决定实施日期。 2. 东盟自由贸易区计划的巩固（1995年12月）：批准了提前实现自由贸易区的设想和具体实施方案； • 2003年为新设定的最后期限，关税降至0—5%； • 1994年1月1日被确定为自由贸易区的启动日期； • 制定了减少/消除非关税壁垒、促进贸易的行动方案； • 东盟自由贸易区的加强（1995年12月）：议程的扩展。 3. 扩展后的东盟自由贸易区合作范围和内容包括了非加工农产品、服务业等方面。 4. 2004年11月，中国和东盟签署了《货物贸易协议》。
第二阶段：扩展阶段（1996—1997年）	1. 1996年，为加强成员国之间的工业合作，启动东盟工业合作计划。 2. 1997年，中国与东盟发表《联合声明》，确定要建立面向21世纪的睦邻合作、互利互信伙伴关系。 3. 1997年12月，通过在服务业七个优先领域开展合作的第一轮谈判，最终达成有关服务业合作的第一个一揽子承诺。
第三阶段：落实与巩固阶段（1998—2010年）	1. 1998年，对共同有效优惠关税方案进行修订。 2. 1998年1月通过了改变共同有效优惠关税执照程序。 3. 1998年12月，达成有关服务业合作的第二个"一揽子"承诺。 4. 2000年11月，通过了关于改变最初共同有效优惠关税减让承诺的议定书。 5. 2000年，签订《鼓励和相互保护投资协定》。 6. 2002年，签订《南海各方行为宣言》。 7. 2002年11月，签订《全面经济合作框架协议》。 8. 2003年，签订《面向和平与繁荣的战略伙伴关系联合宣言》。 9. 2004年1月1日，"早期收获"计划广泛实施。 10. 2004年9月，签订《中国—东盟自由贸易区货物贸易协议》和《中国与东盟全面经济合作框架协议争端解决机制协议》。 11. 2007年1月，签署了中国—东盟自由贸易区《服务贸易协议》。 12. 2009年8月，签订《中国—东盟自由贸易区投资协议》。 13. 2010年1月1日，中国—东盟自由贸易区正式建立。

资料来源：Helen E. S. Nesadurai (2003), *Globalization, Domestic Politics and Regionalism*, London and New York: Routledge.

从东盟自由贸易区贸易政策的实施过程来看，各成员国基本上履行了各自的承诺，关税削减程度达到了预期目标。对于CEPT[①]列入清单税目的加权平均关税税率，东盟老六国（新加坡、菲律宾、马来西亚、文莱、印度尼西亚、泰国）从1993年的12.76%下降为2001年的3.21%，而东盟新四国（缅甸、老挝、越南、柬埔寨）也降低到了7.45%。东盟十国2001年加权平均关税税率为3.85%，2002年东盟6个老成员国已基本达到关税削减目标，东盟自由贸易区初步形成。

到2006年WTO对马来西亚贸易政策审议报告发布时，东盟6个老成员国全部完成了关税削减计划，有98.9%的税目参与了CEPT框架，其中关税税率在0—5%的税目占了99.6%，其中53%的税目实现了零关税；东盟其他成员国关税税率在0—5%的税目所占比例为65.4%，其中15%的税目实现了零关税。

第三节　中国—东盟自由贸易区经贸政策演变

一　中国—东盟经贸政策的制定

中国—东盟自由贸易区是中国成功参与的第一个真正意义上的区域经济一体化组织。20世纪90年代以前，由于历史原因，中国与东南亚国家联盟[②]间尚未形成直接的对话合作方式。1991年7月，原中国外长钱其琛应邀出席第24届东盟外长会议，我国同东盟首次正式接触。1996年7月，在第29届东盟常设委员会第六次会议上，东南亚国家联盟将中国由磋商伙伴升格为全面对话伙伴。1997年12月，

[①] 1992年1月，在东盟首脑会议上，东盟首脑决定设立东盟自由贸易区（AFTA），共同执行具有约束性的优惠关税税率（以下简称CEPT）。

[②] 东南亚国家联盟（Association of Southeast Asian Nations），简称东盟（ASEAN）。前身是马来亚（现马来西亚）、菲律宾和泰国于1961年7月31日在曼谷成立的东南亚联盟，1967年8月7—8日，印度尼西亚、泰国、新加坡、菲律宾四国外长和马来西亚副总理在曼谷发表了《曼谷宣言》，正式宣告东南亚国家联盟成立。

原国家主席江泽民参加首次东盟—中、日、韩（即 10 + 3）领导人非正式会议，并发表《建立面向 21 世纪的睦邻互信伙伴关系》的主题讲话。

2000 年 11 月，在第四次中国—东盟领导人会议期间，为了打消东盟国家顾虑，原国务院总理朱镕基对中国与东盟双边关系进行了积极评价，并提出建立中国—东盟自由贸易区的构想，东盟各国领导人立即予以积极响应。2001 年 11 月，第五次中国—东盟领导人会议一致通过在 10 年内建成中国—东盟自由贸易区，中国与东盟开始进入协商建立自由贸易区的筹备阶段。

中国与东盟国家领导人达成共识后，双边经贸关系得到进一步发展，双边进出口贸易额逐年增长。2002 年 11 月，《中国与东盟全面经济合作框架协议》和《南海各方行为宣言》的相继签署，最终明确了 2010 年建成中国—东盟自由贸易区的目标。此后，《面向和平与繁荣的战略伙伴关系联合宣言》（2003 年 10 月）、中国—东盟《货物贸易协议》（2004 年 11 月）、中国—东盟《服务贸易协议》（2007 年 1 月）、中国—东盟《投资协议》（2009 年 8 月）等框架协议的相继签订，为中国—东盟自由贸易区建设和推进双边经贸合作提供了法律制度保障。

2010 年 1 月 1 日，中国—东盟自由贸易区如期建成，自贸区建设正式全面启动。为了促进自贸区的建设和发展，中国—东盟逐步建立和完善双边和多边对话合作机制，除领导人会议（含不定期领导人特别会议）外，还有多个部长级会议机制以及工作层对话合作机制，形成多层次、多领域、多类型的合作框架，合作机制使双边和多边的沟通和协调定期化，有效地保证了区域经济合作的顺利开展。其中主要的部长级合作机制有外长会议、东盟与对话伙伴国会议（中国于 1996 年成为东盟全面对话伙伴国）、东盟与中国（10 + 1）对话会（始于 1991 年）；从 2004 年开始举办一年一度的中国—东盟博览会和中国—东盟投资峰会，中国—东盟博览会期间还举行多种多层次的双边会议；同时还建立了外交、经济、财政、交通、海关署长、农业与林业、总检察长、青年事务、卫生、电信、新闻、质检和打击跨国犯罪等十几个部长级会议机制；以及中国—东盟中心、中国—东盟环境保护合作中心、中国—东盟教育交流周，中国—东盟技术转移中心等正式成立，为中国—东盟积极开展经贸合作、国际旅游合作、国际教育合作、跨国文化合作等搭建了重要的交流与服务平台。

二 中国—东盟经贸政策的发展

2010年1月1日，中国—东盟自由贸易区如期建成。根据相关协议，在符合原产地要求的条件下，双方绝大部分产品互相享受零关税或优惠关税待遇（从2010年1月1日起，中国对东盟93%的贸易产品，即7000多种产品的贸易关税降为零），这有利于我国出口产品进入新的市场或扩大原有的市场份额，同时获得新的进口渠道和更为价廉物美的进口产品。东盟是中国农产品进口的第一大市场，中国是东盟农产品出口的第二大市场。除此之外，中国机电产品半成品主要出口泰国、马来西亚等国，纺织品、机械、电子产品、家具等制成品主要出口新西兰等国；而中国进口则倾向于自然资源类产品，如橡胶、矿产品、石油、塑料原料、木材、纸制品、羊毛等。

2010年10月29日，中国和东盟签署了《〈货物贸易协议〉第二议定书》。此后，中国与东盟国家企业可以利用自贸区的各种关税优惠政策，在区域经济合作中得到更多的实惠。另外，《〈货物贸易协议〉第二议定书》做出了"关于允许使用第三方发票"的规定，这使得中国—东盟自由贸易区的相关政策，能够惠及香港等周边的国家和地区，从而促进整个亚太地区跨国产业链的稳定发展，进而推进本地区经济一体化的发展进程。

2011年11月18日，中国与东盟签署了《关于实施中国—东盟自由贸易区〈服务贸易协议〉第二批具体承诺的议定书》，并在各国完成了国内法律审批程序，于2012年1月1日起正式生效。

中国—东盟自由贸易区从正式建立之日起，中国对东盟的平均关税从之前的9.8%降至0.1%。其中，东盟老六国对中国的平均关税将从原来的12.8%降低到0.6%，2015年东盟新四国将对90%的贸易商品实现零关税目标。按照中国—东盟自由贸易区《货物贸易协议》的规定，东盟对中国的一轨正常产品分别于2010年（老六国）、

2015年（新四国）实现零关税；二轨正常产品除柬埔寨外（柬埔寨对烟草、印度尼西亚对纺织品等产品可以较晚实现零关税），分别于2012年（东盟老六国）、2018年（东盟新四国）实现零关税，之前可以保持5%的税率；一般敏感产品关税税率最终降到5%，高度敏感产品最终降到50%；敏感产品清单中规定东盟可保留最多不超过400个（老六国）和500个（新四国）产品种类，这些产品的关税到2012年降至20%，2018年降至5%，缅甸、菲律宾、印度尼西亚等国也都有许多延迟减税的保护政策。

第五章　中国—东盟区域经济合作的经贸政策体系

第一节　国际投资政策

随着经济全球化和区域经济一体化的不断发展，外商直接投资对中国和东盟国家的经济发展具有重要的意义，实现区域内投资自由化和便利化是中国和东盟国家共同推进中国—东盟自由贸易区建设的重要举措。《关于东盟投资区的框架协议》（1998年）、《中国—东盟全面经济合作框架协议》（2002年）和中国—东盟《投资协议》（2009年）的相继签署，为中国—东盟自由贸易区区域内生产要素的自由流动以及贸易、投资自由化和便利化提供了制度性保障，为中国—东盟自由贸易区的如期建成奠定了法律基础。

一　《关于东盟投资区的框架协议》

1998年东盟签署的《关于东盟投资区的框架协议》，旨在便利东盟成员国之间进行直接投资以及实现生产技术和专业人员的自由流动。《关于东盟投资区的框架协议》包含了制造业、农业、渔业、林业和采矿业，以及与这些行业相关的服务业。敏感行业暂时例外，如马来西亚暂时例外的行业有菠萝罐头制作、棕榈油制造工业、炼糖厂、胶合板、石油冶炼业、蜡染业、人造化学业等。

该协议实施的目的在于不断扩大东盟内部的直接投资，促进东盟内部一体化进程，同时将东盟打造成他国进行海外投资的首选目的地。为了早日实现这一目标，东盟各成员国提前将制造业、农业、林业、渔业和矿业作为开放领域,东盟老六国(新加坡、菲律宾、马来西亚、文莱、印度尼西亚、泰国)将开放时间由原定的 2020 年提前到 2010 年,东盟新四国(缅甸、老挝、越南、柬埔寨)将开放时间确定为 2015 年。

二 《中国—东盟全面经济合作框架协议》

2002 年,中国与东盟共同签署的《中国—东盟全面经济合作框架协议》,对区域内直接投资的相关问题也进行了相关规定。

首先,中国尊重东盟在区域经济一体化中的主导作用,《中国—东盟全面经济合作框架协议》受东盟框架协定(即 1992 年 1 月签署的《东盟经济合作框架》和《共同有效关税》)的影响。《中国—东盟全面经济合作框架协议》在选择中国—东盟自由贸易区的发展模式、进程上基本同东盟框架协定保持一致,包括货物贸易、服务贸易和投资贸易等内容。

其次,《中国—东盟全面经济合作框架协议》中关于投资自由化的部分规定与《关于东盟投资区的框架协议》的基本原则基本一致。吸引外资对于同为发展中国家的中国和东盟国家同样具有举足轻重的作用,因而中国与东盟国家对协议关于投资自由化的规定更为谨慎。20 世纪 90 年代末,中国即将加入世界贸易组织(WTO),东盟国家担心中国加入 WTO 后外资大量流入中国市场,而 1997 年东南亚金融危机导致原本流向东盟国家的外资向中国市场转移,这无疑加重了东盟国家的忧虑和疑惑。为了破解"东盟困局",中国政府率先倡导建立中国—东盟自由贸易区,以实现区域内投资自由化和便利化为目标,共享外资在区域经济一体化发展进程中带来的规模经济效应。因此,《中国—东盟全面经济合作框架协议》第一条款明确规定:中国与东盟"逐步实现投资机制的自由化",建立自由、便利、透明以及具有竞争力的投资体制。

综上所述,中国为了推行睦邻友好外交政策,在实施贸易自由化战略初期,特别是与东盟签署《中国—东盟全面经济合作框架协议》时,基本上采纳了东盟自由贸易区原有的基本原则、合作模式等内容,对中国—东盟自由贸易区的建设和发展起到了重要的推动作用。

三 中国—东盟《投资协议》

2009年8月15日，中国与东盟共同签署中国—东盟自由贸易区《投资协议》（以下简称《投资协议》），该协议与《中国—东盟全面经济合作框架协议》、中国—东盟《货物贸易协议》和中国—东盟《服务贸易协议》等共同构成了中国—东盟自由贸易区较为完备的法律框架体系，为自由贸易区区域内生产要素的自由流动以及贸易、投资自由化和便利化提供了制度性保障，为中国—东盟自由贸易区的如期建成奠定了法律基础。《投资协议》共计27项条款，为了给中国—东盟大市场营造自由、便利的投资条件和投资环境，协议规定各成员国应相互给予投资者国民待遇、最惠国待遇、投资公平和公正待遇，提高投资相关法律法规的透明度，为双方的投资者提供充分的法律保护。[①]

（一）《投资协议》签署的意义

2008年，由美国次贷危机引发的全球性金融危机为中国—东盟区域经济合作传递了信号，各成员国应加强合作，为区域内各国经济的健康、平稳和可持续发展创造更为有利的投资条件和良好的投资环境，从而实现区域经济一体化组织各成员国经济的高度融合，以此共同应对国际金融危机的冲击和影响。而《投资协议》的签署旨在为中国和东盟国家实现投资自由化和便利化，建立透明、有序的区域竞争环境。

《投资协议》的签订给中国—东盟区域经济合作带来了巨大的经济效应，区域内各成员国相互投资数量和投资项目均迅速增多，在一定程度上实现了"投资创造"效应。首先，东盟国家对中国直接投资不断扩大（见表3-7），东盟对中国直接投资从2009年的46.8亿美元上升到2012年的70.7亿美元，年均增长14.74%，比2002—2008年东盟对中国直接投资年均增长率高出5.76个百分点。其次，中国对东盟直接投资也实现了跨越式发展（见表3-8），在我国实施"走

[①] 《中国—东盟签署中国—东盟自由贸易区〈投资协议〉》，http://www.gov.cn/jrzg/2009-08/15/content_1392870.htm，2009-08-15。

出去"战略带动下,中国对东盟直接投资从2009年的26.98亿美元上升到2012年的61亿美元,年均增长31.25%。最后,区域外其他国家对中国和东盟国家直接投资额也在不断增加(见表3-11),从2009年的1232.54亿美元上升到2011年的1909.4亿美元,年均增长24.47%。

(二)《投资协议》的基本原则

《投资协议》的基本原则是缔约双方必须承担的基本义务和责任,该协议对中国—东盟自由贸易区投资原则、机制建设和投资者保护等方面作出了相应规定。

首先,将自由、便利、透明和竞争原则确定为中国—东盟自由贸易区的投资原则,这一原则的依据来源于《中国—东盟全面经济合作框架协议》第五条及第八条相关规定。

其次,透明度原则就明确规定双方必须履行承诺且不得进行投资歧视,不制定限制对方前来投资的法律和行政措施,各成员国应定期、及时公布相关投资措施。具体体现在,《投资协议》规定"及时并至少每年向其他方通报显著影响其境内投资或本协议下承诺的任何新的法律或现有法律、法规、政策或行政指南的任何变化";要求双方各自建立或指定一个咨询点,以便让对方的任何自然人、法人或任何人可要求并及时获取各自承诺应当公布的与措施相关的所有信息。[1]

再次,《投资协议》对"投资促进"进行了相关规定。《投资协议》签署前谈判和磋商的基本出发点是保护和鼓励一成员国到另一成员国进行直接投资,并明确指出用"投资促进"的方式推进自由贸易区"投资便利化"的实现。所谓"投资促进",就是鼓励中国和东盟国家利用官方或民间组织,为投资商务活动搭建交流和沟通平台,实现区域内资本的跨国流动。如中国—东盟商务投资峰会就是由官方发起的"投资促进"活动,现已成为中国—东盟自由贸易区各成员国进行对外直接投资的重要交流平台。

最后,《投资协议》对"投资便利化"原则也进行了相关规定。

---

[1] 具体内容参见中国—东盟《投资协议》。

在1998年的《关于东盟投资区的框架协议》中并没有明确单列相关条款,但该协议提及"采取适当的措施来增强成员国对直接投资流动的环境吸引力",其中主要是指优化投资环境、简化投资手续等。而《投资协议》在明确提出投资便利化原则的同时,还对投资便利化的具体措施进行规定,并要求中国和东盟国家在以下四个方面体现投资便利化的原则:第一,为各类投资创造必要环境;第二,简化投资适用和批准的手续;第三,促进包括投资规则、法规、政策和程序的投资信息的发布;第四,在各国建立一站式投资服务中心,为商界提供包括便利营业执照和许可发放的支持与咨询服务。[①]如果在中国—东盟区域经济合作中"投资便利化"原则得以落实,中国与东盟国家相互投资有望增长60%。

(三)《投资协议》的其他相关问题

《投资协议》遵循一般的国际惯例和规则,必须给签约双方投资者提供相应的优惠待遇。根据中国—东盟《投资协议》第四条、第五条和第七条的规定,中国—东盟自由贸易区各成员国在各自境内,对另一国投资者应当无条件给予国民待遇、最惠国待遇、投资公平和公正待遇,并在投资过程中为投资者提供全面安全保障。

第一,关于最优惠国待遇问题。对于区域外第三国投资者如何处理问题,在2002年《中国—东盟全面经济合作框架协议》中并没有明确提及,即没有对中国和东盟双方如何处理、对待第三方投资者的原则做出明确的规定。而《投资协议》也没有明确给第三方以相关的优惠待遇。如《投资协议》第五条第一款规定:在处理最惠国待遇时"应当给予另一缔约方投资者及其相关投资,不低于其在同等条件下给予任何其他缔约方或第三国投资者及/或其投资的待遇",即中国—东盟自由贸易区各成员国对相互投资领域所给予的最惠国待遇必须高于区域外第三国投资者。但在该条第二款中明确规定:任一缔约方在以后同第三方签订投资协议时可能含有更优惠待遇,而该成员没有义务给予中国或东盟成员,根据这一条款,在相互投资过程中是否存在诸如"贸易转移"而存在的"投资转移"倾向,因为《投资协议》对于区域外第三国投资者具有排他性,自由贸易区各成员国相互给予最优惠国待遇问题，由于缺乏区域外第三国投资者竞争是否会带来投资质量、收益效果比预期降低的问题。

第二，关于国民待遇问题。与1998年《关于东盟投资区框架协议》相比，《投资协议》明确规定：2010年前仅对区域内各成员国提供国民待遇。但《投资协议》第四条第二款却规定国民待遇在2020年前扩大到所有投资者，同时给予中国—东盟自由贸易区各成员国和非成员国投资者国民待遇，这一分阶段的实施办法对于避免排斥、保护或者歧视具有一定的作用。

四 中国与东盟国家签署的双边投资协定

截至2013年年底，中国已与世界各国累计签署150多个双边投资保护协定。自1985年与新加坡和泰国签署双边投资保护协定以来，中国与东盟国家签署的双边投资保护协定已达10个（见表5-1），覆盖东盟所有国家以及多个合作领域，并对鼓励成员国相互直接投资、外汇转移、投资争端解决、代位求偿等事项作出明确的规定。中国—东盟双边投资保护协定的签署在一定程度上促进了区域内相互投资的快速发展，为深化中国—东盟区域经济合作，特别是推进次区域经济合作奠定了坚实的基础。

表5-1　　　　　中国和东盟国家签订双边投资保护协定一览

国家	年份	有效期（年）	继续有效的条件
文　莱	2000	10	有效期满未通知终止，继续有效
缅　甸	2001	10	有效期满未通知终止，继续有效
柬埔寨	1996	5	有效期满未通知终止，继续有效
印度尼西亚	1994	10	有效期满未通知终止，继续有效
老　挝	1993	10	有效期满未通知终止，继续有效
马来西亚	1988	15	有效期满未通知终止，继续有效
菲律宾	1992	10	有效期满未通知终止，继续有效
新加坡	1985	10	有效期满未通知终止，继续有效
泰　国	1985	10	有效期满未通知终止，继续有效
越　南	1992	10	有效期满未通知终止，继续有效

资料来源：赵仁平：《中国—东盟自由贸易区财政制度协调研究》，广西出版社2010年版，第134页。

中国—东盟现有的双边投资保护协定虽然在一定程度上促进了区域内经济的快速发展,但就协定本身而言存在以下缺陷:一是双边投资协定缺少一般投资协议必要的条款,协定中既没有对市场准入原则和国民待遇原则进行规定,也没有对投资自由化和便利化问题进行相关阐述。这一缺陷导致中国—东盟现有的双边投资保护协定在实施过程中缺乏稳定性和连续性,不利于双边投资协定的推广和实施。二是中国—东盟现有双边投资协定签署的时间均为中国加入世界贸易组织(WTO)之前,有效期为5年、10年或15年,期限较短,目前均处于有效期满未通知终止,继续有效状态。更为重要的是,一些双边投资保护协定中的部分条款明显不符合当前中国—东盟区域经济合作的需要,也不符合当前国际投资协定发展的基本要求。三是各双边投资保护协定的核心内容存在差异。如目前中国与东盟国家所签署的10个投资保护协定,虽然都明确规定了缔约国双方的投资者可以自由转移利润以及投资,但各协定对自由转移利润以及投资的范围、方式、币种选择以及汇率等规定不明确;此外,各双边投资保护协定对外商直接投资企业所有权转移的相关问题规定也不统一。如中马、中泰双边投资保护协定对征收条款、补偿时间及数额的规定差异较大。

同与发达国家签署的双边投资协定相比,对外来投资保障机制规定不明确,是中国—东盟双边投资保护协定最主要的缺陷和不足。尽管中国与东盟各国分别出台了与保护外资相关的法律法规,但并没有很好地解决外来投资保障机制问题,如新加坡《商品对外贸易法》、越南《越南投资法》、泰国《外商经营法》、印度尼西亚《外国投资法》、中国《中华人民共和国外资企业法》和《中华人民共和国中外合资经营企业法》等。从中国与东盟国家政治风险级别分类来看,中国、新加坡、文莱属于第一级别,泰国、印度尼西亚、马来西亚、菲律宾、越南属于第二级别,缅甸、柬埔寨、老挝属于第三级别,政治风险级别的不同导致政治风险设立的条件、措施、解决方式等存在差异,因而投资者在投资过程中无法规避投资风险,从而导致外来投资缺乏稳定性和可持续性。

五 中国与东盟共同参加的国际投资公约

当前,在国际上影响力较大、适用范围较广的国际投资公约有《多边投资担保机构公约》①(Convention Establishing the Multilateral Investment Guarantee Agency,MIGA)和《关于解决国家和他国国民之间投资争端公约》②(Convention on the Settlement of Investment Disputes Between States and Nationals of Other States,ICSID)。《多边投资担保机构公约》的服务宗旨是为战争、内乱、罢工、毁约、征管等非商业风险提供担保,对发展中国家和地区吸引外商直接投资起到较好的保护作用。目前,除缅甸和文莱外的其他东盟国家均已签署《多边投资担保机构公约》。《关于解决国家和他国国民之间投资争端公约》的服务宗旨是解决缔约国在相互投资过程中存在的投资争端问题,主张弱化政府介入投资争端问题,以公约的争端解决机制处理"非政治化"问题。目前,除缅甸、老挝和越南三国外,其他东盟国家均已签署《关于解决国家和他国国民之间投资争端公约》。中国分别于1991年、1992年签署《多边投资担保机构公约》和《关于解决国家和他国国民之间投资争端公约》,成为两公约的缔约国。

中国与东盟大部分国家相继签署上述国际投资公约,不仅有利于实现资本在中国—东盟自由贸易区内自由流动,而且为保护外商直接投资者的合法权利以及防范和规避投资风险奠定了法律基础。但《多边投资担保机构公约》和《关于解决国家和他国国民之间投资争端公约》也存在一定的局限性,一方面,前者对投资者提供的担保范围、担保金额、赔付形式等具体规定相对有限,这对于迄今为止尚未建立

---

① 《多边投资担保机构公约》(Convention Establishing the Multilateral Investment Guarantee Agency,MIGA),1985年10月11日在世界银行年会上通过,于1988年4月12日正式生效。根据该公约建立了多边投资担保机构,属于世界银行集团的成员,但它同时又是独立的国际组织。

② 《关于解决国家和他国国民之间投资争端公约》(Convention on the Settlement of Investment Disputes Between States and Nationals of Other States,以下简称《1965年华盛顿公约》),1965年3月18日缔结于华盛顿,1966年10月14日生效。该公约是在国际复兴开发银行(世界银行)主持下缔结的、为解决一缔约国与其他缔约国国民间的投资争议的多边国际公约。

投资担保机制的中国—东盟自由贸易区而言,其实用范围和影响力大打折扣;后者在中国—东盟《投资协议》的谈判和磋商过程中尚未达成一致共识,因而在具体实施和操作过程中部分条款对中国和东盟国家都不具有约束力。另一方面,《多边投资担保机构公约》和《关于解决国家和他国国民之间投资争端公约》部分内容本身存在冲突,在具体操作过程中无法协调和解决双边投资争端问题,不适合用于解决中国—东盟自由贸易区成员国相互投资出现的某些特定投资争端问题。

第二节 国际贸易政策

一 共同有效优惠关税协议

(一) 主要内容

1992年1月,东盟第四次首脑会议在新加坡举行,此次会议签署了《共同有效优惠关税协议》(CEPT),初步拟定了东盟自由贸易区内各个国家降低关税的时间表和所涉及的产品。由于印度尼西亚建议,根据各国国情的不同,允许各国在不同时间内完成关税的削减工作,于是在1992年12月11日的雅加达会议中,东盟自由贸易区理事会决定《共同有效优惠关税协议》的实施,遵循两个时间表,分别是"快速减税计划"和"正常减税计划",其主要内容如下:

第一,《共同有效优惠关税协议》的生效时间为1993年1月1日,到2008年之前,所有在区域内贸易的工业制成品的关税税率,要减税至0—5%。在CEPT的框架下,工业制成品包括加工农产品、资本密集产品和那些不在CEPT规定的农产品范围内的产品。

第二,纳入快速减税计划的15大类商品(包括:电子产品、肥料、化学品、纸浆、药品、木制藤制家具、陶瓷与玻璃制品、珠宝、塑料制品、橡胶制品、纺织品、铜电线、水泥、皮革、植物油),上述产品降税分为两种情况:税率在1993年1月1日前超过20%的商品,在10年内(2003年1月1日前)降税到0—5%;税率在20%及以下的,在 7 年内(2000 年 1 月 1 日前)降税至 0—5%。

第三,正常减税计划所涉及的产品,是指包括上述 15 大类以外的所有应该纳入 CEPT 列入清单的产品,也分为两种情况降税:产品税率在 1993 年 1 月 1 日前超过 20% 的商品,首先在 5—8 年内(2001 年 1 月 1 日前)降税至 20%,然后在 7 年内(2008 年 1 月 1 日前)降税至 0—5%;税率在 20% 及以下的,在 10 年内(2003 年 1 月 1 日前)降税至 0—5%。

第四,一旦某种商品开始享受"共同有效优惠关税",所有的成员国应该迅速解除对该种商品的一切限制,包括进口许可证、进口配额等数量限制;同时,针对这种商品的其他非关税壁垒,也必须在之后的 5 年内逐步取消。

第五,享受"共同有效优惠关税"的产品,其产品的价值至少有 40% 的比重必须源于东盟成员国。

(二)削减关税的时间和税率

由于 APEC 会议的召开和关贸总协定(GATT)乌拉圭回合谈判取得突破性进展,对东盟产生了强大的冲击。原来计划在未来 15 年时间内建成"东盟自由贸易区"的设想,已经不能适应新的发展形势的需求。1994 年 9 月,在泰国清迈召开东盟自由贸易区理事会,会议计划将自由贸易区的建成时间提前 5 年。随后,召开了第 26 次东盟经济部长会议,此次会议达成协议并决定在 10 年内(2003 年 1 月 1 日之前)建成东盟自由贸易区,并确定了新的削减关税时间表,具体规定如下:

第一,在"快速减税计划"中,税率超过 20% 的产品,在 2000 年 1 月 1 日前,降税到 0—5%;税率在 20% 及以下的产品,在 1998 年 1 月 1 日前,降税到 0—5%。

第二,在"正常减税计划"中,在 1998 年 1 月 1 日前,税率超过 20% 的产品将税率降到 20%;在 2003 年 1 月 1 日前,税率在 20% 及以下的产品将税率降到 0—5%;在 2000 年 1 月 1 日前,将税率降到 0—5%。针对此次规定的新的降税时间表,在 1995 年 9 月,召开第七次东盟自由贸易区理事会,此次会议确定了新的 CEPT 列入清单产品的减税方案（见表5-2），对于CEPT列入清单的平均关税税率，东盟6国将从1996年的7.76%下降到2003年的2.95%。

表5-2　　东盟各国CEPT列入清单的平均关税税率削减指标　　单位:%

国　　家	1996年	1997年	1998年	1999年	2000年	2001年	2002年	2003年
文　莱	2.46	2.29	1.01	1.74	1.39	1.39	1.39	1.39
印度尼西亚	11.63	10.61	8.84	7.91	5.81	5.70	5.00	4.25
马来西亚	5.93	5.14	4.42	3.67	2.9	2.83	2.83	2.83
菲律宾	9.17	8.33	7.16	6.53	5.42	4.90	4.89	3.73
新加坡	0.00	0.00	0.00	0.00	0.00	0.00	0.00	0.00
泰　国	14.70	12.69	10.15	9.28	7.00	6.99	5.78	4.63
东盟6国	7.76	7.00	5.79	5.19	3.97	3.88	3.47	2.95

资料来源：ASEAN Secretariat, AFTA Reader, Vol. 3。

（三）具体实施

1998年12月，第六次东盟首脑会议通过的《河内行动计划》（Hanoi Plan of Action，HPA）使东盟自由贸易区实施计划提前至2002年。1997年东南亚金融危机爆发后，东盟各成员国清醒地意识到必须要以更紧密、更强有力的合作方式采取共同行动。根据《河内行动计划》，首先要尽量扩大CEPT列入清单中2002年将关税降至0—5%的税目（越南为2003年，老挝和缅甸为2005年）；其次，要尽量扩大CEPT中在2003年将关税降至0%的税目；最后，通过减少例外清单和敏感清单的税目来扩大CEPT列入清单的税目。

从1999年1月1日起，越南将暂时例外商品以每年20%的速度纳入CEPT列入清单，已于2003年1月1日完成；2000年1月1日开始将属于敏感商品的农产品纳入CEPT列入清单，并于2006年1月1日完成。老挝和缅甸两国于2006年1月1日开始将属于暂时例外商品的农产品纳入CEPT列入清单，并于2015年1月1日完成。柬埔寨从2000年1月1日开始执行这一削减关税计划，已于2010年1月1日完成。

总的来说，除实施初期一些国家没能按原定的时间实施减税计划，以及东南亚金融危机爆发后部分东盟国家采取市场保护措施以外，东盟各成员国基本上履行了各自的承诺。东盟原6个成员国CEPT列入清单税目的加权平均关税税率从1993年的12.76%降低到2001年的3.21%，而4个新成员国也将CEPT列入清单中的12005个税目的加权平均关税税率降低到7.45%，东盟十国2001年加权平均关税税率为3.85%。2002年东盟原6个成员国已基本达到其减税目标，东盟自由贸易区如期初步建成。

二 中国—东盟《货物贸易协议》

2004年11月，中国与东盟签署《中国—东盟全面经济合作框架协议货物贸易协议》（以下简称中国—东盟《货物贸易协议》），该协议于2005年1月1日生效，2005年7月正式实施，协议共23条以及2个附录。该协议明确规定，中国和东盟6个老成员国，计划在2010年建成包括货物贸易在内的中国—东盟自由贸易区；中国和东盟4个新成员国，计划在2015年建成自由贸易区；协议还重申了各个缔约方应该在规定的时间框架内建立中国—东盟自由贸易区的承诺。同时，协议还允许各个缔约方根据《中国—东盟全面经济合作框架协议》的规定，对敏感领域问题的解决，享有一定的灵活性。

根据《中国—东盟全面经济合作框架协议货物贸易协议》的规定，一缔约方应根据《1994年关税与贸易总协定》第三条的规定，对所有的本协议和《中国—东盟全面经济合作框架协议》涵盖的货物，向其他缔约方给予国民待遇。依照此次协议，纳入削减关税或取消关税计划的税目，应当包括所有没有被《中国—东盟全面经济合作框架协议》第六条所列举的早期收获计划所涵盖的税目，对于这些税目应根据以下规定，进行关税的削减或者取消，具体的货物贸易协议关税削减和取消国别差异和时间见表5-3。

货物贸易协议分敏感产品和正常产品两大类进行关税削减和取消国别差异，敏感产品是指一个缔约方自愿纳入敏感类的税目，应当依照本协议附录2列明的模式，削减或取消各自的实施最惠国税率。正常产品是指一缔约方自愿纳入正常类的税目，应当依照本协议的附录

1列明的模式，逐步削减和取消各自的实施最惠国税率，并应当按期实现模式中降税门槛所规定的目标。

自中国—东盟《货物贸易协议》签订以来，我国与东盟双边进出口贸易进入了快速发展的阶段，双边进出口贸易总额一直保持着较快的增长速度。2010—2011年，双边进出口贸易额年均增长30%。2012年，中国和东盟进出口贸易总额为4000.91亿美元，同比增长10.26%，高于同期中国对外贸易的平均增幅；2013年，中国和东盟进出口贸易总额达到4436.11亿美元，比2012年增长10.88%。其中，中国对东盟出口2440.70亿美元，中国从东盟进口195.40亿美元，贸易顺差445.3亿美元，中国连续4年成为东盟的第一大贸易伙伴，东盟继续保持中国第三大贸易伙伴的地位；2014年1—10月，中国和东盟的进出口贸易总额为3907.68亿美元。其中，中国对东盟的出口额为2177.41亿美元，从东盟进口额为1730.27亿美元，贸易顺差额为447.14亿美元。[①]

表5-3　　　　货物贸易协议关税削减和取消国别差异和时间

产品类别		时间表						
		2005.7.1	2007.7.1	2010.1.1	2012.1.1	2015.1.1	2018.1.1	2020.1.1
敏感产品	一般敏感产品				7国减至20%	4国减至20%	7国减至0—5%	4国减至0—50%
	高度敏感产品						7国减至50%	4国减至50%
正常产品	一轨产品	40%税目	7国减至0—5%		7国减至0	缔约国减至0		
		60%税目		7国减至0—5%	7国减至0	缔约国减至0		
	二轨产品				7国减至0		4国减至0	

资料来源：根据中国—东盟《货物贸易协议》整理所得。

[①] 相关数据来自2004年《中国统计年鉴》以及国家商务部公布的数据。

三 中国—东盟《服务贸易协议》

1995年,东盟签署《东盟关于服务贸易的框架协议》,其目的在于优于WTO承诺开放服务业,通过实现区域内服务贸易自由化,促进东盟成员国积极开展服务贸易合作。该协议优惠政策包括对其他非东盟成员国在本国建立公司实体、雇用专业人员的优惠政策,根据优惠政策具体安排,旅游、医疗保健、航空运输等服务业预计于2010年在东盟国家内部全部开放。目前,东盟国家正在加紧对之前未涉及的其他服务贸易行业和供应方式进行谈判。

1997年年底,东盟国家完成第一阶段服务贸易自由化的谈判,主要开放的部门包括:东盟各成员国全部开放旅游业;马来西亚、新加坡和文莱开放航空运输业;马来西亚、新加坡、文莱和印度尼西亚开放海上运输业;菲律宾开放商务服务业;越南开放电信业。

1998年,东盟国家完成第二阶段服务贸易自由化的谈判,除了继续开放上一阶段谈判涉及的几个行业外,还增加了金融服务业、建筑业等领域。

2007年,东盟国家完成第三阶段服务贸易自由化的谈判,中国和东盟各国正式签署《中国—东盟全面经济合作框架协议服务贸易协议》(以下简称中国—东盟《服务贸易协议》),该协议于2007年7月1日起正式实施。

此次签署的中国—东盟《服务贸易协议》,是中国与东盟国家在经贸领域进行合作的又一项重大成果,为双方今后在其他领域的合作,搭建了新的合作平台,为中国—东盟区域经济合作营造了更加开放、稳定的国际贸易环境,为中国—东盟进出口贸易的发展提供了更多的机遇。中国—东盟《服务贸易协议》的签订,对中国—东盟区域经济合作区内的服务贸易,不仅带来了国际"贸易转移",而且对区域内国家吸引外商直接投资起到了积极的促进作用。中国—东盟自由贸易区的建设和发展,不仅可以发挥区域内各成员国的比较优势,促进整个区域内服务贸易合作的深度融合;而且可以增进各成员国合作交流的机会,促进服务贸易的快速增长,提高了区域内服务贸易开放度。由于中国金融业、通信业等行业贸易开放度较低,随着中国—东盟区域经济合作的不断深入，中国将扩大金融业、通信业等产品进口，扩大对外工程承包服务产品的出口。因为中国拥有大量的劳动力和庞大的建筑业市场，而新加坡在电信业、金融业、教育培训和建筑业等领域具有比较优势，中国和新加坡可以加强彼此间的合作，通过优势互补提高两国在服务贸易中的合作。

第三节 国际金融政策

一 《清迈倡议》（Chiang Mai Initiative，CMI）

1997年爆发于东南亚国家的金融危机给东南亚国家经济产生剧烈冲击，2000年5月，为了共同应对金融危机的冲击，东盟十国和中、日、韩达成《清迈倡议》。作为东亚地区金融合作的直接成果，《清迈倡议》旨在建立一个区域成员国家之间的货币双边互换协议网络，使成员国外汇储备形成相互支撑的网络关系，以应对可能出现的金融危机中的流动性风险，弥补一旦出现危机后国际金融组织救援不力的问题。从2001年开始，我国中央银行先后与泰国、马来西亚、印度尼西亚中央银行签订了美元货币互换协议，互换总金额达到105亿美元，2003年我国中央银行与菲律宾签订了人民币互换协议，互换金额折合10亿美元（见表5-4）。

2008年爆发于美国的金融危机再次影响到中国—东盟金融合作区域，给以发展外向型经济为主的东盟国家带来了巨大困难，也给中国经济造成了很大冲击，中国与东盟国家为了避免再次出现东南亚金融危机的不利局面，继续加强了流动性方面的合作，以维持金融市场稳定，共同防范金融危机。同时，由于危机使美元汇率大幅度波动，让持有大量美元储备货币的国家在经济上遭受较大损失。为了缓解在中国—东盟金融合作中对美元国际储备货币过度依赖的现状，东盟国家纷纷抛售美元，增持其他国家货币进行国际贸易支付与结算。而此时由于人民币汇率的相对稳定，在国际支付与结算中人民币成为许多国家不错的选择，特别是与中国相邻的东盟国家和地区，在2008年以后与我国中央银行签订了更大规模的货币互换协议（见表5-4和表5-5）。2009年，东盟"10+3"召开特别财长会议，提出"亚洲经济金融稳定行动计划"，共同应对和防范国际金融危机。与此同时，CMI中的储备池总规模也由当初的800亿美元增加到1200亿美元。

表5-4　　　　2008年以前中国中央银行货币互换情况

互换主体	互换货币	互换签约日期	互换总金额（亿美元）
中国/泰国	美元/泰铢	2001.12.6	20
中国/马来西亚	美元/林吉特	2002.10.9	15
中国/菲律宾	人民币/比索	2003.8.29	10
中国/印度尼西亚	美元/印度尼西亚盾	2003.12.30	10
		2005.10.17	20
		2006.10.17	40
合　计			115

资料来源：刘文娟：《货币互换合作下的人民币国际化研究》，广西人民出版社2012年版。

表5-5　　　　2008—2010年我国中央银行与外币互换情况

互换主体	互换签约日期	互换期限（年）	互换金额（亿元）
中国/马来西亚	2009.2.8	3	800
中国/印度尼西亚	2009.3.24	3	1000
中国/新加坡	2010.7.23	3	1500
合　计		3300	

资料来源：王丹、鲁凤玲：《人民银行货币互换实践》，《中国金融》2012年第4期。

二　亚洲货币基金组织（Asian Monetary Fund）

2009年，东盟10国与中、日、韩三国财长发表联合公报宣布，"10+3"国家针对区域内各国外汇储备库的出资份额、基金的监督和管理机制以及基金融资方式等达成共识。2009年年底总规模800亿美元的外汇储备库正式成立并运作，外汇储备库的成立为"亚洲货币基金"的成立打下了关键的基础。2008—2009 年为了应对国际金融危机，"10+3" 成员国又承诺把区域外汇储备库资金规模扩大到 1200 亿美元，随着外汇储备库资金规模的不断增加，亚洲货币基金组织也开始形成一定的规模。从基金构成来看，中国和日本出资规模最大，双方各出资 384 美元，在总规模里面占比达到 32%，其次是韩国出资 192 亿美元，占总规模的 16%，而国家数量占比最多的东盟 10 国出资总额仅 240 亿美元，占出资总额的 20%。从基金来源结构可以看出，亚洲货币基金组织主要由中国、日本和韩国三个国家为主导，中国也第一次在国际金融组织中和日本平等地在亚洲地区承担起大国的责任，也是中国在国际金融领域发挥一个大国地位的典型事例。然而，从"亚洲货币基金组织"成立以来的表现来看，它不过是一个应急基金，仅仅在金融危机爆发前，在国际货币基金组织（IMF）不能有效发挥救援机制的情况下，充当亚洲自救的机构，给危机中流动性出现困难的国家进行资金援助，其作用和地位相比国际货币基金组织（IMF）相去甚远。"亚洲货币基金组织"是亚洲"10+3"国家一体化努力的结果，并不是"货币一体化"的前奏。但是，"亚洲货币基金组织"的建立对于未来人民币走向国际化具有积极影响，人民币也将在世界各国体现中国经济地位的份额。通过"亚洲货币基金组织"这个平台，对于推动人民币国际进程，让其他各国把人民币作为国际上的主要外汇储备，以及提升人民币的国际地位等，都有非常积极和重要的作用。

三 亚洲债券市场倡议（Asian Bond Markets Initiative，AMBI）

区域性的债券市场是金融市场的一部分，一个流动性好和效率高的区域金融市场对该区域经济增长具有积极的促进作用，发达的区域金融市场能很好地对区域内的闲置资本进行有效配置，有效地把储蓄服务转化成投资，并促进区域经济发展。因此，中国—东盟金融合作的另一个方面是建立一个区域性的债券市场。

2003 年，经过中国与东盟国家的共同努力，亚洲债券基金（Asian Bond Funds）正式启动，该基金由各成员国的部分外汇储备构成，用于投资成员国发行的美元债券。基金由国际清算银行管理，初始发行资金规模为10亿美元债券。随后，亚洲债券市场倡议（Asian Bond Markets Initiative，ABMI）也正式出台，以鼓励和吸引更多的债券发行者进入该市场，并使交易的债券达到多样化，以满足不同投资者的债券需求，同时促进债券市场在清算、会计核算以及信息公开等市场基础设施建设进一步完善。2004年ABMI第二阶段也正式启动，发行债券总规模20亿美元。2008年，继续出台"ABMI新路线图"，向成员国做出推动本币债券发行、扩大本币债券市场需求以及进一步完善债券监管加强基础设施建设等承诺。总体来看，亚洲债券基金的规模都不大，但是其设立具有强烈的指示作用，显示了成员国建立和完善债券市场的决心，并有利于拓宽成员国融资渠道，增强区域流动性，优化区域金融资产配置，增强区域内成员国对本地区金融市场未来发展的信心，甚至吸引更多区域外投资者进入该市场进行投资。

第四节 国际通道政策

一 国际通道对接和运输公约

国际通道作为国际贸易发展和国际经济合作的一个重要的基础组成部分，日益受到学术界和管理部门的高度重视。国际通道的有效对接是为了促进国际通道的便利性，而运输公约和政策是交通通道便利性的核心。国际运输便利公约的基本职能就是协调运输活动所涉及的各种复杂关系。通道运输公约与政策在各国交通资源配置和交通业发展、促进交通运输便利性以及技术进步、安全、环境、社会关系等方面都发挥了不可替代的重要作用。

为增强国际通道的便利性和功能，一定范围内的国家和地区共同签署了不同种类的国际通道运输公约，制定了相应的通道对接政策。如陆上运输有《国际公路货物运输合同公约》[①]，海上运输有《鹿特

[①] 1956年5月19日，欧洲17个国家在日内瓦举行的会议上一致通过并签署了《国际公路货物运输合同公约》（以下简称CMR）。

丹规则》①，空中运输有《芝加哥公约》② 等。

（一）国际陆上通道对接和运输公约

1956 年，联合国欧洲经济委员会牵头制定了《国际公路货物运输合同公约》。目前，欧盟、中国、俄罗斯和哈萨克斯坦、蒙古等国也加入了该公约，并在公约框架下开展国际道路运输，以促进周边国家开展区域经济合作，适应国际道路运输便利化趋势的需求。随后，为了增强国际通道运输的便利性，先后在 1956 年提出了《关于临时进入商用车辆的海关公约》、1968 年《道路标识和信号公约》、1968 年《道路交通公约》、1972 年《集装箱关务公约》以及 1982 年《关于统一边境货物管理的国际公约》等。

在我国，经过 30 多年的改革开放，产品竞争力、经济实力和综合国力日益增强，这使我国对国际通道运输便利化的需求亦日益迫切。但由于我国社会主义市场经济体制尚未完善，各种通道制度还不健全，国际通道运输便利公约的很多条款与我国现行法律法规、管理制度还存在一定的差异。因此，目前我国仅加入了 1972 年《集装箱关务公约》。

（二）国际海上通道运输公约

从 20 世纪以来，世界航运业进入快速发展的轨道，大量的贸易需要航运的支持，对国际海上通道的便利性要求也越来越高。为了规范航运和贸易的关系，越来越多的国际海上通道运输公约出现了。

1924 年 8 月，欧美发达国家在布鲁塞尔签订了世界上第一部规范海上货物运输的国际公约，即《统一提单的若干法律规定的国际公约》，简称《海牙规则》。后来，全球大部分国家都参与其中，其法律效力范围及影响为国际海上通道的规范化奠定了坚实的基础。随着

---

① 2008 年 12 月 11 日，在纽约举行的联合国大会上，《联合国全程或部分海上国际货物运输合同公约》正式得到通过，并且大会决定在 2009 年 9 月 23 日于荷兰鹿特丹举行签字仪式，开放供成员国签署，因而该公约又被命名为《鹿特丹规则》。

② 1944 年 12 月 7 日，在芝加哥召开的国际民用航空会议上签署了《国际民用航空公约》（The International Civil Aviation Covenant），又称《芝加哥公约》，于 1947 年 4 月 4 日起生效。

国际航运的不断发展，各缔约国先后对《海牙规则》进行了修订和补充。然而，由于《海牙规则》实行"钩至钩"原则，更多地保护承运人的利益，对航运大国非常有利，导致托运方利益受损，因而有碍于整个航运业的发展。

集装箱运输和多式联运出现后，在联合国国际贸易委员会的主持下，制定了《汉堡规则》，实行"港至港"原则，对承运人利益进行了一定限制，侧重保护托运人的利益。《汉堡规则》于1992年生效，但参与国较少，大多为发展中国家。

2009年9月，联合国大会审议通过的《联合国全程或部分海上国际货物运输合同公约》在荷兰鹿特丹举行开放式签字仪式。该公约是经济全球化背景下国际海上货物运输的最新公约，充分体现了国际贸易、现代物流及信息化等领域的最新成果，基于"门到门"的新型运输理念，构建新的贸易与运输法律关系，有效地促进了国际海上通道便利化的实现。

（三）国际空中通道运输公约

国际空中通道运输公约的建设先后经历了《巴黎公约》体系、《芝加哥公约》体系、国际航空运输协会多边法律体制和航空运输自由便利化等阶段。20世纪70年代以后，随着海洋运输在国际贸易中的作用与日俱增，美国先后与欧盟、中国等签订《美欧航空运输协议》和《中美航空运输协议》等自由式协定，强调了国际空中通道便利化的重要意义，大幅增加了空中通道运输便利化的相关内容，因而使航空运输便利化更具彻底性。1994年，亚太经合组织（APEC）成员国在印度尼西亚西爪哇名城茂物签订了《茂物联合声明》，对APEC发达经济体在2010年以前、发展中经济体在2020年以前实现自由和开放贸易与投资的长远目标进行了明确规定。从法律角度看，这些公约使国际空中通道越来越趋于自由便利化，并且向更深的程度发展。

二 中国—东盟国际通道对接政策

通道建设是地区之间交流合作的前提和基础。由于交通运输在区域经济合作中举足轻重的地位，中国和东盟国家领导人一直将其视为十大重点合作领域之一，先后签订了《中国—东盟交通合作谅解备忘录》《中国—东盟海运协定》《中国与东盟航空合作框架》《大湄公河次区域便利货物及人员跨境运输协定》，讨论了《中国—东盟交通合作战略规划》，并取得共识。在2009年10月召开的第12次中国与东盟领导人会议上，原中国总理温家宝提出要加快中国和东盟成员国的基础设施建设，协商确定《中国—东盟交通合作战略规划》优先项目，尽快签订《中国—东盟海关合作谅解备忘录》《中国—东盟区域航空运输协定》等合作协议，构筑区域基础设施网络，以实现中国与东盟国家互联互通。

（一）中国—东盟国际通道对接的战略构想

按照国务院关于"构建连接周边省份和东盟国家的铁路、公路、水运和航空综合交通运输网络"的要求，广西社会科学院课题组提出"四纵一横两网一枢纽"的海陆空互联互通的战略构想。

"四纵一横"陆路大通道："四纵"即自东往西的南宁—金边沿海通道、南宁—曼谷—新加坡通道、昆明—曼谷—新加坡通道、昆明—瑞丽—仰光通道；"一横"即南宁—仰光通道。

"两网"：中国—东盟国际海上运输网和中国—东盟国际航空运输网。

"一枢纽"：把广西打造成中国—东盟海陆空交通枢纽。

中国—东盟"四纵一横两网一枢纽"的通道网络架构将有力地促进中国与东盟之间的人员和物资的顺畅流动，而且在交通通道沿线建设多个中心城市，充分发挥其极化效应和扩散效应，聚集大量的人口、资源和产业，通过海陆空交通一体化发展，形成多条连接中国—东盟国家的经济走廊。

（二）中国—东盟国际通道对接的规划布局

1. 铁路通道规划布局

根据中国《中长期铁路网络规划》，中国—东盟自由贸易区中国境内充分发挥广西作为中国—东盟桥头堡的作用，形成以南宁为枢纽中心，以湘桂、滇桂、黔桂（金南）、洛湛、南广高速铁路为骨干，其他铁路为支线的对外铁路通道；以南宁—凭祥、防城港—东兴、田东—龙邦铁路为骨干，连接中国—东盟的铁路出境运输通道。

东盟国家非常重视铁路发展。越南拟于2015年左右修建连接越南西北部和河内的西部铁路，至2020年建成"北南走廊"，以及连接河内与海防、广宁、老街与谅山的交通干线。老挝规划将老泰边境友谊桥的铁路延伸至本国首都万象，穿越本国后到达中国边境，成为泛亚铁路中线方案的一部分。柬埔寨计划对既有铁路扩能改造，同时规划泛亚铁路通道相关项目，如金边—万象等。东盟国家远期规划建设万象—曼谷—吉隆—新加坡、彬马那—曼谷—金边、河内—彬马那—石兑港等铁路通道。

2. 公路通道规划布局

中国与东盟公路通道建设的总体框架可以概况为"四纵一横"。"四纵"，即四个纵向的公路通道，它们分别是南宁—曼谷—新加坡通道、南宁—胡志明—金边沿海通道、昆明—曼谷—新加坡通道、昆明—瑞丽—仰光通道；所谓"一横"是指南宁—仰光通道。这5条陆路通道可以大大加强中国公路网与东盟公路网的互联。

3. 空中通道规划布局

对中国而言，空中通道规划布局的总体原则是在巩固现有中国—东盟国际航线的基础上，引导和支持国内航空公司进一步开拓东盟航空市场，拓展中国—东盟国际航线网络。广西作为自贸区的桥头堡，一方面要加强航空通道机场设施建设，进一步完善区内桂林、柳州等主要城市机场与其他中小型机场间的航线网络，逐步增加区内机场间的航线；另一方面要加快航空运输相关产业的发展，不断提升航空运输的综合竞争实力。至2020年，广西规划开通东盟国际航线50条以上。

南宁机场：开通至东盟10国首都和主要中心城市、旅游城市的航线，加大东盟航班密度，积极承接其他省份城市经停南宁机场飞往东盟国家的航线，提高东盟航线运营效益；规划新开至河内、万象、仰光、吴哥、巴厘岛、斯里巴加湾市航线，将南宁机场真正建设成为面向东盟的国际门户枢纽机场。

桂林机场：逐步开通至东盟国家的首都及旅游城市的航线，规划新开至新加坡、雅加达、河内、胡志明、吴哥、巴厘岛、宿务、普吉航线。

北海机场：规划开通至曼谷、新加坡、雅加达、吉隆坡、岘港航线。

三 国际通道对接与中国—东盟经济合作

（一）国际通道对接有利于促进东盟经济持续发展

据国际货币基金组织（IMF）测算，2012年印度尼西亚、泰国、马来西亚、菲律宾和越南东盟五国的经济增长率达5.4%，2013年提升至5.8%，而在2011年，其增长率为4.5%。经济合作与发展组织（OECD）近日发布的报告则更进一步地指出，内部投资与民间消费攀升降低了东盟各国对出口的依赖，该区域未来五年都有望维持稳健增长，平均增长将在5.5%左右。其中，印度尼西亚的增长最快，2013—2017年的增长平均可达6.4%。东盟国家社会稳定，宏观经济整体回暖趋势明显，并且基础设施建设面广，投资风险小，东南亚地区逐步成为外国投资者青睐的主要投资目的地之一。

通过加大投资推进交通基础设施建设，有效地促进了东盟成员国的经济发展。印度尼西亚在实施《2011—2014年国民经济中期发展规划》时，前后投入4000万亿盾（约4300亿美元）资金用于基础设施建设。为了冲抵全球经济增长放缓的负面影响，菲律宾政府计划在2011—2016年内，通过吸引5.15万亿比索（约合1197亿美元）的国内外投资，来加强基础设施建设投资，以进一步刺激国内经济的快速发展。

（二）国际通道对接有利于促进东盟产业结构升级

产业结构通常指各产业的构成及各产业之间的联系和比例关系。按照社会再生产的投入产出关系，众多产业有机结合起来，构成了一个多层次和多元化的动态产业系统。在社会生产发展中，产业结构一般遵循从初级到高级、从低水平到高水平的发展规律。根据配第—克拉克定理，一个国家或地区产业结构合理化的趋势在于，随着经济发展水平的提高，第一产业在国民经济中的比重将逐步降低，而第二、第三产业的比重将持续增加。由此可见，产业结构的合理化和高级化对一个国家或地区的经济发展水平有着直接的联系。

由于交通运输工具是资源要素空间转移的主要载体，因此，区域经济发展对交通设施和线路的要求越来越强烈，相应地，交通通道在社会经济中的作用和地位也就越来越显著。东盟成员国充分意识到这一点，都将互联互通建设作为本国经济发展的一大亮点。近年来，东盟国家持续投入大量资金，加快发展区域交通基础设施，尤其是交通运输、信息通信、旅游、物流等领域的基础设施建设。这些建设项目的完成不仅促进了东盟国家制造业、建筑业、物流业以及金融、信息等新兴服务业的快速发展，而且还极大地推动了东盟经济共同体的进程。中国—东盟国际通道对接，为自贸区内的资源、信息的快速流动创造了条件，并使资源和要素在各产业间的分布状况有利于整体经济效益提高。相应地，产业结构依次由第一产业为重心向第二产业为重心转化，进而向第三产业为重心演变。

(三) 国际通道对接有利于促进东盟整体竞争力提升

在一个国家或地区经济发展的过程中，交通运输是重要的组成部分。交通运输不仅为资源的流动、配置和加工等活动提供条件，而且还有效地推动了这一进程，因而是地区经济发展的关键因素。区域经济的发展不仅表现为经济总量的增长，还表现为区域竞争力的提升。运输通道的发展有利于经济要素在区域空间聚集，增强了城市经济的可接近性，加强了区域中心城市间的联系，对形成区域内产业集群和城市群都起到了很好的引导和促进作用。

东盟成员国多为出口导向型经济，高度依赖外部需求和资金。中国—东盟自由贸易区全面启动以来，中国经济增长的外溢效应不断向东盟扩散，中国市场需求为东盟内部市场开放搞活给予实质性支持，亦直接促进了近年来东盟国家国民经济的持续快速发展。在这个宏观背景下，加强中国—东盟国际通道对接，一方面有利于改善自贸区内的交通运输条件、加速区域内通达性的提高，进而加快人才、资金、技术、资源等的交流频率，使自贸区内生产要素的集聚和扩散活动更加快捷便利。另一方面还由于中国—东盟通道的连接，各国在资源、市场和服务等多方面进行共享，在经济、社会文化等多领域进行融合，从而形成优势互补的统一整体，最终全面提升东盟综合国际竞争力。

第六章 中国—东盟经贸政策的决策机制

第一节 投资政策的决策机制

投资机制,是社会关于投资活动的各项相关经济制度的总称。合理的投资机制,应该通过其制度上的科学性和合理性来保证投资活动的社会机能和功效得以最大限度的发挥,下面主要从决策主体、决策方式、决策原则等角度分析投资政策的决策机制。

一 投资政策的决策主体

(一)投资决策主体的层次与结构

投资决策主体的层次与结构是投资政策决策机制的核心,是指投资主体所具有的投资决策自主权和投资决策权限,它决定了投资决策机制的机理、范畴和特征。投资决策主体有足够的资金保障并有独立的资金筹集权,在对外直接投资中能独立进行投资决策和调整投资流向。然而,不同的社会经济模式和经济制度决定了社会资源的配置方式,其中最重要的是国民收入的分配结构,它直接决定了社会资金在不同投资主体之间的分配。因此,投资决策主体的层次与结构将生产要素配置权和投资决策权进行分割,决定了投资主体的社会功能和作用,是社会经济结构调整与转变的原动力,也是国际分工和生产要素配置格局形成的直接原因。在中国—东盟自由贸易区投资政策制定和实施的过程中,投资决策主体的层次与结构主体是以"10+1"峰会、领导人互访为主渠道,以外交、财政、贸易、投资等专业部长会议为辅渠道。①

（二）投资决策主体的运行方式

中国—东盟投资决策主体的层次与结构决定了投资决策主体的运行方式，在中国—东盟自由贸易区建设初期，投资决策主体的运行方式具体表现为各成员国根据本国经济发展阶段所处的特征及经济发展的需要，采取单一的运行方式参与区域经济合作。但随着中国—东盟区域经济合作的不断深入，区域内相互投资的快速发展导致投资决策主体的运行方式向多元化发展，这是适应区域内投资自由化和便利化发展的必然结果。因为投资决策主体的运行方式对有效控制投资规模和增长速度，以及合理配置区域内生产要素具有至关重要的作用，同时也促进了投资决策主体的层次与结构优化。

（三）与其他相关经济实体之间的关系

中国—东盟自由贸易区各投资决策主体之间，以及各投资决策主体与其他经济体之间存在着复杂的关系，投资政策的制定与实施取决于各利益主体政治、经济等关系的协调和发展。中国—东盟区域内投资领域中的经济实体种类繁多且形式各异，它们之间的分工协作和利益分配关系，也是由投资决策主体的层次与结构所决定的，并受到投资决策主体的运行方式的影响。由于中国—东盟自由贸易区各成员国的经济发展水平存在差异，以及各成员国之间的政治、经济等关系存在差别，因而投资决策主体的层次与结构、运行方式必然受到影响。

二 投资政策的决策方式

中国—东盟自由贸易区投资政策的决策方式，应成立一个独立于各成员国政府的专门常设机构，独立处理中国—东盟自由贸易区投资政策制定与实施过程中的各种问题，负责制定自由贸易区层面的与投资政策相关的补充协议和实施细则。同时，各成员国应积极参与并支持投资决策协调领导机构的工作，共同推进中国—东盟自由贸易区投资政策的协调发展。

---

① 这一观点是赵仁平于 2010 年提出来的，具体参见赵仁平《中国—东盟自由贸易区财政制度协调研究》，经济科学出版社 2010 年版，第 40—45 页。

（一）建立一体化、制度化的投资政策协调机制

在中国—东盟自由贸易区正式建成、打造中国—东盟自由贸易区升级版等新形势下，根据中国—东盟自由贸易区各成员国经济发展的需要，可结合当前区域内各成员国在相互投资中出现的新问题，建立一套具有可操作性并对各成员国具有一定约束力的投资政策协调机制，作为中国—东盟《投资协议》的有效补充。

第一，制定中国—东盟投资政策协调的法律框架，其框架体系可以参考1957年欧盟制定的《罗马条约》。第二，根据符合国际惯例的投资政策协调机制的法律基础和框架体系，中国—东盟领导人"10＋1"峰会授权成立投资决策协调领导机构，根据投资政策协调领导机构的职能和实际工作的需要，通过下设投资政策协调工作组、税收政策协调工作组、国际债务协调工作组等部门，统一协调中国—东盟自由贸易区投资政策的制定和实施，为实现中国—东盟自由贸易区投资自由化和便利化营造有利的合作条件和良好的合作环境。第三，建立中国—东盟投资政策协调和投资争端解决的仲裁机构以及仲裁程序和处理方式，为各成员国投资政策的制定、实施和协调以及投资争端的解决提供制定保障。第四，建立中国—东盟投资争端的利益补偿机制，根据各成员国投资者由于投资政策相冲突而产生的投资争端和利益受损问题，为受损方提供一定补偿的保障机制，从而提高各成员国相互投资的积极性和主动性。

（二）积极探索投资政策协调的运行机制

2010年前，中国在参与东盟自由贸易区区域经济合作过程中，曾以大湄公河次区域经济合作（即澜沧江—湄公河区域经济合作区）、泛北部湾经济合作等模式，为如期建成中国—东盟自由贸易区进行探索和尝试。由于中国—东盟次区域经济合作模式所涉及的区域范围小、参与国家少、合作领域相对集中，因而这一合作模式具有灵活高、易协调的优点。因此，自由贸易区各成员国投资政策的协调可以借鉴大湄公河次区域经济合作、泛北部湾经济合作等次区域合作的做法，通过先行先试，为中国—东盟自由贸易区投资政策的制定、实施、协调等运行机制积累经验。

（三）落实和运行中国—东盟投资合作基金（CAF）[①]

中国—东盟投资合作基金是经中国国务院批准成立，并经国家发展和改革委员会核准的离岸股权投资基金，该基金主体发行机构是中国进出口银行，并与国内外多家投资机构共同出资成立，目的是巩固中国和东盟的经贸战略合作伙伴关系。主要投资领域涉及东盟地区的基础设施、能源和自然资源等。

1. 基金成立的背景

中国—东盟投资合作基金是大型股权投资基金，是公认的由中国积极倡导建立的国际化投资基金，专门用于东盟地区的基础设施、能源和自然资源等投资。该基金初始规模为10亿美元，最终总目标规模为100亿美元。截至2013年年底，中国—东盟投资合作基金已完成在柬埔寨、老挝、马来西亚、菲律宾、新加坡、泰国和印度尼西亚等国家的九项投资。

2007年11月，原国务院总理温家宝在新加坡举行的第11次中国—东盟领导人会议上提出加强双方公路、铁路、航空、信息通信的互联互通，东盟国家领导人予以积极回应；2009年，温家宝总理在博鳌亚洲论坛上宣布中国将发起设立一个总规模约100亿美元的"中国—东盟投资合作基金"，为中国与东盟区域经济合作提供金融支持；2010年4月，中国—东盟投资合作基金正式成立并开始运营；2013年9月，国务院总理李克强提出打造中国—东盟自由贸易区升级版的倡议，此后中国—东盟投资合作基金得到中国和东盟国家层面的大力支持；2013年10月，习近平主席在对印度尼西亚进行国事访问期间亲自见证了中国—东盟投资合作基金投资的印度尼西亚镍铁深加工项目签约。

2. 基金投资的标准

由中国—东盟投资合作基金的投资团队对潜在的投资项目进行调查和分析，具体内容包括行业吸引力及发展潜力，企业的经营状况、

[①] 本小节部分内容参考了中国—东盟中心发布的"中国—东盟投资合作基金简介"，http://www.asean-china-center.org/2012-05/11/c_131582354.htm，2012-05-11。

财务状况和竞争力，项目的可持续发展能力，企业和项目的环保贡献和社会责任等方面。中国—东盟投资合作基金的实施，将有助于企业及项目实施有效的商业模式，并为其提供增值服务。

（1）投资的目标行业，包括基础设施、能源和自然资源。

（2）投资的目标地域，包括东盟十国以及东盟和其他区域之间的跨境合作项目。

（3）投资的具体策略。一是限于 0.5 亿—1.5 亿美元的单项投资额度；二是投资手段方面以财务投资为主，鼓励与其他投资商共同出资；三是投资形式以因地制宜为主，包括股权、准股权及其他相关形式；四是企业以不控股、不参与管理为主，企业持股比例要求低于 50%；五是投资对象以上市公司为主，同时有投资价值的非上市公司亦可参加；六是投资模式以绿地投资与跨国并购（即褐地投资）相结合。

（4）基金投资的社会责任。中国—东盟投资合作基金遵守所投资区域的法律法规，采用国际上社会环境管理系统中的高标准来规范旗下投资项目的社会责任，并遵循多种国际通行的反腐败和反洗钱政策，中国—东盟投资合作基金的被投资公司需要采用世界银行所倡导的环境和社会（E&S）准则。

（5）基金投资的企业条件。一是值得信赖的合作伙伴、有良好的经营业绩；二是被证明的、可持续的商业模式；三是具有升值潜力及可预见的盈利；四是可靠及稳定的现金流；五是经检验的卓越和稳定的管理团队。

3. 投资领域

中国—东盟投资合作基金以市场化运作模式为原则，基金的使用按照投资基金运行的一般规律，在对投资领域、投资项目的选择进行充分调研和论证后投资，其目的是使合作基金达到投资收益最大化。因此，该基金倾向于投资可以产生长期稳定现金流的基础设施资产和自然资源领域，而不倾向于投资自然资源的早期资源勘探项目，具体投资领域见表 6-1。

表6-1　　　　　　　中国—东盟投资合作基金的投资领域

投资领域	投资行业	具体项目
基础设施	交通运输	公路、桥梁、铁路、城铁、港口、机场
	电力	发电厂、电网、电力配送
	可再生能源	风电、水电、太阳能、生物质电、地热
	公用事业	污水处理、城市供水、供暖、燃气
	电信	通信塔、通信电视
	管道及储运	石油和天然气储运管道及相关设施
	公益设施	学校、医院、医疗保健设施
自然资源	矿产类	矿石开采、加工和冶炼（黑/有色金属、贵金属、动力煤、焦煤、稀土、钾肥）
	石油、天然气	原油及中下游企业、（液化）天然气、煤层气等
	林木类	林木、橡胶、棕榈油等

三　投资政策的决策原则

（一）创新投资决策的理念

树立"以人为本"的理念，是构建中国—东盟独具特色的政府与公众利益有机结合、双向互动良好效果的必由之路。在这种理念下，投资决策将会产生变化，将更重视项目产生的社会效益，更关注生态大环境下项目的综合效益，更关注项目与外界环境的协调性，更能综合考虑短期利益和长期利益的平衡。

（二）健全投资偏好显示机制

中国—东盟各成员国政府所选择的投资项目应当体现投资国和项目所在地居民的意愿和要求，项目所在地居民对即将投资项目的偏好程度（是否支持、是否从中受益等），将直接影响投资项目决策的效率和效果。近些年，中国在缅甸的水电投资项目受挫就是一个例证，因缅甸民众出于对环境影响的担心而反对项目建设，让本已处于建设进程中的水电大坝停工，导致我国投资方和缅甸政府遭受重大损失。因此，有必要从立法、公众参与的角度建立一套健全的以参与、回应、互动为特征的投资项目偏好显示机制，以期达到预期的投资目的。

（三）制定刚性化的决策规则

目前，中国—东盟投资项目决策规则的显著特征是政出多门，决策规则的出台缺乏权威性，而且规则的执行软化效应明显。在项目决策上各参与部门之间未能形成有效的合力，反而成为一种掣肘。这不仅提高了中国—东盟投资决策的行政成本，而且增加了决策风险。因此，有必要对中国—东盟投资项目的决策规则进行清理和统一，明确各参与方的责、权、利，并从社会效应等方面进行监督，确保规则执行的刚性化。

（四）发挥市场机制的作用

公共投资项目大致可以分为公益性项目、准经营性项目和经营性项目三种类型。由于公共投资项目收益率低且属于公益性，民间资本一般对公共项目投资缺乏投资意愿和动力，因此必须由政府资金投资建设。但由于市场机制的影响，政府的作用和功能具有一定的局限性，并不能很好地解决所有市场失灵问题。因此，有必要引进民间资本参与公共投资项目，以便更好地发挥市场机制的调节作用，从而确保公共投资项目的顺利进行。

（五）建立投资项目决策的绩效评价制度

对投资项目的绩效进行评估是当前国际上的通行做法，对中国与东盟投资项目也要引入项目绩效评价。通过绩效评价，可以全面、客观地评估投资项目决策管理部门的工作效率和管理水平。投资项目决策绩效评价不仅要借鉴国际成熟做法，而且也要立足于中国与东盟国家的国情，这样才能进一步改进和提高中国—东盟投资项目决策绩效水平。在绩效评价的具体操作中应注意以下几点：一是选择第三方作为绩效评价方；二是要科学设计投资项目决策的绩效评价指标体系；三是要选择具有可操作性的技术方法作为绩效评价工具；四是绩效评价所需的基础数据要客观并易于获取。

第二节 贸易政策的决策机制

中国—东盟贸易政策的决策机制，也可以认为是一种"安全机制"，在中国—东盟自由贸易区各成员国的主权及利益得到保障的前提下，贸易政策的决策机制为区域内各成员国之间的合作提供了可能。贸易政策的决策机制是一种非强制性的机制，它由多个主体构成，一般遵循平等协商的原则，不存在由某个国家占主导地位的局面。因此，如何建立有效的中国—东盟自由贸易区的贸易政策的决策机制，成为本书研究的又一个重要问题。中国—东盟贸易政策的决策机制是东盟贸易政策决策机制的拓展和补充，下面主要从决策主体、决策方式、决策原则等方面进行具体分析。

一 贸易政策的决策主体

随着东南亚国家联盟的不断发展，中国—东盟自由贸易区有关贸易政策的决策主体，也经历了一个漫长的发展过程。

1967年，在东南亚国家联盟刚成立时，《曼谷宣言》规定外长会议是东盟唯一的决策主体（见图6-1）。外长会议由最初的五个成员国（印度尼西亚、菲律宾、马来西亚、泰国、新加坡）轮流主办，每年召开一次，负责政策的解释、审查下级部门的提案、签署重要的协定、发布会议声明等工作。

1976年巴厘会议后，国际形势发生了变化，苏联在亚洲的势力增强，东盟所依靠的美国势力正在不断收缩。受国际形势变化的影响，东盟国家清醒地意识到必须要减少对其他国家的依赖，加强东盟内部的合作。此后，外长会议不再是唯一的决策主体，而首脑会议、经济部长会议和其他部长会议等决策主体（见图6-2）逐渐对东盟的贸易决策发生影响。

第六章 中国—东盟经贸政策的决策机制 | 157

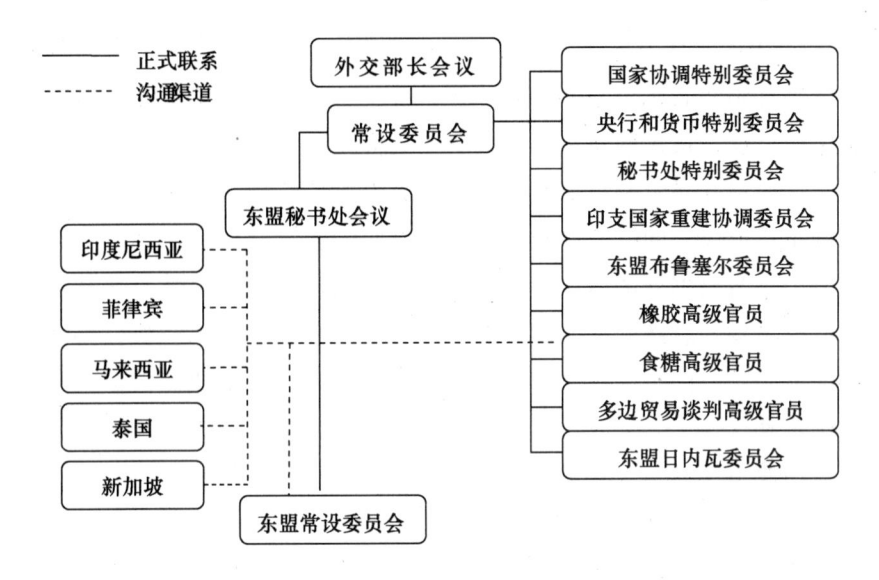

图 6-1 东盟成立之初贸易政策的决策主体①

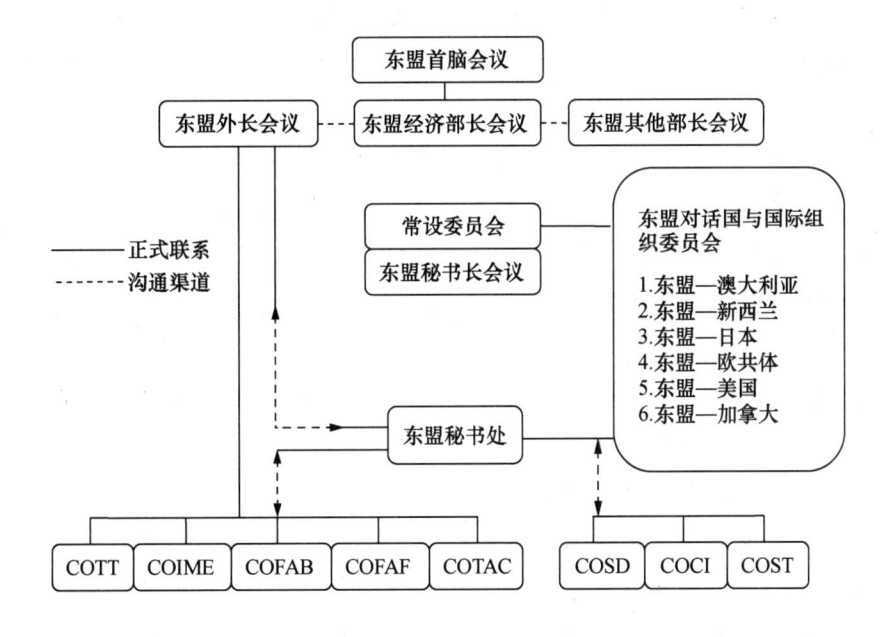

图 6-2 巴厘会议后贸易政策的决策主体②

---

① ASEAN Secretariat, ASEAN Economic Cooperation, Singapore: ISEAS, 1997, p. 22.
② Ibid., p. 25.

1992年1月,在新加坡召开东盟第四次首脑会议,此次会议签署了《新加坡宣言》,宣言明确规定:每三年举行一次东盟各国政府首脑正式会议,每隔两年举行一次非正式会议。这次会议明确了东盟首脑会议的召开时间和组织形式,标志着以东盟首脑会议为最高决策机制的正式形成。同时,部长会议的决策职能也没有受到限制。本次会议后,东盟秘书处的职能有所增加,且地位也得到了提升,增设了经济研究机构。经济合作方面,五个经济委员会被解散,经济合作领域的所有问题,都由经济高官会议进行处理,高官会议和外长扩大会议逐渐制度化。

1997年东南亚金融危机爆发后,贸易政策的决策主体得到进一步发展。东盟秘书处进一步改革,人员增加了50%,增设两个副秘书长;建立了专门机构用于监督决策过程,协助国际货币基金组织,对东盟国家的金融运行状况进行监督;建立"东盟三驾马车"(包括前任、现任和下任的东盟常务委员会主席),提高了东盟应对经济和政治问题的处理能力,加强了成员国之间的合作层次,提升了整个区域的合作效率。

2007年11月,在新加坡举行的第13届东盟首脑会议上签署了《东南亚国家联盟宪章》(以下简称《东盟宪章》)。2008年9月,泰国议会批准《东盟宪章》,标志着东盟峰会正式成为中国—东盟贸易政策的决策主体(见图6-3),而协调理事会、秘书处和共同体理事会,共同对东盟峰会负责。其中,东盟协调理事会由各成员国的外交部部长组成,负责东盟峰会的筹备;东盟秘书处的职能得到进一步提升,在各国分别设立秘书处。

二 贸易政策的决策方式

从贸易政策决策主体的发展来看,东盟贸易政策的决策方式比较松散和灵活,没有建立超越国家的组织机构,也没有对各种政策的实施进行具体规定。不管是东盟成立之初的外长会议,还是之后的东盟首脑会议、东盟峰会,都属于松散型的组织机构。相互平等、协商一致、互相尊重、共同利益,决策机制灵活,决策机构松散,决策主体多元化,决策结果非强制性,是东盟贸易政策决策的特点。

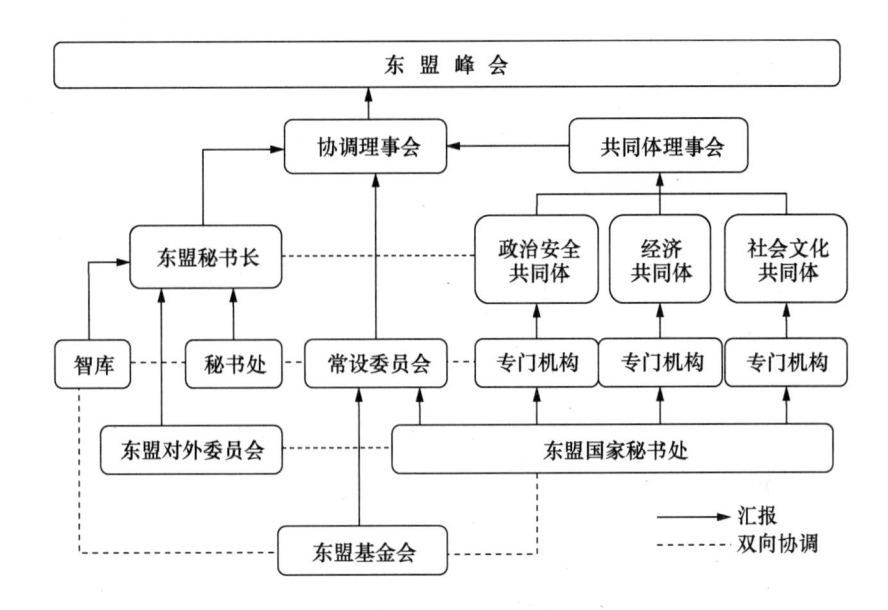

图 6-3　中国—东盟贸易政策的决策主体①

在《东盟宪章》全面通过之后，宪章规定了东盟的决策方式，并明确规定"协商和共识"是东盟进行贸易决策的基本准则，如果某一成员不能达成协商和共识，就由东盟峰会来做最后的决定；如果某一成员国违背了宪章或者不遵守宪章，也由东盟峰会进行最后的处理；如果发生成员国之间的争端，也应该及时进行协商、对话和谈判，以期能够用和平的方式解决争端，并且要求在所有的合作领域，都建立相应的解决争端机制。

三　贸易政策的决策原则

在东盟贸易政策的决策主体不断发展和完善的同时，一套与决策机制相互照应的决策原则也在逐渐形成。东盟的所有成员国，不论经济发展水平高低，在对贸易政策的决策上，地位绝对平等，这一规定，使得东盟逐渐向一个"在相互平等协商基础的共同利益集团"迈进。目前，东盟贸易政策的决策原则具体包括：全体一致原则、互不干涉内政、"N-X"原则、非正式磋商原则。

---

① 周玉渊：《东盟决策模式及其相关因素研究》，博士学位论文，暨南大学，2009年。

（一）全体一致原则

东盟贸易政策的决策原则，不是"少数服从多数"，而是"全体一致"的原则。所谓全体一致原则，是指一项有关贸易政策的议案，只有在所有的成员国同意，或者至少没有任何一个成员国反对的前提下才能够通过，并以东盟的名义对外公布或采取行动的一种表决方式。此时，每一个成员国都对将要达成的集体决策享有否决权，如某一成员国提出不同意见，该议案就需要保留。只有在全体成员国一致同意的前提下，该议案才能够通过，才能够变成东盟的决议，才能够以整个东盟的名义进行发布并最终实施。需要注意的是，这里的"全体一致"强调的是，没有任何成员国反对某一议案，而不是全体成员都同意该议案，也就是说，这里的"同意"包括"不反对"和"弃权"。

东盟之所以在贸易政策的决策方面实施全体一致原则，是因为由全体一致原则得出的集体行动方案，符合帕累托最优方案。在全体一致规则下，所有成员国的权利都能平等地得到保障，每个成员国都有否决权，任何国家都不能将自己的愿望强加给其他国家。同时，全体一致原则还可以避免"搭便车"问题的出现，一旦某个成员国觉得无利可图，便可以投反对票。全体一致原则建立在各国互相尊重、地位平等、利益一致的基础之上，符合东盟实施共同的贸易政策的特点。

（二）互不干涉内政

互不干涉内政原则，是东盟贸易政策的决策原则之一，是基于对东盟各成员国平等地位的充分尊重，也是中国—东盟自由贸易区存在和发展的根本。互不干涉内政原则一般是与国家主权原则相伴而行的，是指成员国在相互交往中，不得以任何理由或任何方式（政治、经济或军事），直接或间接地干涉其他成员国主权管辖范围内的一切事务，整个东盟也不能干涉属于成员国国内管辖的事项。如果在成员国之间出现反对意见，也只能依靠成员国之间的相互协商和寻找成员国之间的共同利益并进行消除。值得注意的是，内政的范围不是固定不变的，而是随着国际法的发展以及国际关系的变化而不断变化及发展的。因此，随着社会的进步、经济的发展、科技的进步和时代的更新,"内政"的范围也要随之发生变化。

(三)"N-X"原则

"N-X"原则,是对"全体一致"原则的补充和发展,这一原则是指在所有的成员国都不反对的情况下,如果少数几个成员国表示"不反对某项议案,但本国又暂不参加这项议案",那么这项议案还是可以通过的,并且允许那几个少数国家缓期加入。考虑到在寻求所有成员国利益一致的目标上,在短期内不可能达到,因此只能退而求其次,在大部分成员国同意的情况下,通过某种有关贸易政策的决策,允许少数存有不同意见的国家不参加相关的贸易合作,但又为这些国家保留将来能够顺利加入该合作的权力。通过这种方式,既保证了各成员国的个人利益,又实现了整个东盟的集体利益。考虑到东盟各成员国在经济发展水平和贸易水平上存在较大的差距,因此在制定和实施东盟贸易方面的合作议案时,"N-X"原则被多次使用,如1987年东盟外长会议就接受了"六减X"的原则。不过"N-X"原则,只适用于一些特定的合作计划,在东盟需要做出政策性决定的时候,还是适用于全体一致原则。

(四)非正式磋商原则

非正式磋商即会前协商,是指在召开首脑会议或者部长会议之前,东盟的各成员国,首先通过双方或多方的非正式磋商,逐步形成一个较为一致的意见,从而为会议的决策工作能够顺利进行做充分的准备,也有利于在正式会议中能够顺利通过某些有关贸易政策的意见。非正式磋商原则也是一个典型的带有东盟特色的贸易政策的决策原则,具有形式多、方式灵活、回旋余地大的特点。如果在正式会议之前,各成员国能够充分地交换各自的意见,增进各国之间的相互理解,那么在正式会议中就会弱化东盟内部的分歧,用同一个声音说话不仅有利于全体一致原则的实施,而且也有利于提高整个东盟的凝聚力。

第三节 金融政策的决策机制

一 金融政策的决策主体

中国—东盟金融政策的决策主体主要是以东盟十国与中国、日本、韩国三国的合作机制为主（以下简称"东盟10+3"），从1997年开始，东盟"10+3"就通过每年一次的13个国家领导人会议，共同探讨促进13个国家之间的区域金融合作和经济发展问题。集团的建立标志中国—东盟金融合作有了质的飞跃，成员国之间开始建立一个有效的地区金融合作机制，以更有效地开展区域金融合作，作出及时的金融决策，应对可能出现的金融风险问题。从1999年到2012年，东盟"10+3"通过共同的努力与推进，已经建立起比较完善的金融风险预警和防范机制，在金融风险发生时，能够及时作出金融决策。

二 金融政策的决策方式

（一）由中国—东盟各国自发进行金融政策决策

中国—东盟间缺乏正式的汇率形成机制，因此，中国—东盟国家之间的汇率常常通过各国自发行为，而不是由区域金融市场机制自由决策。1997年东南亚金融危机前中国与东盟国家实施的汇率制度完全由某些国家自己的利益或者自发意识来决定，缺乏一定的强制性约束（见表6-2），导致在金融危机中东盟国家的货币被迫大幅度贬值，而中国政府则采取强势的货币政策，宣称保持人民币汇率的基本稳定，避免人民币恶性贬值事件的发生。金融危机后，中国与东盟国家汇率制度的变化对应对金融危机的冲击发挥了积极的作用（见表6-3）。另外，在2005年，中国通过放弃钉住单一美元的汇率制度，实行以市场供求为基础，参照"一篮子"货币，有管理的浮动汇率制度，这一金融政策对东盟国家也产生重要影响，如马来西亚在中国人民银行宣布这一政策之后，马上宣布取消该国货币与美元之间的固定汇率制度，实行有管理的浮动汇率制度。

表 6-2　东南亚金融危机前中国—东盟各国宣布汇率制度与实际汇率制度

国　家	官方宣布的汇率制度	实际汇率制度
中　国	管理浮动汇率制度	钉住美元汇率制度
泰　国	钉住复合货币	以美元为绝对主导的钉住美元汇率制度
新加坡	管理浮动汇率制度	以特别提款权为主导的钉住美元汇率制度
菲律宾	独立浮动汇率制度	钉住美元汇率制度

资料来源：IMF International Financial Statistical Yearbook, 1999.

表 6-3　东南亚金融危机后中国—东盟各国的汇率制度选择

国　家	官方汇率制度分类
中　国	其他传统的固定钉住制度
泰　国	独立的自由浮动制度
新加坡	有管理的浮动汇率制度
印度尼西亚	独立的浮动汇率制度
菲律宾	独立的浮动汇率制度（货币总量目标）
马来西亚	其他传统的固定钉住制度（通货膨胀目标框架）

资料来源：IMF International Financial Statistical Yearbook, 2003 (7): 136.

（二）由中国—东盟各国对话进行金融政策决策

东南亚金融危机之后，区域性金融合作得到很大进展，主要表现为各国间金融合作机制增加，为了应对金融危机，区域性金融合作机制增加到 8 个。其中有四个区域金融合作机制包括中国与东盟共 13 个国家，即"10 + 3"财长机制、亚太经合组织财长机制、亚欧会议财长机制和东新澳央行组织，另外还有中国与东盟 5 个国家参加的东亚及太平洋央行行长会议组织。同时，区域金融合作的功能也大大增强，除了加强和拓宽以前金融合作机制功能以外，还增加了一些新的金融合作机制功能，主要包括金融市场发展、地方基础设施建设、商业银行间监管、经济评估和政策对话、支付结算以及能力建设等（见表 6-4）。这些区域金融合作机制对中国—东盟各国形势和政策分析发挥着重要作用。但是，这些金融合作和决策机制通常是采取对话方式，体现在交流观点、提出具体报告以及政策建议等方面，缺乏一定的强制性措施和具体执行机制，导致其金融监测功能薄弱，难以有效预防金融危机，因此其作用也不够明显。

表6-4　　　　　中国—东盟部分金融合作机制及其作用

机　制	金融市场发展	银行监管	支付结算	经济评估和政策对话
东盟+中日韩财长机制	√	√	√	
亚欧会议财长机制	√		√	
东盟财长机制	√		√	
东盟中央银行论坛				√
亚太经合组织财长机制	√		√	
东亚及太平洋中央银行行长会议	√	√	√	
东南亚央行组织				√

资料来源：IMF International Financial Statistical Yearbook, 2003 (7): 136.

（三）具有一定约束力的金融政策决策（CMI）

东南亚金融危机对地区经济和金融稳定产生重大冲击，这使得中国与东盟国家意识到，在当前国际金融资本大规模并且频繁流动的背景下，仅仅靠一个国家进行危机管理是无效的，而在危机预防和救助方面，国际性的金融组织如IMF等又存在一定缺陷。因此，在一定的地区必须建立一个更有效的区域性金融危机救助机制，以保持区域金融的稳定。在这一背景下，"10+3"财长会议于2005年在泰国清迈签署了《清迈倡议》（CMI）。根据CMI内容，提出建立中国与东盟以及日本、韩国之间的货币互换网络，以保护各国货币免受国际资本的投机性攻击。在CMI框架下，中国与泰国、马来西亚、菲律宾以及印度尼西亚四个东盟核心成员国建立货币互换机制。货币互换机制对于防范区域性金融危机具有重要意义，但是仍然存在一定问题。如在组织结构方面，CMI确定的货币互换机制是双边互换协议，而在危机出现的国家可能会面临双边谈判，难以保证金融危机出现时的及时救援，同时，可能还有部分国家拒绝履行 CMI 规定的内容。因此，在 2007 年 5 月，"10＋3"成员国继续努力使 CMI 向多边化发展，提出划出一定量的外汇储备，用以建立区域储备基金，以帮助金融危机国家应对短期资金流动困难问题。

三 金融政策的决策原则

（一）加强区域间金融监管

1999 年，在东南亚金融危机后，东盟"10＋3"峰会通过《东南亚联合声明》，提出在货币金融领域的合作，合作的内容主要是关于管理宏观风险、监管区域资本流动以及金融体系合作等金融监管方面的问题。

（二）进行区域间的金融政策协调

在 2000 年 5 月，东盟"10＋3"的国家财长和秘书长共同讨论成员国之间的金融政策协调问题，主要内容包括资本监管和国际金融改革。在进行区域间金融政策协调前，中国—东盟成员国间先确立了东盟监督进程和"10＋3"监督程序。其中，监督程序由马尼拉框架到东盟监督程序发展而来，前者是《提高亚洲地区合作促进金融新稳定框架》（以下简称马尼拉框架），由中国与印度尼西亚、泰国、马来西亚等亚太 14 个国家和地区提出，框架的核心任务是进行一定程度的地区监控；后者的主要任务是对成员国的金融状况进行详细评估，通过建立一定的指标体系发现潜在风险，并借鉴国际发达国家的先进经验，推广国际化的金融运行标准，以进行金融决策。

（三）建立区域性的金融风险预警体系

2001 年，东盟"10＋3"财长会议提出建立区域性的金融风险预警系统，即货币危机和银行危机两大早期预警系统，并采用经常账户、资本账户、财政账户、金融部门、产业部门和全球经济六个定量分析指标，建立风险预警体系，通过定量的方式衡量可能出现的金融风险问题。

第四节 通道政策的决策机制

一 通道政策的决策主体

(一) 首脑会议

1. 东盟首脑会议

东盟首脑会议既是东盟最高决策机构,也是各成员国协商区域合作大计的最主要机制,主席由各成员国轮流担任。1976年东盟首脑会议在印度尼西亚举行首次会议,至2000年共举办七次正式会议和四届非正式会议。2000年以后,东盟首脑会议取消正式非正式之分,每年举行一次,对东盟发展的重大问题做出决策。

2. 东盟峰会

为了应对和适应全球化的激烈竞争,东盟各国在1995年第五次首脑会议中决定,同意并欢迎其他亚洲国家的首脑参加东盟首脑会议。自2005年12月在马来西亚的吉隆坡召开首届东盟峰会以来,至今已举办八届,参与国也已增加至16个,除了东盟10国和中、日、韩以外,还包括印度、澳大利亚和新西兰。东盟峰会致力于推动亚洲亚一体化进程的目标,为各参与国提供了一个开放、包容和具有前瞻性的论坛。

(二) 部长级会议机制

(1) 东盟外长会议:该会议是东盟组织机构的主要部分,由东盟成员国外长组成,负责制定东盟基本政策,每年轮流在成员国举行会议,自1991年以后中国外长每年都出席东盟外长会议。

(2) 东盟—中日韩(10+3)外长会议:是指东盟10国加中、日、韩3国外长举行的会议,属于"10+3"领导人非正式会议框架下的一个专业部长级会议机制,首次"10+3"外长会议于2000年7月在曼谷举行,时任中国外交部长唐家璇出席,并提出13国应在金融、经济和科技等领域加强合作。

(3) 东盟地区论坛(Asean Regional Forum):1994年在曼谷成

立,是讨论亚洲安全的最大论坛,主要就亚太地区政治和安全问题交换意见。论坛外长会议每年举行一次,会议一般以漫谈的形式进行,并不设议题,同时不产生决议、声明等约束性的文件。参加会议的成员有成员国、对话伙伴以及观察员国,此外还邀请了蒙古国、朝鲜。

(4) 东盟与对话伙伴国会议:该会议属于东盟外长会议的后续会议。其对话伙伴包含了中国、欧盟、美国、印度、日本、俄罗斯、韩国、加拿大、澳大利亚和新西兰。每年由东盟成员国和对话伙伴国的外长出席会议,主要讨论经济、政治等领域的合作问题。我国于1996年成为东盟全面对话伙伴国。

(5) 东盟与中国(10+1)对话会:该对话会始于1991年。2001年7月,我国时任外长唐家璇在河内举行的东盟与中国"10+1"对话会上提出,中国—东盟关系已经走向更加稳固和成熟的阶段。

此外,还有经济部长会议、农业与林业部长级会议及交通部长会议等部长级会议机制。

(三) 工作层对话合作机制

1. 中国—东盟高官磋商

该对话合作机制轮流在中国和东盟成员国举行,主要就中国—东盟合作发展以及国际、地区政治与安全问题进行探讨。1995年4月,第一届中国和东盟成员国高官(副部级层次)政治磋商在我国杭州举行,第四届以后正式更名为中国—东盟高官磋商。中国和东盟成员国通过这一对话合作机制,极大地加强了在政治、安全等领域信任与合作。

2. 中国—东盟联合合作委员会

该合作委员会于1997年2月26日在北京成立,旨在开辟中国和东盟深化合作的新渠道,推动双方加强全面合作、促进共同发展。委员会涉及的合作范围包括中国与东盟成员国之间的经济、贸易、科技、文化、信息、环境以及社会发展等各方面。

3. 中国—东盟经济贸易合作联合委员会

1994年7月23日,中国和东盟在曼谷签署合作协议,决定建立东盟—中国经济贸易合作联合委员会,旨在进一步加强中国与东盟成员国在经济、贸易领域内的合作与交流。该委员会将轮流在中国和东盟国家定期举行会议，其基本职能及主要任务包括审议双方之间的经贸合作执行情况、探讨未来扩大中国与东盟经济贸易合作的对策措施、研究双方共同关注的国际和地区经贸热点问题等。

4. 东盟—中国科学技术合作联合委员会

在成立中国—东盟经济贸易合作联合委员会的同时，中国和东盟在曼谷签署了合作协议，决定建立东盟—中国科学技术合作联合委员会，旨在进一步加强中国与东盟成员国在科学技术领域内的合作与交流。该委员会每隔两年在中国和东盟成员国定期举行会议，其基本职能及主要任务包括审议双方之间的科学技术合作执行情况、探讨未来扩大中国与东盟科学技术合作的对策措施、研究双方共同关注的国际和地区科技问题等。

5. 东盟北京委员会

2001年成立的中国—东盟商务理事会（CABC）是一个半官方的多边与双边商务合作机制，为双方商界的合作对话机制，由中国贸促会、东盟工商会、东盟各国全国性工商会领导人及知名企业家、专家等组成。2001年11月8日，第一次会议在印度尼西亚雅加达召开。成立当天，中方正式开通了中国—东盟商务信息网，为双方企业提供了一个及时有效地开展电子商务与经贸合作的交流平台。

（四）"10+3"和"10+1"合作机制

"10+3"是指东盟10国和中、日、韩的合作机制，"10+1"是指东盟10国分别与中、日、韩之间（即3个"10+1"）的合作机制。目前，"10+3"和"10+1"合作机制已经从经济合作逐渐走向政治、文化、安全等领域，初步形成了多领域、多层次、全方位的合作局面。"10+3"在18个领域建立了包括外交、经济、财政、农林、劳动、旅游、环境、文化、打击跨国犯罪等约50个不同层次的对话机制。"10+1"确定了包括信息通信、农业、人力资源开发、湄公河流域开发以及相互投资五大重点合作领域。在"10+3"和"10+1"合作机制框架下，每年都要举行首脑会议、部长会议以及工作层会议。

二 通道政策的决策方式

(一)《联合国海洋法公约》等国际条约框架

《联合国海洋法公约》于1982年12月10日在牙买加签署,1994年11月16日开始生效,迄今已有137个国家和欧盟批准加入。该公约的规则全面而明确,层次最高,是一部专门调整世界海洋关系的根本法,被广泛誉为"海洋宪法"。《联合国海洋法公约》的生效实施,意味着人类和平利用海洋、全面管理海洋时代的到来,标志着新的国际海洋法律制度的确立。

中国与菲律宾、越南、马来西亚和文莱等国存在错综复杂的南海争议,中国政府一贯主张采取和平方式谈判解决领海争端。中国一方面始终坚持南海争议当事国之间应以客观的历史事实和公认的包括《联合国海洋法公约》在内的国际法为依据,通过双边和平谈判,公平地解决南海争议;另一方面也积极努力保障南海航行自由和安全,与其他南海国家一起,共同应对非传统安全领域的问题和挑战。

(二)《南海各方行为宣言》及双边海上协定

中国与东盟各成员国于2002年共同签署了《南海各方行为宣言》(以下简称《宣言》),《宣言》强调通过和平谈判和友好协商的方式解决南海争议问题。并敦促各方保持克制,将争议限制在一定范围内,寻求在海洋环保、搜寻与求助、打击跨国犯罪等领域建立互信的途径。该《宣言》是我国与东盟签署的第一份涉及南海问题的政治文件,对保持南海地区和平与稳定,维护我国主权权益及增进我国与东盟互信关系有着积极意义。《宣言》已将制定"南海行为准则"作为一个目标,双方也就此举行了相关工作组的磋商会。

此外,还有双边海上协定,如《中越北部湾划界协定》和《中越北部湾渔业合作协定》。2000年12月25日,中国和越南在北京签署《中越北部湾划界协定》及《中越北部湾渔业合作协定》。2004年6月30日,中越两国互换上述协定的批准书并于当日同时生效。《中越北部湾划界协定》明确了我国和越南在北部湾的领海、专属经济区和大陆架的分界线,是中越两国在新的海洋法秩序下解决海洋划界的成功实践;该协定为两国开创了"双赢"局面,对中越关系长期稳定发展具有积极意义；显示了我国积极主动通过和平方式解决边界纠纷的立场和秉持公认的国际法处理国际争端的诚意，展示了负责任大国的形象，既为今后划分海上边界线积累了经验，也为我国建立一套更科学、合理、可行的海洋管理体制提供了契机。

（三）世界贸易组织等国际经济组织框架内的合作机制

2012年，老挝在瑞士日内瓦召开的总理事会会议上被世界贸易组织（WTO）批准成为第158个成员方，标志着东盟10国均成为WTO成员。随着矿业和水电业的发展，老挝也成为世界上经济增速最快的国家之一，进口与出口增速均达到两位数。老挝加入WTO促进了老挝更加广泛、深入地参与经济全球化的进程，并为实现东盟经济一体化做出积极贡献，有助于推动东盟于2015年实现经济共同体的宏伟目标。同时，"入世"使得老挝国内的各类法规与国际接轨，有利于东盟其他成员国加强与老挝的经贸关系。老挝北依中国，南接泰国和柬埔寨，东靠越南，西连缅甸，目前逐渐成为这个地区活跃的贸易枢纽。

三 通道政策的决策原则

（一）陆上通道建设决策原则

中国与东盟国家以次区域合作方式形成陆上通道建设的决策原则，当前中国—东盟开展的次区域合作主要有大湄公河次区域经济合作和泛北部湾次区域经济合作。

1. 大湄公河次区域经济合作

在亚洲开发银行极力推动下，为了加强陆域通道建设和联系，促进次区域的经济和社会发展。1992年，属于澜沧江—湄公河流域内的中国、缅甸、泰国、老挝、越南、柬埔寨6国家共同发起大湄公河次区域经济合作机制，日常事务由设在菲律宾马尼拉亚行总部秘书处负责处理。基于平等、互信、互利原则，大湄公河次区域经济合作范围涉及经济贸易、能源、交通、人力资源开发、旅游、环境、电信以及投资九大领域。领导人会议是该合作机制的最高决策机构，每三年举行一届，由6个成员国按照字母顺序轮流主办。大湄公河次区域合作目前已形成了较完善的合作机制，使这一次区域合作开展得富有实效,并引起国际上较大的关注,日本、欧美、东盟及其他发达国家和国际组织也先后介入该地区。

2. 泛北部湾次区域经济合作

2006年7月20日,广西壮族自治区原党委书记刘奇葆在第一届"环北部湾经济合作论坛"上提出了泛北部湾经济合作构想,并将环北部湾经济合作扩展到马来西亚、印度尼西亚、菲律宾、新加坡和文莱,从而构建由大湄公河次区域、泛北部湾经济合作区两个板块和南宁—新加坡经济走廊一个中轴组成的中国—东盟区域经济合作"一轴两翼"大格局,共同推进中国—东盟陆域通道建设。

广西正积极争取从国家层面推动泛北部湾经济合作,建立泛北部湾次区域合作机制,并建议由国家有关部委和广西联合成立部区工作委员会,合力推进这一区域合作。每年举办的中国—东盟博览会是中国—东盟合作的最佳平台,同时也是泛北部湾区域合作的最佳平台。泛北部湾经济合作论坛通过搭建一个长期稳定的开放式的交流平台,以进一步促进各相关国家和地区在资源开发、产业协作等领域的合作。

(二) 海上通道建设决策原则

为了共同建设中国—东盟海上通道和维护通道安全,中国与东盟国家以磋商、开发的原则共同推进中国—东盟海上通道建设。

1. 双边磋商原则

随着中国—东盟区域经济合作进程的不断加快,中国与南海周边的东盟国家通过双边友好协商,承诺保留分歧,共同建立包括渔业合作、海洋环保和建立信任措施在内的合作机制,以妥善解决南沙部分岛礁的主权归属问题。为落实2003年10月在缅甸仰光召开的第2届中国—东盟交通部长会议上提出的关于建立海事磋商机制的建议,成立了中国—东盟海事机构磋商机制会议,该会议是中国和东盟各国在海上安全、保安和环境保护等领域信息交换与合作的平台,得到了东盟各国及其秘书处的支持和认可。首次会议于2005年12月14日在广州召开,会议就有关港口国监督、海洋环境保护、海上搜救、航标测绘、船员培训和发证以及事故调查处理等问题进行协商。

2. 共同开发原则

中菲双方于2001年4月在马尼拉召开第三次建立信任措施工作组会议，决定加强两国在渔业、军事、科研等领域的合作。2004年10月，中国海事局与菲律宾海岸警卫队在马尼拉首次举行了中菲联合搜救沙盘演习。2005年3月，中国、菲律宾和越南三国石油公司在马尼拉共同签署了《在南中国海协议区三方联合海洋地震工作协议》，这是中菲越三方贯彻落实《南海各方行为宣言》的重要举措。根据该协议，三国的石油公司将在未来3年内，共同收集、处理协议区内的地震数据、地质结构和油气储量，资金需求达1500万美元，将由三方共同承担。三国也同时表示，该协议不会损害各国政府在南海问题上的基本立场。

3. 东亚海域海洋合作新机制

东亚海域环境管理区域项目组织（PEMSEA）各成员国2004年11月在中国举行的第十次区域规划指导委员会会议上商定了海洋合作新机制：①每三年召开一次东亚海域成员国东亚海大会，大会举行的部长级论坛将决定有关合作的重大政策和方向；②设立东亚海合作理事会，作为执行"东亚海可持续发展战略"的主要机构，讨论具体合作计划及合作项目的实施；③将设立合作基金；④设置合作人力资源机构负责日常工作计划；⑤将成立一个文件起草小组，对今后东亚地区海洋事务合作的实施形式和机制安排写出书面文件，提交下一届指导委员会会议正式通过。海洋合作新机制的确立，将成为东亚各国继续进行海洋事务合作的全新起点。

第七章　新形势下中国—东盟区域经济合作的实证分析

中国—东盟区域经济合作包括国际投资、国际贸易、国际工程承包、国际劳务合作、国际技术合作、国际发展援助等方式，这些方式将直接或间接地影响中国—东盟区域经济合作。当前，在中国—东盟区域经济合作面临打造中国—东盟自由贸易区升级版、共建21世纪"海上丝绸之路"以及维护南海安全稳定等新形势下，对中国—东盟区域经济合作的关系进行实证分析，通过定位中国—东盟区域经济合作的关系，为构建中国—东盟经贸政策实施的绩效评估体系做铺垫。

第一节　中国—东盟区域经济合作的关系

一　计量模型

（一）模型的建立

国际投资、国际贸易、国际工程承包等国际经济合作方式将直接对中国—东盟区域经济合作产生影响，其复杂的关系很难通过单一模型进行描述，为了充分描述多个变量之间的复杂关系，本书将通过建立联立方程模型深入研究多变量之间的内在关系，以期真实反映国际投资、国际贸易、国际工程承包等主要变量在经济系统中的关系。由于中国对东盟国际劳务合作、国际技术合作、国际发展援助等规模较小、数据统计口径不一、数据统计年份较短等因素，因而本书仅研究中国对东盟外商投资、国际贸易以及国际工程承包的关系，模型建立如下：

其中，联立方程模型包括：

$$\begin{cases} K_f = k(T, IEC, Y, Y_{t-1}) & (7-1) \\ T = t(K_f, IEC, Y, Y_{t-1}) & (7-2) \\ IEC = c(K_f, T, Y, Y_{t-1}) & (7-3) \\ Y = y(K_f, T, IEC) & (7-4) \end{cases}$$

1. 四个内生变量

K_f——中国对东盟外商直接投资总额

T——中国与东盟贸易总额

IEC——中国对东盟承包工程完成营业额

Y——中国国内生产总值（GDP）

2. 一个滞后变量

Y_{t-1}——$t-1$期中国国内生产总值（GDP）

（二）说明

式（7-1）表示中国对东盟外商直接投资将对双边进出口贸易、国际工程承包产生影响，若外商直接投资与双边进出口贸易、国际工程承包正相关，则外商直接投资量的增加将促进双边进出口贸易和国际工程承包量的增长，即国际贸易、国际工程承包前的系数为正；若负相关，则国际贸易、国际工程承包前的系数为负。

式（7-2）表示中国与东盟国际贸易将对中国对东盟外商直接投资、国际工程承包产生影响，式（7-3）表示中国对东盟外商工程承包将对中国对东盟外商直接投资、国际贸易产生影响。式（7-2）和式（7-3）的机理等同于式（7-1）。

式（7-4）表示衡量中国对东盟外商投资、国际贸易、国际工程承包与中国经济总量的关系，反映外商投资、国际贸易对中国经济增长的影响，即对外投资的技术溢出效应和国际贸易促进生产要素的跨国流动对中国经济发展的影响。

二　数据的来源与处理

本书实证分析所用的数据来自《中国统计年鉴》（2013）（原始数据见表7-1），用国内生产总值（Y）平减指数剔除国际投资

(K_f)、国际贸易（T）、国际工程承包（IEC）和国内生产总值（Y）受物价波动的影响，主要是为了避免数据的剧烈波动和消除时间序列中存在的异方差现象；同时，对方程相关数据取对数，因为对变量采用对数的方法可以有效避免变量之间的多重共线性现象的出现。

表7-1　　　　　　中国—东盟区域经济合作相关数据　　　单位：亿美元

年份	K_f	T	IEC	Y
2000	28.45	395.2	12.5227	11984.76
2001	29.84	415.9	12.739	13248.18
2002	32.56	547.7	16.736	14538.2
2003	29.25	782.5	17.6101	16409.67
2004	30.41	1058.8	22.3238	19316.44
2005	31.05	1303.6	28.6193	22576.19
2006	33.51	1608.4	38.7533	27134.95
2007	43.91	2025.3	56.0872	34956.64
2008	54.61	2311.2	83.8283	45218.27
2009	46.78	2130.1	109.2249	49905.26
2010	63.24	2928.6	150.3018	59312.03
2011	70.05	3628.5	165.8463	73249.52
2012	70.73	4000.9	192.9201	82208.65

资料来源：《中国统计年鉴》（2013）。

三　实证分析

根据前文构建的联立方程模型［见式（7-1）至式（7-4）］，对数据进行处理后待估联立方程模型如式（7-5）所示：

$$\begin{cases} \ln K_f = \alpha_{11} + \beta_{12}\ln T + \beta_{13}\ln IEC + \beta_{14}\ln Y + \beta_{15}\ln Y_{t-1} + \varepsilon_{1t} \\ \ln T = \alpha_{21} + \beta_{22}\ln K_f + \beta_{23}\ln IEC + \beta_{24}\ln Y + \beta_{25}\ln Y_{t-1} + \varepsilon_{2t} \\ \ln IEC = \alpha_{31} + \beta_{32}\ln K_f + \beta_{33}\ln T + \beta_{34}\ln Y + \beta_{35}\ln Y_{t-1} + \varepsilon_{3t} \\ \ln Y = \alpha_{41} + \beta_{42}\ln K_f + \beta_{43}\ln T + \beta_{44}\ln IEC + \varepsilon_{4t} \end{cases} \quad (7-5)$$

根据式（7-5），运用 Eviews 6.0 软件，使用两阶段最小二乘法（2WLS）对中国对东盟国际投资（K_f）、国际贸易（T）、国际工程承包（*IEC*）和中国国内生产总值（*Y*）的关系进行参数估计，从估计结果来看（见表 7-2），四个方程的拟合优度非常好，方程的回归系数显著（t 统计量对应的 p 值较小）。

表 7-2 联立方程模型估计结果

	System: UNTITLED		
	Estimation Method: Two-Stage Least Squares		
	Date: 10/05/14 Time: 11: 29		
	Sample: 2001 2012		
	Included observations: 12		
	Total system (balanced) observations 48		
	Coefficient	Std. Error	t-Statistic	Prob.
C (1)	-3.352869	4.130166	-0.811800	0.0235
C (2)	-0.556151	0.173132	-3.212300	0.0032
C (3)	0.030207	0.331863	0.091023	0.0281
C (4)	2.152275	0.829120	2.595854	0.0147
C (5)	-1.102814	0.565146	-1.951380	0.0607
C (6)	-6.609600	5.450890	-1.212573	0.0351
C (7)	-1.071322	0.333506	-3.212300	0.0032
C (8)	-0.095752	0.459447	-0.208407	0.0364
C (9)	3.685252	0.811677	4.540292	0.0001
C (10)	-1.947422	0.638866	-3.048247	0.0049
C (11)	-12.09595	1.810992	-6.679182	0.0000
C (12)	0.039137	0.429962	0.091023	0.0281
C (13)	-0.064401	0.309015	-0.208407	0.0364
C (14)	1.362940	1.217640	1.119329	0.0722
C (15)	0.215622	0.795149	0.271172	0.0882
C (16)	6.460781	0.603289	10.70926	0.0000
C (17)	0.220199	0.149342	1.474464	0.0511
C (18)	0.180874	0.075357	2.400229	0.0230
C (19)	0.449119	0.090756	4.948628	0.0000
Determinant residual covariance		5.65E-12		

续表

	Equation: KF = C (1) + C (2) * T + C (3) * IEC + C (4) * Y + C (5) * Y (−1)
	Instruments: KF T IEC Y Y (−1) C
	Observations: 12
R − squared	0.966888	Mean dependent var	3.741655
Adjusted R − squared	0.947967	S. D. dependent var	0.349313
S. E. of regression	0.079681	Sum squared resid	0.044444
Durbin − Watson stat	2.132047		
	Equation: T = C (6) + C (7) * KF + C (8) * IEC + C (9) * Y + C (10) * Y (−1)
	Instruments: KF T IEC Y Y (−1) C
	Observations: 12
R − squared	0.985277	Mean dependent var	7.334624
Adjusted R − squared	0.976864	S. D. dependent var	0.727064
S. E. of regression	0.110591	Sum squared resid	0.085612
Durbin − Watson stat	1.750417		
	Equation: IEC = C(11) + C(12) * KF + C(13) * T + C(14) * Y + C(15) * Y(−1)
	Instruments: KF T IEC Y Y (−1) C
	Observations: 12
R − squared	0.994540	Mean dependent var	3.906894
Adjusted R − squared	0.991420	S. D. dependent var	0.979131
S. E. of regression	0.090697	Sum squared resid	0.057581
Durbin − Watson stat	1.594222		
	Equation: Y = C (16) + C (17) * KF + C (18) * T + C (19) * IEC
	Instruments: KF T IEC Y Y (−1) C
	Observations: 12
R − squared	0.996563	Mean dependent var	10.36599
Adjusted R − squared	0.995275	S. D. dependent var	0.641794
S. E. of regression	0.044117	Sum squared resid	0.015571
Durbin − Watson stat	2.249338		

四 简要结论

(1) 国际投资与国际贸易的关系。式 (7-5) 第一个方程中的 ln (T) 前的系数 (-0.556151) 和第二个方程中的 ln (K_f) 前的系数 (-1.071322) 均为负，说明我国对东盟国际投资和国际贸易相互影响显著为负，其关系是替代而非互补。

(2) 国际投资与国际工程承包的关系。式 (7-5) 第一个方程中的 ln (IEC) 前的系数 (0.030207) 和第三个方程中的 ln (K_f) 前的系数 (0.039137) 均为正，说明我国对东盟国际投资和国际工程承包相互影响显著为正，二者相互促进，其关系是互补的。

(3) 国际贸易与国际工程承包的关系。式 (7-5) 第二个方程中的 ln (IEC) 前的系数 (-0.095752) 和第三个方程中的 ln (T) 前的系数 (-0.064401) 均为负，说明我国对东盟国际贸易和国际工程承包相互影响显著为负，其关系也是相互替代的。

(4) 中国对东盟国际投资、国际贸易、国际工程承包和中国经济增长的关系。式 (7-5) 第二个方程中的 ln (IEC) 前的系数 (-0.095752) 和第三个方程中的 ln (T) 前的系数 (-0.064401) 均为负，说明中国对东盟国际贸易和国际工程承包相互影响显著为负，其关系也是相互替代的。

第二节 中国—东盟经贸政策实施的经济效应

一 计量模型

根据 Feenstra (1996) 在不考虑国内创新情况下提出的贸易政策对经济增长促进作用模型，拓展此模型并假定经贸政策实施后，一国经济增长受贸易开放度、投资开放度、金融开放度等变量的影响，并符合下列函数关系：

$$Y(t) = A_0 E^{\delta X_1(t) X_2(t) X_3(t)} \quad (7-6)$$

其中，Y 表示经济增长效应，A_0 表示技术水平不变，δ 表示技术溢出系数，X_1 表示贸易开放度，X_2 表示投资开放度，X_3 表示金融开放度，X_1、X_2、X_3分别作为度量经贸政策的变量。

根据索洛生产函数：

$$Y = AF(K, L)$$

假定生产函数为规模报酬不变的C-D生产函数形式，该生产函数可以推导为：

$$Y(t) = A(t)X_1(t)^{\alpha}X_2(t)^{\beta}X_3(t)^{\gamma} \tag{7-7}$$

$$(0<\alpha<1, 0<\beta<1, \alpha+\beta=1)$$

其中，X_1代表贸易开放度、X_2代表投资开放度、X_3代表金融开放度；α、β、γ表示弹性系数；t表示时间；$A(t)$表示综合技术进步率，为内生变量。将式（7-6）代入式（7-7）并取对数，得到如下模型：

$$\ln Y(t) = c + \alpha\ln X_1(t) + \beta\ln X_2(t) + \gamma\ln X_3(t) + \varepsilon_t \tag{7-8}$$

式（7-8）将作为经贸政策实施的绩效评价模型，ε_t为随机误差项，该模型将反映经贸政策实施的经济增长效应。

二 数据来源与处理

经贸政策实施的经济增长效应受贸易开放度、投资开放度、金融开放度等变量的影响。其中，经济增长效应（Y）以经济增长率表示；贸易开放度（X_1）用中国—东盟对外贸易依存度表示，即中国与东盟双边进出口贸易进出口总额与中国GDP之比；投资开放度（X_2）用资本市场开放度表示（外商直接投资总额/GDP），即中国对东盟外商直接投资额及东盟对中国外商直接投资额之和与中国GDP之比［投资开放度=（外商投资额+对外投资额）/GDP］；金融开放度（X_3）用金融机构总负债与GDP之比来衡量，即金融开放度=金融机构总负债/GDP。

本书将选取1995—2013年的时间序列数据（见表7-3）研究中国—东盟投资政策、贸易政策的实施对中国经济增长的影响效应，2000—2012年数据来自2013年《中国统计年鉴》，2013年数据来自中国经济与社会发展统计数据库、中华人民共和国国家统计局等部门公布的数据，用GDP平减指数剔除物价波动的影响，同时对数据取对数避免变量之间存在的多重共线性现象。

表7-3　　　　　中国—东盟经贸合作相关数据资料　　　　单位：亿美元

年份	中国国内生产总值	中国—东盟双向投资额	中国—东盟进出口贸易额	金融机构总负债
1995	7279.81	27.87	184.40	2204.26
1996	8560.85	33.08	203.90	2676.70
1997	9526.53	34.92	243.60	3179.82
1998	10194.62	45.11	234.80	3377.73
1999	10832.79	33.53	271.01	3670.95
2000	11984.76	20.27	395.22	3911.67
2001	13248.18	31.31	415.91	4557.22
2002	14538.2	31.75	547.81	4886.56
2003	16409.67	31.14	782.55	5798.02
2004	19316.44	32.67	1058.67	6673.38
2005	22576.19	32.63	1303.61	8521.13
2006	27134.95	36.87	1608.38	12095.68
2007	34956.64	53.59	2025.33	15560.61
2008	45218.27	79.45	2311.16	15468.48
2009	49905.26	73.76	2130.11	21928.83
2010	59312.03	107.29	2927.77	26884.93
2011	73249.52	129.10	3628.54	32087.10
2012	82208.65	131.73	4000.91	33466.79
2013	91849.97	144.09	4436.1	39652.26

资料来源：1995—2002年外商直接投资数据来源于2005年《东盟统计年鉴》，2003—2013年外商直接投资数据来源于历年《中国对外直接投资统计公报》；1995—2013年金融机构总负债数据来源于国家外汇管理局；其他数据来源于历年《中国统计年鉴》。

三　实证分析

根据计量模型式（7-8），运用Eviews 6.0软件，使用两阶段最小二乘法（2WLS）对中国—东盟经贸政策实施的经济效应进行回归分析（回归输出结果见表7-4），计量模型如下：

$$\ln Y = 10.5095 + 0.8319\ln X_1 + 0.6708\ln X_2 + 0.2647\ln X_3 + AR(1)$$

$$(7-9)$$

(3.838956) (0.652676) (0.362964) (0.155795) (0.120652)
(2.737585) (1.274598) (1.848217) (1.699644) (6.450207)
$R^2 = 0.597923$, F – statistic = 7.320112, DW = 1.817973

1. 经济意义检验

计量模型估计结果说明，在假定其他变量不变的情况下，当年中国—东盟对外贸易开放度每增长 1%，经济增长率将会增长 0.83%；当年中国—东盟投资开放度每增长 1%，经济增长率将会增长 0.67%；当年我国金融开放度每增长 1%，经济增长率将会增长 0.26%。

2. 统计检验

拟合优度：由表 7 – 4 中的数据可知，调整后的 $R^2 = 0.697923$，说明计量模型对样本的拟合优度较好。

表 7 – 4　　中国—东盟经贸政策实施的经济效应回归输出结果

Dependent Variable: LOG (Y)			
Method: Least Squares			
Date: 12/08/14　Time: 20:49			
Sample (adjusted): 1996 2013			
Included observations: 18 after adjustments			
Convergence achieved after 9 iterations			
Variable	Coefficient	Std. Error	t – Statistic	Prob.
C	10.50947	3.838956	2.737585	0.0169
LOG (X_1)	0.831868	0.652676	1.274598	0.0008
LOG (X_2)	0.670836	0.362964	1.848217	0.0274
LOG (X_3)	0.264796	0.155795	1.699644	0.0429
AR (1)	0.778228	0.120652	6.450207	0.0000
R – squared	0.792529	Mean dependent var	– 2.073562
Adjusted R – squared	0.697923	S.D. dependent var	0.381112
S.E. of regression	0.241661	Akaike info criterion	0.227575
Sum squared resid	0.759203	Schwarz criterion	0.474900
Log likelihood	2.951828	F – statistic	7.320112
Durbin – Watson stat	1.817973	Prob (F – statistic)	0.002578
Inverted AR Roots	0.78		

F 检验：计量模型 F – statistic = 7.320112，说明回归方程显著，即"贸易开放度""投资开放度""金融开放度"等变量联合对"经济增长效应"有显著影响。

t 检验：由表 7-4 中的数据可知，与 c、α、β、γ 对应的 t 统计量分别为 2.737585、1.274598、1.848217、1.699644，其绝对值均大于 $t_{a/2}(n-k) = 1.25$，从而拒绝原假设，说明当在其他解释变量不变的情况下，解释变量"贸易开放度""投资开放度""金融开放度"分别对被解释变量"经济增长效应"都有显著的影响。

四 简要结论

（1）从中国—东盟经贸政策实施的经济效应的实证分析来看，中国—东盟贸易开放度和投资开放度以及我国金融开放度的不断提高，对我国带来显著的经济增长效应，即当年中国—东盟对外贸易开放度每增长 1%，经济增长率将会增长 0.83%；当年中国—东盟投资开放度每增长 1%，经济增长率将会增长 0.67%；当年我国金融开放度每增长 1%，经济增长率将会增长 0.26%。

（2）在中国—东盟自由贸易区经贸合作过程中，中国—东盟进出口贸易对我国的经济增长效应略大于双向投资带来的经济增长效应；而我国金融开放度带来的经济增长效应相对较小，说明我国对外金融开放程度不高。

第三节 中国—东盟经贸政策实施的绩效评价

在区域经济一体化发展的过程中，根据市场的融合程度可以将区域经济一体化组织分为六个层次，中国—东盟自由贸易区仅属于第二层次——"自由贸易区"，即由签订有自由贸易协定的国家组成一个贸易区，在区内各成员国之间废除关税和其他贸易壁垒，实现区内商品的完全自由流动，但每个成员国仍保留对非成员国的原有壁垒。自 2002 年 11 月原国务院总理朱镕基和东盟 10 国领导人签署了《中国与东盟全面经济合作框架协议》，正式启动中国—东盟自由贸易区建设以来，中国与东盟自由贸易区（ASEAN）就经贸政策的制定和实施紧密围绕降税、投资和贸易自由化等谈判而展开。经贸政策实施的效应可通过投资开放度、贸易开放度、金融开放度等指标来衡量。

一 评价的原则

（一）综合性原则

经贸政策实施的绩效评价不仅需要衡量政策实施过程中的国际贸易、国际投资、对外经济合作等外部经济效应，而且也要衡量国内经济发展、金融市场发展等内部经济效应。因此，科学合理的绩效评价体系应综合考虑上述因素，并选择具有代表性的指标体系，综合考量经贸政策实施过程中对国内经济发展、产业结构调整等带来的影响，并能反映经贸政策实施后的近期经济效益、长期经济效益、直接经济效益和间接经济效益，只有这样才能客观评价区域经济合作过程中经贸政策实施的效应。

（二）一致性原则

众所周知，区域经济合作中经贸政策的实施不单纯是一国的经济活动行为，而是各成员国在区域经济合作中多国博弈，追求利益最大化的综合性行为，评价经贸政策的实施效应不仅要兼顾各成员国在区域经济合作中的利益所得，而且要综合考虑双边、多边经贸合作的动态关系变化。因此，经贸政策实施的绩效评价体系要具有一致性，并能综合反映国际贸易、国际投资等经贸活动对各国经济发展影响的动态效应。

（三）关联性原则

贸易政策、投资政策、金融政策等经贸政策的实施所产生的经济效应存在较大的关联性。贸易政策实施对母国的影响体现在对社会福利的影响，对本国产业或产品竞争力的影响；投资政策实施对母国经济的影响主要体现在国际贸易和国内技术发展两方面，即贸易效应和研发外溢效应；金融政策实施对母国的影响主要体现在国际贸易和国际投资两方面，即贸易效应和投资效应。因此，评价经贸政策实施效应的指标体系具有一定的关联性。

(四) 动态性原则

在区域经济合作中，经贸政策实施带来的经济效应具有一定的滞后性，其原因在于经贸政策的制定和实施，各成员国需要在一定周期内调整经贸合作方式才能适应新的经贸政策。具体而言，经贸政策从制定到实施有一定的时间差，经贸政策从计划实施到带来经济效果也存在时滞效应，平稳的经济系统在短期内并不会受经贸政策实施的刺激而快速波动。因此，经贸政策实施的绩效评价应动态考虑经济系统变化的规律，选取的指标也应动态反映区域经济合作的变化规律。

二 评价的指标

中国—东盟经贸政策实施的绩效评价指标体系包括改善贸易、促进投资、加强金融合作、工程承包与劳务等指标体系。需要说明的是，因中国和东盟双边、东盟内部成员国之间大幅削减直至取消关税，国家关税收入可能通过贸易或投资的贸易效应转化为所得税，在此不纳入评价指标；从产业链的角度来看，结构升级虽然也是动态效应之一，但考虑到技术水平本身能促进结构升级，在此也不纳入评价。按中国—东盟自由贸易区建立的时间表，至2015年中国与东盟国家之间关税目标基本完成，因此关税政策在自由贸易区中显性作用已凸显。结合前述评价原则选取如下指标：

一级指标为总目标：促进中国东盟经贸合作取得最大总效应。

二级指标包括国际贸易、国际投资、国际金融和工程劳务四个指标。此级指标的选取参考前两节的研究结果。这四个指标的赋值主要为感观值（来自国际网站的问卷调研结果）和专家赋值法。结合前两节研究得出的结论，贸易、投资和金融开放度的经济效应系数构造重要性排序。

三级指标中，C_{11}、C_{12}、C_{13}、C_{14}指标根据前述指标选取原则，综合考虑贸易的总量、质量、技术水平和贸易的便利化水平。C_{21}、C_{22}、C_{23}、C_{24}指标的选取依据丁丁等（2005）和李兵（2009）的研究成果，兼顾了投资的总量、成本和保障因素。C_{31}、C_{32}、C_{33}、C_{34}分别代表金融合作的规模、利益保护和抵御外部金融风险的能力状况。C_{41}、C_{42}直接依据中国承包劳务的方式确定重要性，C_{43}为等级评价指标，

第七章 新形势下中国—东盟区域经济合作的实证分析 | 185

因为一个国家对外国参与基础设施建设和资源行业投资的限制直接影响着中国对外承包工程的难易程度。这些指标先选定，经过专家反复推敲后建立。

为了对中国—东盟经贸政策的实施绩效进行较全面的评价，本书将从贸易改善、投资促进、金融合作、承包劳务四个方面建立评价的指标体系（见图 7-1）。

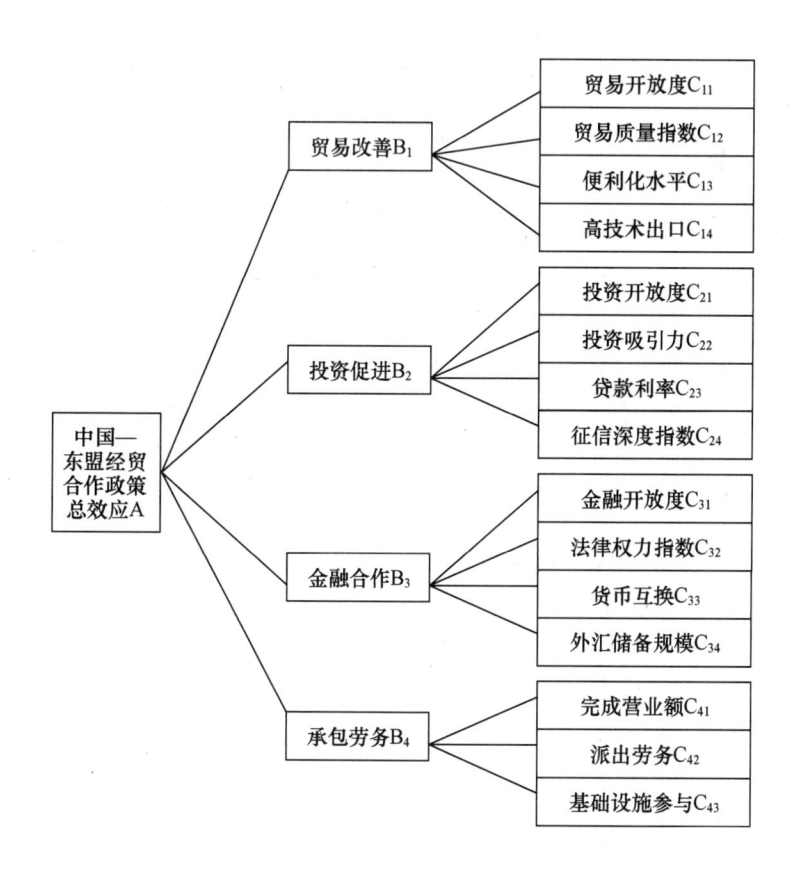

```
中国—东盟           贸易改善B₁    ┬── 贸易开放度C₁₁
经贸合作政策                     ├── 贸易质量指数C₁₂
总效应A                          ├── 便利化水平C₁₃
                                 └── 高技术出口C₁₄

                    投资促进B₂    ┬── 投资开放度C₂₁
                                 ├── 投资吸引力C₂₂
                                 ├── 贷款利率C₂₃
                                 └── 征信深度指数C₂₄

                    金融合作B₃    ┬── 金融开放度C₃₁
                                 ├── 法律权力指数C₃₂
                                 ├── 货币互换C₃₃
                                 └── 外汇储备规模C₃₄

                    承包劳务B₄    ┬── 完成营业额C₄₁
                                 ├── 派出劳务C₄₂
                                 └── 基础设施参与C₄₃
```

图 7-1 中国—东盟经贸政策实施的绩效评价指标体系

三 评价的方法及其应用

层次分析法是绩效评价方法中最实用又简单的方法，该方法适于在缺少数据时将定量分析与定性分析相结合，一般包括构建判断矩阵、进行一致性检验等步骤。

(一) 构造判断矩阵

每一个具有向下隶属关系的元素(即准则)作为判断矩阵的第一个元素(位于左上角),隶属于它的各个元素依次排列在其后的第一行和第一列。构造完后,开始构建判断矩阵,以下各元素排序依据分别为:贸易层面的要素,由于自由贸易区本身具有创造效应,贸易重要性居所有元素之首;根据《中国统计年鉴》的相关数据,经整理计算发现中国—东盟进出口总额增长率高于中国进出口增长的总体水平;国内学者对贸易效应的研究结果显示,中国—东盟进口和出口总额增长率高于中国对东盟投资增长率,中国对东盟投资的贸易效应系数在 0.6 左右;金融合作促进贸易便利化、投资转化率提高、降低投资风险。贸易、投资和金融三个元素相互影响,如 FDI 技术溢出和资本积累效应等,分别对社会整体福利具有长期影响。其他元素重要性两两排序依据来源于:世界银行公布的世界发展指数数据库、国家商务部官方网站 2014 年(有些国家仅为 2013 年)对外经贸投资合作国别指南,将各国的相关统计数据综合处理。按照 Satty 教授层次分析(AHP)理论,对重要性程度按 1—9 赋值(见表 7-5)。

表 7-5　中国—东盟经贸政策实施的绩效评价重要性程度及含义

重要性程度	含义
1	两个元素相比,具有同等重要性
3	两个元素相比,前者比后者稍重要
5	两个元素相比,前者比后者明显重要
7	两个元素相比,前者比后者强烈重要
9	两个元素相比,前者比后者极端重要
2,4,6,8	上述判断的中间值
倒数	若元素 i 与元素 j 的重要性之比为 a_{ij},则元素 j 与元素 i 的重要性之比为 $a_{ji}=1/a_{ij}$

设填写后的判断矩阵为 $A=(a_{ij})n\times n$,则判断矩阵为:
(1) $a_{ij}>0$; (2) $a_{ji}=1/a_{ij}$; (3) $a_{ii}=1$

(二) 构造矩阵表

根据以上判断矩阵的对称性构建中国—东盟经贸政策实施的绩效综合评价的判断矩阵、贸易改善评价的判断矩阵、投资促进评价的判断矩阵、金融合作评价的判断矩阵和承包劳务评价的判断矩阵（见表7-6）。

表7-6　中国—东盟经贸政策实施的绩效综合评价判断矩阵

绩效综合评价的判断矩阵					
A	B_1	B_2	B_3	B_4
B_1	1	3	5	7
B_2	1/3	1	3	5
B_3	1/5	1/3	1	3
B_4	1/7	1/5	1/3	1

贸易改善评价的判断矩阵				
B_1	C_{11}	C_{12}	C_{13}	C_{14}
C_{11}	1	3	5	7
C_{12}	1/3	1	3	5
C_{13}	1/5	1/3	1	3
C_{14}	1/7	1/5	1/3	1

投资促进评价的判断矩阵				
B_2	C_{21}	C_{22}	C_{23}	C_{24}
C_{21}	1	3	5	7
C_{22}	1/3	1	3	5
C_{23}	1/5	1/3	1	1
C_{24}	1/7	1/5	1	1

金融合作评价的判断矩阵				
B_3	C_{31}	C_{32}	C_{33}	C_{34}
C_{31}	1	7	5	3
C_{32}	1/7	1	1/3	1
C_{33}	1/5	3	1	3
C_{34}	1/3	1	1/3	1

续表

承包劳务评价的判断矩阵

B_4	C_{41}	C_{42}	C_{43}
C_{41}	1	5	3
C_{42}	1/3	1	1/3
C_{43}	1/3	3	1

（三）评价的一致性检验

由表7-6可知，矩阵大体上满足一致性，但必须通过一致性检验，才能说明判断矩阵在逻辑上是否合理，进而进行结果分析。

1. 计算权重

层次单排序是指每一个判断矩阵各因素针对其准则的相对权重。计算权重的方法有：和法、根法和幂法。和法相对简单易行，此处采用和法计算权重并做归一化处理。计算权重公式为：

$$w_i = \frac{1}{n} \sum_{j=1}^{n} \frac{a_{ij}}{\sum_{k=1}^{n} a_{kl}} \quad (7-10)$$

2. 一致性检验

一致性检验的步骤如下：

第一步，计算一致性指标 C.I.（Consistency Index）

$$C.I. = \frac{\lambda_{max} - n}{n - 1} \quad (7-11)$$

第二步，查表确定相应的平均随机一致性指标 R.I.（Random Index），根据判断矩阵不同阶数，得到平均随机一致性指标 R.I.。

第三步，计算一致性比例 $C.R. = \frac{C.I.}{R.I.}$ 并判断，当 $C.R. < 0.1$ 时，认为判断矩阵符合一致性，当 $C.R. > 0.1$ 时，认为判断矩阵不符合一致性要求，需要对该判断矩阵进行修正。对上述排序及检验的结果见表7-7。

第七章 新形势下中国—东盟区域经济合作的实证分析

表7-7 中国—东盟经贸政策实施的绩效评价一致性检验

	最大特征根 λ_{max}	一致性指标 C.I.	一致性比例 C.R.	是否通过检验
A	4.1185	0.0395	0.0444	是
B_1	4.2552	0.0638	0.0956	是
B_2	4.0826	0.0207	0.0309	是
B_3	4.2552	0.0638	0.0956	是
B_4	3.0387	0.0129	0.0372	是

根据层次总排序及综合一致性检验理论，首次，进行综合一致性检验（见表7-8）；其次，根据综合一致性检验中 C.R. <0.1，得出一致性检验的各指标权重综合如表7-9所示；最后，经过归一化处理后得到综合权重如表7-10所示。

表7-8 中国—东盟经贸政策实施的绩效评价综合一致性检验

SCI	SRI	C.R.
0.0496	1.12	0.0443

表7-9 中国—东盟经贸政策实施的绩效评价二级指标权重

w_i	w_1	w_2	w_3	w_4
0.5579	0.5762	0.5646	0.5762	0.6333
0.2633	0.1143	0.2691	0.0859	0.1062
0.1219	0.2236	0.0911	0.2233	0.2605
0.0569	0.0859	0.0752	0.1143	

表7-10 中国—东盟经贸政策实施的绩效评价各级指标权重

一级指标	二级指标	三级指标
A = 1	B_1 = 0.5579	C_{11} = 0.32
		C_{12} = 0.06
		C_{13} = 0.12
		C_{14} = 0.05

续表

一级指标	二级指标	三级指标
A = 1	$B_2 = 0.2633$	$C_{21} = 0.15$
		$C_{22} = 0.07$
		$C_{23} = 0.02$
		$C_{24} = 0.02$
	$B_3 = 0.1219$	$C_{31} = 0.07$
		$C_{32} = 0.01$
		$C_{33} = 0.03$
		$C_{34} = 0.01$
	$B_4 = 0.0569$	$C_{41} = 0.04$
		$C_{42} = 0.01$
		$C_{43} = 0.01$

注：归一化步骤此处略，需要可向作者邮件索取。

以上结果表明，中国与东盟经贸合作政策首先是带动贸易扩大，这主要得益于中国与东盟各国关税减免，是源自自由贸易区这种一体化组织本身的贸易创造效应。投资增长是经贸合作政策的又一重要效应。在制定贸易政策时，达到经贸合作政策效应最大化的最终目标是促进双方社会效应最大化，需要国家在经贸合作方面提供便利最大化。包括行政审批、通关便利、信息服务、特殊经济区。同时，应加强与东盟国家银行间合作，包括基础业务合作、双边结算等方式。

（四）评价方法的应用

为了进一步明确中国与东盟各国经贸合作的效应，此处将通过检验的结果权重与东盟各国2013年的该指标数值相乘得到东盟各国量化的效应，以期为中国—东盟经贸政策的制定提供参考与借鉴。

为了避免取值范围非一致性，对三级指标中不是百分比值的都经过标准化处理，由于C_{13}、C_{22}原始排名数值越高，表示便利化水平、竞争力越低，采用$1 - (X_i - X_{min})/(X_{max} - X_{min})$来处理，此处$X_i$为统计国数据，$X_{min}$为全部统计项中的最小值，$X_{max}$为统计项中的最大值。处理后的该指标取值范围为0—1，若该统计国数据为最大值，处理后取 1；反之为 0（原始数据可邮件联系作者），这样处理的好处是该指标的取值范围是可知的，经贸政策实施的绩效评价三级指标说明见表 7-11。

表 7-11　中国—东盟经贸政策实施的绩效评价三级指标说明

指标	代表含义	参考依据和说明
C_{11}	贸易开放度	东盟各国商品贸易与 GDP 的比值
C_{12}	贸易质量指数	世界银行发展指数净货物贸易条件价格指数 -100，代表国家的贸易质量
C_{13}	便利化水平	世界经济论坛私营企业营商便利水平排名，经标准化后取值为 0—1，数值越大表示贸易便利化水平越高
C_{14}	高科技出口比重*	世界银行发展指数网站各国高科技出口占制成品出口的比重，数值越高表示出口科技水平越高
C_{21}	投资开放度	外国直接投资净流入与 GDP 的比值（%）
C_{22}	投资吸引力	世界经济论坛国家竞争力排名，经标准化后取值为 0—1，数值越大表示竞争力越强
C_{23}	贷款利率	商务部网站投资报告国别数据
C_{24}	征信深度	世界银行征信信息深度指数
C_{31}	金融开放度	外债总额占 GDP 的比重（%）
C_{32}	法律权力指数	世界银行法律权力力度指数，数值越高越易获得信贷
C_{33}	货币互换	人民币与东盟国家货币是否直接兑换，可兑换为 1，不可兑换为 0
C_{34}	外汇储备规模	外汇储备占国家 GDP 的比重（%）
C_{41}	完成营业额	中国在东盟国家工程承包数据，中国在东盟国家工程承包完成营业额占中国年底工程承包总营业额的比重（%）
C_{42}	派出劳务数	中国向东盟国家派出劳务数据，中国在东盟国家年底派出劳务占中国年底派出总劳务的比重（%）
C_{43}	基础设施参与	中国参与东盟国家基建项目及土地资源的难易程度，无禁止领域、可融资及公开招标为 1，核准许可制度为 0.5，不可参与为 0.1。

注：*数据为 2012 年统计数据，其他均为 2013 年统计数据；同时，由于增长率指标代表政策实施后的效应，因此 C_{11}、C_{12}、C_{13} 取 2010—2013 年平均增长率指标。

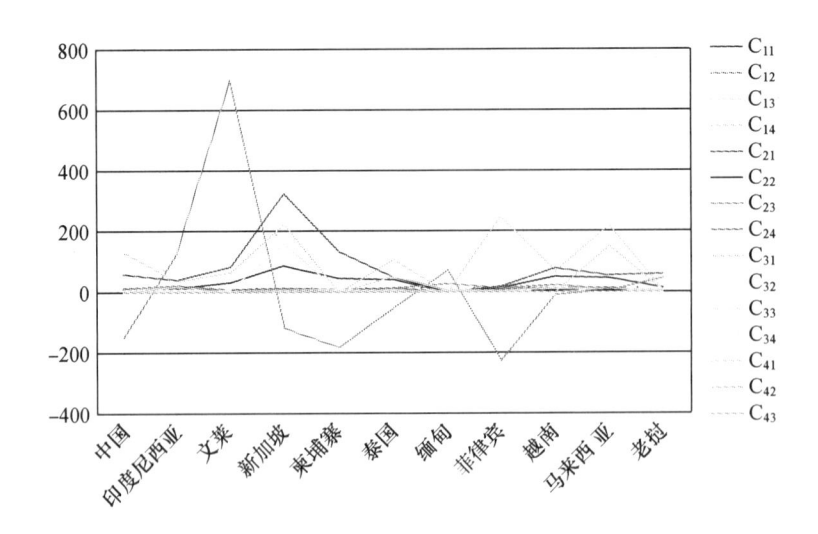

图7-2 2013年中国—东盟经贸政策实施的绩效评价

由于东盟各国经济发展水平差异较大，因此自中国—东盟自由贸易区成立以来，东盟各国对自贸区经贸政策实施的反应迥异。整体来看（见图7-2），新加坡、菲律宾和马来西亚表现较佳，贸易开放度高，便利化水平也高，贸易竞争力较强，贸易品处在全球价值链的高端。除了新加坡，菲律宾和马来西亚在投资开放度方面也表现突出。另外，缅甸、印度尼西亚、菲律宾、马来西亚外汇储备规模可能不足以抵御外部金融危机的冲击，这对投资与贸易都会带来一定的负面影响。东盟国家基础设施项目合作方面总量很小，可参与度都不高，外派劳务数不多。这从另一角度说，鉴于东盟国家的经济量小，基础设施项目建设需求量大，说明中国与东盟之间合作潜力巨大。对于中国而言，多项指标都表现欠佳，如贸易开放度和贸易竞争力都与新加坡存在较大的差距，说明中国在投资开放、制度建设、提高国家竞争力与结构升级方面仍有很长的路要走。同时，中国政府应从战略高度引导企业对东盟国家实施"走出去"战略，在经贸合作中尽可能为企业提供贸易、投资和金融方面的便利和服务，通过调整相应的经贸政策促进中国—东盟区域经济合作。

第八章　新形势下中国—东盟经贸政策的选择与调整

第一节　国际投资政策

中国对东盟的直接投资，目前还停留在"量"的层次，重数量轻质量，投资规模小，投资的产业层次比较低，投资的国别分布不平衡，投资的主体结构不平衡，投资主要集中于周期短、效益高的劳动密集型产业上。由于资本趋利性的要求，我国企业大多选择投资到资本回收快、投资回报高的劳动密集型产业，而对经济发展起重要作用的基础产业和高新技术产业，由于投资周期比较长，我国对这些行业的投资比较少。

因此，中国对东盟投资结构，必须进行宏观调整，调整目标是在兼顾企业微观经济利益的同时，从宏观上要促进我国产业结构的升级，从而使得双方都能获得长期的投资收益。为了实现这一目标，政府有必要调整投资政策，尽快制定和完善对东盟投资的相关政策体系，增强我国的竞争优势，从根本上实现投资结构的优化与升级，最终促进中国与东盟的区域经济合作。

同时，考虑到我国政府对南海问题的态度，南海问题不是中国和东盟之间的问题，而只是中国与部分东盟国家的问题[①]。我国一直强调是部分国家引起纠纷，与中国有南海争议的国家不少，但是主要还

---

① 外交部：《南海问题不是中国和东盟之间的问题》，人民网，2012年7月10日。

是菲律宾和越南两个最尖锐。所以中国在与东盟进行经济合作的过程中，应该考虑到此因素，为了更好地应对南海安全问题，中国对东盟的投资政策应该要做到以下几点。

一　加强投资协调机制建设

（一）设立对东盟的投资协调机构

中国—东盟的投资合作，目前主要的磋商、协调和决策机制，依然以"10＋1"峰会、东盟的经济部长会议和领导人相互访问为主渠道，虽然会议经济合作方面富有成果[①]，但是投资合作没有一个常设机构或专门机构负责，应该建立更多的协调机构以解决中国—东盟投资过程中可能会出现的各种问题。随着中国—东盟区域经济合作的不断深入，建立中国—东盟投资促进委员会，并作为常设机构独立处理自由贸易区投资政策实施、协调和决策中出现的各种问题，对深化自由贸易区成员国之间的经济合作具有重要的作用。

（二）完善对东盟投资的法律体系

我国现有的对外直接投资法律体系，大多是2010年中国—东盟自由贸易区建立前颁布和实施的，随着中国—东盟自由贸易区内部经济发展形势的变化，已经很难满足我国企业对东盟国家实施"走出去"战略发展的需要。因此，我国在针对东盟国家完善现有的对外直接投资的法律体系的同时，根据东盟各国国情制定新的对外直接投资法律法规，以适应中国—东盟自由贸易区建设和发展的需要。

（三）加强政府与行业协会的信息服务职能

根据信息对称理论[②]，充分掌握投资国政治、经济、人文等国外市场信息，是对外直接投资取得成功的先决条件。东盟国家国体与政体各不相同、经济发展水平存在差异、宗教文化各具特色，特别是泰国、菲律宾等国政治局势动荡容易带来投资风险，因而加强政府与行业协会的信息服务职能，对我国企业投资东盟市场有着极其重要的现

[①]《商务部部长陈德铭表示东盟经济部长会议富有成果》，中国政府网，2012年8月31日。

[②] 1996年，英国经济学家米尔利斯和美国经济学家维克里因提出"信息对称理论"而获得诺贝尔经济学奖。

实意义。首先，政府与行业协会要搭建中国—东盟信息交流平台和沟通渠道（如各类展览会、洽谈会），为对外投资企业获得必要的信息提供咨询服务。其次，我国驻外大使馆应该为我国对外投资者提供该国的相关信息，并为对外企业提供相应服务，确保我国对外投资企业在信息对称中做出正确的投资决策。

（四）推动双边乃至多边投资合作协议

2010年中国—东盟自由贸易区正式建成，中国与东盟老成员国的双边进出口贸易正式进入"零关税"时代，应该进一步谋求投资领域的双向互惠合作，推动双边乃至多边投资合作协议，既帮助中国企业走出去，又将有竞争力的外资吸引进来。同时大力宣传和推广中国经济特区经验，建设典型的东盟经济特区，争取设立更多的经济特区。

（五）以标准促合作，推动双方合作一体化进程

标准统一可以改善标准偏差大、投资发展持续性较差的局面，同时也可以促进双方在投资方面的知识外溢和产品延伸。目前，东盟各国都有不同的标准，使市场割裂，不利于投资者实现利益最大化。在中国与东盟现有的十几个部长级会议机制的基础上，应积极推动建立涉及投资各环节的统一标准，如检验检疫标准、产业标准、准入门槛标准、新能源与技术标准、资金准入标准等。目前，最成功的是中国与东盟国家在检验检疫标准方面的合作，建立了质检部长级合作机制，成功举办了4届中国—东盟质检部长会议，目前签订了70多项双边合作协定，其中有20多份专项涉及检疫，消除了一些检验检疫差异，理顺了贸易通道，如马来西亚由于燕窝"血燕事件"被禁入中国市场后，2013年度又重新开放，给马来西亚和中方的广大燕窝相关企业带来了机遇。

（六）加强产业对接，拓展投资领域

随着区域经济一体化发展进程的不断推进，各成员国的经济正在加速发展，通过产业对接可以促进中国—东盟产业一体化的发展。当前，中国—东盟国家高新技术正快速向传统产业渗透，较东盟国家而言，我国在高新技术研发和利用上具有比较优势，未来对东盟国家投资的重点领域应向双方经济发展关联度高且急需的先进制造业、高新

技术产业、新能源、新材料、旅游现代服务业等产业拓展。因此，我国应积极倡导建立多国参与的产业链，通过延伸产业链、细化国际分工加强与东盟国家主导产业、产业布局以及产业链的对接，充分发挥比较优势确保我国处于产业链的高端环节，从而占据产业发展的主导和支配地位。

二 加强投资领域政策性引导

（一）政府、商会引导与市场调节相结合

进一步健全与东盟各国的沟通渠道，中国和东盟各国政府应根据当地的市场状况和发展需求，有效发挥中国商会在我国企业对东盟直接投资中的引导作用，应投资资金流量大、效益期限长的项目。通过政府、商会、学界等健全与企业的沟通渠道，从投资法律建设、税收制度建设等方面给予对外投资必要的智力支持。

（二）拓展对外投资行业

长期以来，我国对东盟直接投资的重点行业主要集中在基础设施、能源、信息通信、工程承包等行业，但由于部分东道国的相关产业配套措施很不完善。因此，中国对东盟投资企业可以在物流、金融服务、教育以及卫生医疗等行业进行投资，与传统投资行业形成协调的投资格局。

1. 发展对东盟国家的资源型投资

资源是一国经济发展的基础，随着我国经济的飞速发展，各生产领域对资源的需求量也越来越大。东盟国家拥有我国现代化生产急需的自然资源，为了保证我国各种资源的合理配置和持续供应，应大力发展对东盟国家的资源寻求型投资。如印度尼西亚、文莱、缅甸等国的石油和天然气资源，泰国和老挝的钾盐矿资源，缅甸和菲律宾的镍矿和铜矿资源，越南的铝土矿和铁矿资源，马来西亚的金矿和煤矿资源等，都是我国相对稀缺的自然资源。我国政府通过发挥财政、税收、金融等优惠政策的刺激作用，全方位鼓励我国企业对东盟资源型产业进行直接投资，可以弥补我国国民经济发展中的资源瓶颈限制，避免在资源问题上受制于欧美等西方国家，同时对东盟国家当地经济的发展也具有十分重要的促进作用。

2. 拓展对东盟高新技术领域的投资

高新技术产业和服务贸易，正逐步成为我国对东盟直接投资新的亮点，鼓励我国对外投资企业实施"走出去"战略，加大对东盟高新技术产业、高附加值服务业的投资力度，培育自主创新品牌。在高科技产业方面，新加坡、马来西亚等东盟国家在 IT 设备、造船航海、精密仪器制造、新材料、生物制药、海洋高新技术产业等产业具有先进的生产技术和科学的管理经验，对这些国家的高新技术领域进行直接投资，通过学习他们的技术和经验，从而培育中国企业的比较优势，提升企业的自我创新能力；在电子产业领域，泰国、菲律宾、马来西亚具有较强的竞争优势，我国应加强与这几个东盟国家在电子产业领域的合作与开发，全面提升投资水平；在医药合作方面，中国中药业发展历史悠久，而东盟国家华人华侨聚集，对我国中药业具有较高的认同感，我国对外投资企业可以与东盟国家开展中药业的合作，传承并对外宣传我国的中药业传统文化。

（三）制定合理有序的产业发展指导策略

从我国各产业的发展优势和国际竞争力来看，并非所有产业都具有比较优势，中国应该针对不同的产业发展特征，制定有序合理的差异化产业发展策略，引导我国企业对东盟的投资朝着有利于我国产业结构调整和优化、提升整体经济实力的方向发展。总的来说，科技含量较高的现代制造业和生产性服务业是我国对东盟投资的重点产业，而东盟国家经济发展急需的现代农业也是合作的焦点。

1. 加大对东盟第一产业的直接投资

对于第一产业存在投资周期长、所需资金大、投资回报慢、经营风险高等问题，由于资本的趋利性，导致我国对东盟第一产业的投资较少。东盟国家由于地处热带，农业、种植业比较发达，因而第一产业又是大部分东盟国家（如越南、缅甸、老挝、柬埔寨等国）的支柱产业，也是这些国家国民经济的一个重要组成部分，具有非常大的发展空间。我国政府应该制定各种优惠政策，引导我国企业对东盟的第一产业进行投资。具体而言，对于蔬菜、药用植物、花卉、稻米等产业，我国应重点投资到文莱；在椰子的生产和椰子壳加工产业方面，我国对菲律宾投资具有非常大的前景;在林业方面,由于泰国、老挝、缅甸、柬埔寨、马来西亚、印度尼西亚等国的森林资源十分丰富,并且这几个国家也非常鼓励外资进入,因此可以有针对性地选择这几个东盟国家进行林业方面的投资;在渔业捕捞和水产养殖方面,考虑到缅甸、越南、菲律宾、印度尼西亚、文莱等国家的水产资源比较丰富,对这几个国家的水产品行业可以进行对外投资。

2. 加强对东盟新兴第三产业的投资

随着新技术的发明和新的科研成果的应用,东盟各国都出现了许多新的行业和部门,这些新的经济增长点,主要集中在咨询行业、金融保险行业、通信行业以及旅游行业等新兴的第三产业。加强对东盟新兴第三产业的投资,可以优化中国对东盟的投资结构,促进中国与东盟的经济合作。如咨询行业和金融保险行业方面,新加坡、马来西亚、泰国等国在这两个行业的附加价值比较高,拥有较强的创新能力,可以引导我国的企业在这些领域进行投资,以期从这些产业的成长中获得较大的投资回报;旅游行业方面,新加坡、泰国、菲律宾、印度尼西亚以及马来西亚等国的旅游资源比较丰富,可以对这些国家的旅游业进行直接投资,或者直接到这些国家设立旅游代理机构;通信行业方面,老挝、缅甸、柬埔寨等国的通信行业亟待改造和升级,我国应充分发挥比较优势,积极寻求与老挝、缅甸、柬埔寨等国的合作,在合作中实现"双赢"。

(四) 完善中国—东盟合作园区

目前,中国在境外设立了16个经济贸易合作区,其中在东盟境内有5个,分别是泰国罗勇工业园、柬埔寨西哈努克港经济特区、越南龙江工业园、中国—印度尼西亚经贸合作区、越南—中国(深圳—海防)经贸合作区。这些经济特区或合作园区大多是由中国实体公司与投资国国内公司合资建设,例如西哈努克港经济特区有限公司是西港特区的开发建设主体,该公司中方股东是江苏太湖柬埔寨国际经济合作区投资有限公司(由江苏红豆集团、无锡光明集团、无锡益多投资发展有限公司、华泰投资置业咨询有限公司合资成立);西港特区是中国首批国家级境外经贸合作区之一,是首个签订双边政府协定的合作区，也是首个建立双边政府协调机制的合作区，合作区的定位是建设成为企业走出去实现跨国发展的最佳投资贸易平台。[①] 当前，中国与东盟部分国家经济合作园区的建设与发展，遵循市场经济的一般发展规律，由对外投资企业自主投资建设，企业在利益的驱动下力求做大做强，与政府主导建立经济合作园区相比，企业主导更灵活、更务实、更富有成效。

对于我国政府而言，合理引导企业实施"走出去"战略，是破解企业在国内发展面临资源瓶颈的有效途径之一。一是要加强与东盟国家就园区合作细节等方面的探讨；二是引导园区投资企业搭建好吸引中国企业走出去的平台；三是中国—东盟合作经济园区各项配套服务要到位，如"五通一平"的基础设施（通路、通电、通水、通信、排污和平地）、务实的优惠政策和优质的"一站式"服务，确保中国企业走出去并能得到长足发展。

（五）采用跨国并购方式投资东盟

当前，中国对东盟直接投资的方式大多以"走出去"直接投资建厂为主，生产和销售本地化，这一方式简单且易于操作。进入 21 世纪，跨国并购已成为各国进行海外投资的主要方式，具有投资成本较低、投资风险较小的特点。跨国并购通常是以较低的价格获得投资国企业的资产或股权，便于对外投资企业融资和避免大量的现金支付。通过一定的渠道收购东盟国家的企业，可以更加迅速地进入东盟市场，从而扩大我国企业在东盟国家的市场份额，同时也可以避免直接出口产品在价格竞争力方面的弱势和进行绿地投资时间上的滞后性。通过跨国并购，还可以获得原有企业的各种现有资源，如机器设备等固定资产，稳定的原材料供应体系，成熟的营销渠道，既有的专利权、商标权等各种无形资产，固定的消费群体，完善的管理体制，现成的人力资源等。

三 选择差异化投资项目

东盟十国经济发展水平差异较大，各国的经济发展环境也存在较

[①] 柬埔寨西哈努克港经济特区官网，http://www.ssez.com。

大的差距，我国在对东盟国家进行投资时，应该首选稳定的新兴市场国家进行投资。近年来，由于中国对东盟投资额迅速增加，不可避免地同其他国家在东盟市场产生冲突，加之中国与个别东盟国家在南海问题上存在争议，因而整个东盟的国际形势变得更加复杂。因此，在不违背世界贸易组织（WTO）、《中国—东盟全面经济合作框架协议》以及中国—东盟《投资协议》原则的前提下，我国应对东盟国家实施差异化的投资政策，加大对东盟友好国家的直接投资，减少对争议国的投资，这将会对争议国起到警示作用，并争取更多中立国的支持。同时，根据东盟各国国情和市场发展情况，有选择性地对具有发展潜力的产业进行投资或吸引对方进行"逆向投资"。

(一) 按照利益最大化原则选择投资行业

对于东盟国家中经济发展水平最高的文莱，由于该国蕴藏丰富的石油、天然气资源，近年来政府为了改变单一的产业结构，出台了一系列优惠政策鼓励境外企业投资文莱先进工业制造业，中国对外投资企业除投资文莱先进工业制造业外，还可以利用小规模技术优势投资该国的清真食品生产和生物制药等行业。

对于泰国、马来西亚、菲律宾、印度尼西亚等处于经济发展水平第二层次的东盟国家。首先，中国应充分发挥比较优势加强对泰国、马来西亚的现代制造业，特别是加强高新技术产业的境外投资；同时，还可以加大对泰国农业和农产品加工业的境外投资。其次，随着马来西亚工业现代化发展进程的加快，对于该国机械工业和成套设备制造业研发和设计等方面发展相对滞后的生产环节，中国对外投资企业应主动实施"走出去"战略，加大对马来西亚急需发展行业的投资。最后，菲律宾自然资源丰富，但发展资金、生产技术相对不足，中国可以利用资本和技术优势与菲律宾共同开发油气、矿石等自然资源。

对于越南、老挝、柬埔寨、缅甸等第三层次经济欠发达国家，中国宜采用边际产业转移投资模式。首先，对纺织品、农资设备、食品加工、造纸等劳动密集型且技术含量相对较低的行业，以及加工装配型行业进行境外投资；其次，加强中国与越南、老挝、柬埔寨、缅甸等国政府的合作，在人力、资金及设备等方面提供支持共同开发这些国家丰富的自然资源；最后，上述国家都属于典型的农业国家，中国应利用农业生物技术、农业基础设施建设等方面的技术优势加强对外投资。

（二）吸引新加坡进行"逆向投资"

按照产业转移理论，对东盟国家中经济发展水平最高的新加坡，不宜作为对外投资对象，但可以分阶段吸引对方对我国进行"逆向投资"。一方面，新加坡是世界第三大石油冶炼中心，虽然新加坡石油资源匮乏，主要依赖于从印度尼西亚、菲律宾等周边国家进口，但新加坡石化产业相对发达并具有比较优势，因此可以吸引新加坡石化产业投资中国石化产业的上下游产业；另一方面，新加坡金融服务业市场发育程度较高，吸引新加坡金融服务企业投资中国市场，可以在竞争中提升我国金融服务业的服务水平和国际竞争力。

（三）慎重考察投资环境

东盟各国政治经济发展环境差异较大，吸引外资政策缺乏连续性、稳定性，特别是存在较大的政治风险，慎重考察投资环境、加强市场调研是对东盟部分国家进行海外投资的关键。

柬埔寨的政府服务水平、经济管理水平和市场发育程度较低，对于30万元以下的小资本投资项目，如果缺乏深入的市场调研和考察，投资经营的失败率相对较高。菲律宾近年来社会治安恶化，反政府武装猖獗，发生过多起武装分子袭击中资工地事件，如中国电力技术进出口公司在菲南部承包工程的项目经理及其工作人员被绑架、杀害事件。此外菲律宾人工作积极性普遍较低，中国公司项目面临着日本、韩国同行激烈的竞争，这些都是要慎重考察的因素。越南也同样存在同行恶性竞争，政策实施和操作不规范、不完善等现象，投资者无法适应越南的投资环境而导致投资失败。

马来西亚的"新经济政策"，对马来土著人的权益进行过度保护，如除了进驻多媒体超级走廊的高科技企业外，其余所有外来投资公司至少30%的股份必须由当地土著人持有；另外，马来西亚规定了外资企业雇用马来人的最低比例要求。

(四) 对南海非声索国进行投资倾斜

2011年，菲律宾最先提议四个声索国（菲律宾、越南、文莱、马来西亚）举办四方会议，声称这是推动南海问题和平解决的方式之一，而且多次强调不接受以双边方式解决南海争端问题，认为"南海的局势对于地区稳定和安全已构成威胁"，"这并非双边问题，甚至不是地区问题，而是国际问题"[1]。从表现上来看，越南与菲律宾两国俨然在南海上形成互动格局，相互配合挑衅中国，这与我国一贯主张的南海问题解决态度形成鲜明对比。因此，按照东盟国家友好度进行分类，对南海非声索国进行投资倾斜，适度减少对南海声索国的海外投资。

第一，加强对南海非声索国柬埔寨、老挝、缅甸、新加坡、泰国等国家的海外投资，争取非声索国在南海问题上对中国的支持。从目前中国对东盟投资存量来看，也体现了这一对外投资原则，中国对上述国家的投资力度越来越大，经济合作领域也越来越广，中国已成为上述国家吸引外商投资的主要来源国。与此同时，在南海问题上，上述国家均发出了反对南海问题东盟化、国际化的声音，有效地维护了中国的南海利益。如2012年11月在柬埔寨首都金边举办的第21届东盟峰会，作为东道国的柬埔寨发表声明，"东盟领导人决定，从现在起他们将不把南海问题国际化，而是完全在现有的东盟—中国机制下专注于这个问题，东南亚国家领导人不希望（因在国际论坛提起这些纠纷而）导致事态复杂化"[2]。

第二，对南海声索国进行分类并进行差异化投资。按照南海声索国对南海问题的处理方式，将南海声索国分为直接声索国和间接声索国，前者包括菲律宾和越南，后者包括马来西亚、文莱和印度尼西亚。对于直接声索国，我国在遵守《中国—东盟全面经济合作框架协议》以及中国—东盟《投资协议》原则的前提下，适度减少对其投资；对于间接声索国，可以按照现有的投资速度和规模对三国进行有

---

[1] 《菲律宾称将主办东盟内部南海声索国四方会议》，中国新闻网，2012年11月21日。
[2] 《菲律宾柬埔寨就南海问题闹翻》，《东方早报》2012年11月20日。

针对性的投资，并就南海问题进行积极磋商。

第二节 国际贸易政策[①]

中国—东盟自由贸易区的贸易政策，是中国—东盟经贸政策支持体系的重要组成部分，根据当前中国—东盟双边进出口贸易发展现状、特点和存在的问题，本书认为应该从以下几个方面完善中国—东盟自由贸易区的贸易政策，以期能够更好地促进中国与东盟的区域经济合作。

一 完善对外贸易合作机制

建立和完善对外贸易合作机制，实施适度宽松的对外贸易政策，对区域内贸易商品的跨国流动不进行政府干预。在中国—东盟区域经济合作中，各成员国对出口商品不给予特权和优惠，对进口商品不加限制和不设置障碍，通过市场手段调节商品进出口，形成健康、有序的自由竞争关系。近年来，我国对外贸易迅速发展，贸易额快速增长，我国的经济地位也不断提升，中国与东盟各国的经贸关系，处于良性的发展阶段。尽管目前中国对东盟的贸易长期处于逆差，但从长期的贸易效应来看，我国在中国—东盟自由贸易区正式建立之初（2010—2020年），应该实施适度宽松的对外贸易政策，这有利于我国对外贸易的继续增长，也是促进中国—东盟自由贸易区继续良性发展的一个重要保证。

（一）改革对外贸易管理体制

中国—东盟自由贸易区的贸易政策，应该根据世贸组织的规定和要求，改革管理体制，加快管理手段的创新，希望能建立一个规范、透明、公正的贸易管理体系，要求管理与服务并存，并能够促进企业进行守法经营和公平竞争。同时，要完善自贸区的法律体系，对敏感商品要加强管理；要规范和整顿对外贸易经营秩序，建立健全对外贸

---

① 本小节内容为项目的阶段性成果之一。

易信用体系；要推动行业、协会、商会类组织的立法进程，发挥其作为中介的作用和纽带功能；要推动诚信体系建设，以行业自律手段促进中国—东盟双边进出口贸易的协调发展。

（二）完善贸易救济合作机制

完善贸易救济合作机制和贸易救济制度，对制定适度宽松的对外贸易政策，具有积极的促进作用。我国与东盟国家的贸易救济主管机关，必须积极进行相互往来和交流，增进彼此之间的信任和理解，了解各国都关注的问题，在中国和东盟之间，努力寻找一个利益平衡点。虽然我国也曾与部分东盟国家的相关部门，就这个问题进行过接触，并得到了对方的积极回应，但是目前我国与东盟国家之间的贸易救济合作机制，还尚未正式建立，我国应继续推动贸易救济合作机制的商签工作。我国与东盟国家，应效仿欧盟，完善中国—东盟自由贸易区立法，减少部分东盟国家贸易政策变化过快现象的出现；制定完善的贸易救济合作机制，达到建立适度宽松的对外贸易政策的目的。

（三）完善贸易争端的有效预警机制

制定适度宽松的对外贸易政策，还应该建立一个有效的预警机制，对重要的贸易部门和主要的贸易输入国家的贸易增减变化及摩擦状况进行监控，并建立一个有效的防御体系，进而保护已有的贸易市场，减少潜在的贸易争端。在解决贸易争端的时候，不能"胡子眉毛一把抓"，要针对贸易争端的特点和不同部门的特点，制定一些有差别的规定。在积极参与东盟各国贸易谈判的同时，也要注重提升国内市场一体化的程度，消除贸易壁垒，打破行业垄断，确保中国—东盟内部各国的企业能够得到公平公正的竞争机会，以增强国内企业在全球的整体竞争力。

（四）完善人才与技术交流与合作机制

建立通畅的双向交流与合作机制，为中国与东盟国家的人才与技术交流提供必要的保障，是制定"双赢"贸易政策的基础。在中国—东盟自由贸易区合作机制下，促进中国与东盟国家间科技、劳务等商务人才的自由流动以及技术研发与转让，实现人力资源、技术等生产要素的合理配置，对深化中国—东盟区域经济合作和实现经济的高度融合具有重要的促进作用。一方面，中国与东盟国家应鼓励对外投资企业对区域内各投资国进行考察与交流，全面了解市场行情与发展动态；另一方面，外资输入国应在人力资本、生产技术等方面给予外资企业政策支持，允许劳动力、资本、技术、自然资源等生产要素在区域内自由流动，为降低外资企业生产成本和提高产品国际竞争力创造必要条件。

二 调整对外贸易政策

2012年2月，国家商务部等十部委联合发布的《关于加快转变外贸发展方式的指导意见》明确指出，巩固贸易大国地位、推动贸易强国进程是我国今后对外贸易的发展目标。中国—东盟自由贸易区的建设与发展，为我国实施"走出去"战略和市场多元化战略提供了发展机遇。在不违背世界贸易组织（WTO）、《中国—东盟全面经济合作框架协议》以及中国—东盟《货物贸易协议》原则的前提下，根据我国与东盟国家的友好程度，适时调整我国对东盟国家的贸易政策，将对实现中国—东盟双边贸易可持续发展，以及转变我国对外贸易发展方式具有极其重要的促进作用。

（一）根据新形势变化调整对外贸易政策

在打造中国—东盟自由贸易区升级版、共建21世纪"海上丝绸之路"和维护南海安全稳定等新形势下，根据中国—东盟自由贸易区各成员国的经济发展状况以及当前所处的区域发展环境，为打造中国—东盟自由贸易区升级版制定与之相适应的对外贸易政策；在综合考虑南海安全因素的基础上，通过制定合理的贸易政策来约束南海声索国的经济行为方式；要结合我国提出的"一带一路"（"丝绸之路经济带"和"21世纪海上丝绸之路"）区域经济发展战略，通过制定合理的对外贸易政策，为推进中国—东盟区域经济合作注入新的内涵和活力。

具体而言，首先，要分阶段逐步消除非关税壁垒，为实现区域内贸易自由化和便利化清除障碍；其次，进一步开放合作领域，特别是开放服务贸易合作领域，为实现中国—东盟双边贸易的可持续发展拓展新的合作领域；再次，加强知识产权保护，为保护企业的核心竞争力提供法律保障；最后，完善我国贸易政策实施的评价体系，合理评估我国对东盟贸易政策的实施效果，为适时调整贸易政策提供理论支持。

（二）根据对外贸易环境变化调整对外贸易政策

长期以来，中国—东盟自由贸易区对外贸易发展环境屡屡遭受来自内外部因素的影响。首先，中国与东盟国家政治关系的变化是影响双边贸易的重要因素，特别是中越、中菲政治关系受南海主权争端这一历史遗留问题的影响，导致双边贸易发展环境变化不定。其次，东盟国家国内政局变动是影响双边贸易的重要因素。如泰国、缅甸等国政局不稳定，给中国—东盟自由贸易区对外贸易的发展带来诸多不确定因素。最后，东盟部分国家反华势力的长期存在是影响双边贸易的重要因素。如越南、马来西亚、印度尼西亚等国反华势力严重扰乱了区域内对外贸易发展环境，对中国企业和商人造成巨大损失。

因此，在区域内形成公平合理、自由竞争、健康有序的国际贸易环境，是确保中国—东盟双边贸易顺利进行的重要因素，因为贸易政策的制定和实施离不开健康、有序的国际贸易环境。同时，国际贸易环境的优劣也决定了国际贸易政策实施的效果，营造公平合理、自由竞争、健康有序的国际贸易环境，对促进中国—东盟自由贸易区贸易自由化和便利化，以及对实现双边贸易的可持续发展有着重要的现实意义。

三 推进中国—东盟经济共同体建设

从区域经济一体化组织市场融合的程度来看，中国—东盟自由贸易区目前仍停留在较低层次，我国与东盟老成员国之间虽然完全取消了关税和其他的贸易壁垒，基本实现区内商品的完全自由流动；但我国与东盟新成员国之间的一轨正常产品到 2015 年才实现零关税，二轨正常产品关税到 2018 年 1 月 1 日才削减到 5%；且自贸区各成员国仍保留对非成员国原有的关税水平和贸易壁垒。发展程度较低的自由贸易区不利于成员国之间经济发展的高度融合，严重阻碍了区域内贸易自由化的发展进程。在南海局势日益严峻的新形势下，推进中国—东盟自由贸易区向更高层次的区域经济一体化组织发展，通过建立开放性的中国—东盟经济共同体，统一协调成员国之间的贸易政策，完全取消成员国之间的关税和其他贸易壁垒，建立统一的对外关税，最终形成中国—东盟高度融合、相互依赖的经贸关系，真正实现区域内贸易自由化和便利化。经济共同体的建立不仅可以实现成员国经济的协同发展，而且可以更深刻地影响南海利益攸关国家政策的制定和实施。

四 实施出口导向和进口替代战略

（一）出口导向战略

出口导向战略，是指一个国家通过采取一系列措施，促进外向型出口企业的快速发展，在稳定传统贸易商品出口的基础上提高机电产品、高新技术产品等非传统贸易商品的出口比重，通过产品的多样化和差异化扩大出口市场份额，进而优化对外贸易商品结构。出口导向是发展中国家通过促进本国产品的出口，积累发展资金和发展国内经济的战略，该战略的实施一般分两步走，首先以轻工业产品出口替代初级产品出口，其次以技术密集型和资本密集型重化工业产品出口替代轻工业产品的出口。出口导向战略的实施，一方面可以充分发挥本国外向型出口企业的比较优势，实现国内产业结构的升级与换代；另一方面可以促进外向型出口企业扩大海外市场，提高出口商品的国际竞争力。

对于发展中国家而言，实施出口导向战略不仅可以增加国内外汇储备、加强技术研发、学习国外先进的生产技术和管理经验，而且还可以提高一国的对外开放程度和对外贸易依存度。因此，我国应继续对东盟国家实施出口导向战略，一是要鼓励国内具有先进生产技术且行业发展较成熟的产业，到东盟国家开展境外加工装配生产，从而带动零部件、半成品等中间产品的出口。二是在东盟国家建立稳定的劳动力、土地、资源性原材料等生产要素供应渠道，为继续实施出口导向战略提供保障。三是推进中国—东盟跨境或异地经济合作区建设，鼓励我国外向型出口企业参与国际竞争，有效利用东盟新兴市场。四是为出口企业提供出口信贷、减免出口关税等优惠政策，通过降低出口企业生产成本，增强出口产品的国际竞争力。五是为出口企业优先提供低息生产贷款和进口原材料所需的外汇。

(二) 进口替代战略

进口替代战略又称"内向发展战略",是指"用本国的产品来替代进口的产品,或者说通过限制工业制成品的进口,来促进本国工业化发展"的一种战略。进口替代战略的一般做法是:通过国家在税收、投资和销售等方面给予的优惠待遇,鼓励国外资本在本国设立合资企业,或与国内的企业合作;通过增加来件加工和来料加工等贸易形式,提高本国工业化的水平。

我国实施进口替代战略,首先,应与东盟国家共建信息共享的国际贸易和国际营销交流平台,培育一批具有一定影响力和知名度的电子商务平台;其次,加强电子口岸建设,提高进口商品的贸易便利化水平,简化商务人员出入境审批程序,逐步取消影响商品进口的各种限制,根据中国—东盟区域经济合作的需要调整我国进口许可商品的管理目录。

(三) 均衡实施出口导向战略和进口替代战略

出口导向和进口替代两种战略,没有绝对的优劣之分,应该均衡实施出口导向和进口替代战略,实现进出口贸易的平衡发展。进出口贸易协调发展,一方面可以平衡国际收支、降低贸易风险和避免贸易摩擦;另一方面可以充分利用内外两个市场,实现内贸和外贸的协调发展并形成优势互补。

因此,对东盟国家均衡实施出口导向战略和进口替代战略,一是要建立国内融资平台,为外向型企业提供进出口信贷和担保,提高企业的生产经营能力和应对风险的能力;二是鼓励外向型企业加大技术研发,加快先进技术的引进和消化吸收;三是发挥我国政府在国际组织中的影响力,主动参与国际生产标准和国际贸易规则的制定;四是提高国内外向型企业的综合实力,逐步掌握进出口商品在国际市场的定价主动权。

第三节 国际金融政策

一 推进人民币区域化的进程

（一）明确人民币区域化的总体思路

目前人民币已经实现经常项目的自由化，但是资本项目还没有放开。因此，人民币区域化实际上首先就是人民币资本项目自由兑换过程。要实现人民币资本项目自由兑换，首先要根据我国实际，并借鉴国际先进经验，先放开长期资本项目，再逐渐放开短期资本项目。2011年1月我国已经允许长期资本中的FDI使用人民币结算，随后应放松长期政府债券投资中的汇总限制。其次，逐步解除货币市场交易的管制，对于个人、公司和金融机构等不同主体的交易者，由于个人和公司的交易量相对比较小，应对其逐步放松管制；对于交易量较大的商业银行、证券公司等金融机构，应根据中国—东盟区域经济合作的需要逐步解除管制。

（二）推进中国—东盟货币合作机制建设

首先，积极鼓励并推进我国与东盟国家的双边支付结算合作，吸引东盟国家商业银行到我国开立分行，同时也鼓励我国商业银行到东盟国家成立分支机构，完善人民币跨境结算系统；其次，通过政策优惠，鼓励中国企业在与东盟国家贸易和外商直接投资中直接使用人民币进行支付和结算；最后，建立良好的人民币回流渠道，鼓励东盟国家直接使用人民币到中国进行投资，允许东盟国家直接使用人民币清偿我国债务，从而提高人民币在中国—东盟区域金融市场中的地位和作用。

（三）扩展中国银行在东盟国家的人民币业务

中国银行是最大的经营外汇业务的商业银行，随着我国"走出去"战略的实施，中国银行海外业务也急速扩张，截至2011年年底，中国银行已在全球开设1200多家分支机构，境外总资产超过2.3万亿元。这些分支机构主要经营人民币和国际主要货币之间的兑换业务,服务对象主要是华人。随着我国企业国际化的不断发展,以及出国旅游消费的不断增加,国际金融市场对人民币的需求也日益增长。因此,建议以中国银行为主,其他商业银行为辅,扩展其在东盟国家的金融业务,建立海外人民币清算与结算系统,逐步放开居民储蓄、信贷、保险等业务,不断提高人民币在东盟国家的认知度。

(四) 共同建立区域性金融机构

自贸区成员国多是发展中国家,建立区域性金融机构是缩小发展差距、进一步深化经贸合作的必然选择。一是设立中国—东盟基础设施投资银行、产业发展信托投资基金乃至统一的资本市场,以有效缓解共同发展过程中的资金约束,保障成员国资金流通、简化经贸结算和贷款业务,减少对美元和欧元的依赖。二是设立区域性保险机构,优化成员国的金融环境,进一步降低共同发展过程中的不确定性风险。三是建立中国—东盟清算联盟。中国—东盟金融合作需要完善的清算支付系统,以保障人民币跨境结算的顺利进行。

由于中国与东盟国家金融市场发展水平都不一致,迄今为止还没有建立区域性金融机构。因此,与东盟国家共同建立区域性金融机构,东盟各国外向型企业可以在本国商业银行开设人民币结算账户,东盟各国商业银行在本国中央银行也可以开设人民币结算账户,东盟与中国之间贸易用人民币进行结算。换言之,在中国—东盟进出口贸易中,东盟各国外向型企业可以在本国商业银行把人民币贸易差额换成本国货币或者美元,东盟各国商业银行也可以在本国中央银行把人民币交易差额换成本国货币或者美元,最后由中国人民银行承诺用美元支付各国差额。由此可以看出,建立区域性金融机构将会大大提高人民币在中国—东盟区域金融市场中的使用率,并推进人民币国际化的进程。

二 推进东盟国家钉住人民币的固定汇率制度

(一) 推进人民币与东盟国家货币的直接兑换

建立人民币与东盟国家货币的直接兑换关系是推进东盟国家实行钉住人民币固定汇率制度的前提和基础。如果中国与东盟国家间货币不能直接兑换,那么也就难以实现中国与东盟国家汇率的协调。首先，东盟国家要放松人民币与东盟国家货币的兑换限制，使人民币跨境支付结算能够顺利进行；其次，通过中国与东盟国家的协商，推进东盟国家商业银行的人民币挂牌交易和人民币支付结算业务，推进我国商业银行的东盟国家货币挂牌交易和人民币支付结算业务，从而形成人民币对东盟国家货币的官方牌价，推动商业银行业务层面的人民币与东盟国家货币的直接固定兑换；再次，在中国与东盟国家条件成熟时，由官方宣布人民币与东盟国家货币的直接固定兑换，并在主要边境城市建立人民币与东盟国家货币的兑换中心，允许东盟国家持有人民币头寸的商业银行可以按一定汇率把人民币兑换成该国货币；最后，选择我国部分边境地区，实行人民币与东盟国家货币自由兑换试点，并在特定区域实现人民币资本项目对非居民开放，允许东盟国家居民和非居民持有的人民币兑换为可自由兑换货币或者其他东盟国家货币。

(二) 建立固定的官方汇率多边协调渠道

中国与东盟国家寻求建立一个固定的官方汇率协调渠道，确定以各国中央银行为主体，负责协调中国与东盟国家的货币汇率协调事宜，中国与东盟国家间可以通过举行定期磋商和不定期的交流模式，共同商讨人民币与东盟国家货币汇率协调的规则、程序与措施等框架性的政策条款，通过相互的沟通最后组织签订汇率协调机制和货币合作的协定。

(三) 制定明确的协调规则

通过中国与东盟国家多边协商和谈判的方式，在固定的多边协调机构和渠道的基础上，制定明确的中国与东盟国家货币汇率协调规则，使人民币与东盟国家货币汇率在一定的范围内进行波动，建立一个类似钉住人民币的固定汇率制度。

(四) 加强中国与东盟国家非经济领域的交流与合作

中国与东盟国家有着不同的政治、文化和宗教等非经济因素背景，这些因素也会影响到中国与东盟国家货币汇率的协调机制。因此，中国与东盟国家之间要加强政治、文化和宗教等非经济领域的合作和交流，在"合作共赢"的理念基础上，共同寻求合作的空间和发展方向，并逐步建立互利互信的交流机制，弱化非经济因素对中国—东盟汇率协调机制的影响，促进人民币与东盟国家货币自由兑换，逐步实现钉住人民币固定汇率制度的顺利形成。

三 加强中国与东盟国家经济政策的协调

中国与东盟国家已经建立了比较密切的经济联系，但是还要建立一套完善的区域内政策协调机制。目前，中国与东盟国家已经建立了"东盟10+3"信息对话和《清迈倡议》框架下的政策协调机制等。通过中国与东盟国家建立的各种政策协调机制，可以在很大程度上解决中国与东盟国家信息、政策交流等方面存在的各种问题。然而，由于缺乏有效的监控和约束力，导致有些协议和共识形同虚设，难以付诸实施。并且，由于东盟各国经济发展的不平衡，部分国家具有强烈的民族和主权意识，短期内很难建立一套完善有效的政策协调机制。

（一）建立协调机制的可行性

尽管中国与东盟国家间建立有效区域政策协调机制的基础并不牢固，但是中国与东盟部分国家在互利互信的基础上，仍然可以建立比较有效的政策协调机制。其可行性主要表现在：一是在1997年的东南亚金融危机中，中国努力保持人民币币值的基本稳定，在危机中树立起一个经济大国的形象，给东盟国家经济复苏发挥了积极的作用；二是自改革开放以来，中国经济一直保持近10个百分点的速度增长，中国经济高速增长的同时，也给东盟各国带来巨大的经济利益，使东盟各国愿意与中国进行深层次的经济合作与交流；三是中国与东盟国家建立政策协调机制，是一个多方共赢的局面，有利于参与国实现本国的经济发展目标。

（二）建立协调机制的范围

东盟10个国家中，目前有部分国家与中国经济交往非常紧密，而有个别国家与中国关系比较紧张，因此，中国与东盟国家间在全面范围内建立一个国家间的政策协调机制条件还不成熟，也难以在短期达到成效。但是，中国可以选择目前与中国交往紧密的几个国家，在小范围内建立一套完整的政策协调机制，使中国与这些国家的合作基础更加牢固。随着中国—东盟经济和贸易交往的不断深入，区域内各国间的经济依赖程度也会不断增强,从长期来看,在大范围内建立政策协调机制也将会是所有国家的共同诉求。

(三) 建立协调机制的主要内容

中国与东盟国家建立经济政策协调机制的主要内容包括:一是一些常规性的信息交流和沟通。中国与东盟国家间建立定期的政府间政策信息交换和协调机制,主要内容包括本国宏观经济调控的政策目标、使用的政策调控工具以及财政政策和货币政策的搭配等。二是应对危机的政策协调。当经济合作区域内出现突发性经济或金融危机时,成员国间通过签订临时性协议,对本国的宏观经济政策目标进行适当调整,并实施特别措施缓解和渡过危机。同时,在经济政策目标协调过程中,关注中介目标和政策工具的协调,当危机扩大时,各国应当做出适当让步,避免协调中出现冲突和负的外部性,各国应为实现合作区内整体利益最大化,放弃本国部分经济政策的独立性。

四 加快人民币利率市场化进程

目前人民币存款利率下限和贷款利率上限已经基本放开,但是人民币存款利率上限和贷款利率下限改革还要进一步推进,人民币利率市场化将进入到改革的"深水区"。在中国—东盟金融合作区,人民币利率的波动将会影响到东盟国家资金的流进或流出,在资本逐利的天性下,人民币利率高于国际市场平均利率,将导致国外资金的流入;反之,将导致国内资金的流出。目前,人民币利率由我国中央银行来决定和调整,人民币利率市场化还有很大改革空间。

(一) 推进金融产品创新

一个完善和高效的金融市场必须有数量众多的安全性、流动性和收益性的金融工具,以满足经济实体的资金融通需求,同时也提高闲置资金的使用效率。在中国—东盟金融合作区域,金融市场工具比较短缺,因此要大力发展区域性的债券市场,发行多品种的企业债券、金融债券等,满足不同国家投资者的投资需求,并使企业债券成为债券市场的主要金融工具,取消企业债券额度和利率限制,实现企业发行债券利率的市场化,创新多品种和利率灵活的企业债券市场。金融合作区域的商业银行也要推进金融产品创新,如适时推出相关衍生金融工具，逐渐发行不受利率管制的创新性金融产品，逐步扩大金融市场金融交易数量和范围，提高区域性金融市场的市场化程度，降低企业对间接融资的过度依赖。

（二）推进金融监管制度创新

首先，要完善金融监督制度。健全的金融监管体系是实现利率市场化的成功保证，中央银行放松利率管制后，金融市场将需要一个更高的审慎监管水平。因此，在利率市场化改革过程中，金融监管部门要根据金融市场的发展态势，及时完善监管体系、方式和手段，以确保人民币利率市场化的平稳推进。其次，要完善监管模式。目前主要的金融监管模式有机构型监管、功能型监管和目标型监管。三种监管模式操作各不相同，机构型监管模式主要是按金融机构业务类型进行监管，功能型监管模式是根据金融机构业务进行归类管理，目标型监管模型是依据监管目标不同对金融机构归类管理。相比于机构型监管模式，功能型监管更加稳定，目标型监管模式则更为具体。最后，要更新金融监管理念。在利率市场化进程中，金融创新促进了金融机构效率的提高，扩大了金融市场的交易规模，但同时也增加了金融市场的不稳定性，因此，金融创新监管的理念不再是在金融约束范围里，而应该是侧重于金融创新，鼓励金融机构根据市场需求，进行金融创新，增加金融机构的灵活性和主动性，提高其经营效益。

（三）完善国内货币市场

只有在一个完善和接近完全竞争的货币市场，才能充分发挥市场竞争机制，增强金融工具的市场流动性，货币信号才能有效传递。建立一个有效的货币市场首先需要一个良好的金融市场环境和完善的市场基础，即建立完善的市场交易、托管和结算系统，打破各货币市场子市场之间的障碍，健全和完善市场交易、信息披露制度和行业自律组织功能。不断扩大市场交易主体，降低货币市场准入门槛，培育和丰富同业拆借市场、短期债券市场和票据市场等。加强货币市场子市场建设，建立以银行间债券市场为主体的债券市场，增加债券品种，增大地方债、金融债和公司债等规模，进一步发展票据市场，建立专业性票据公司，打通货币政策传导机制的利率渠道。基于此，在短期逐步放宽利率浮动范围，增大利率弹性，对不同类型金融机构实现差别利率；在中长期则放开利率管制，根据市场需求确定利率，形成一个规范的市场利率，有效传递货币政策信号。

（四）提高商业银行金融产品定价能力

商业银行要选择适当定价方法，协调内外部定价机制，加强定价能力建设。首先，要优选金融产品定价方法，完善存贷款产品定价模型，并在此基础上进行模型的应用。同时，商业银行要充分考虑到金融产品的经济周期性，避免模型风险。如处于市场领导者地位的大型商业银行，通过综合计算资产的收益率和成本率，测算存款基准利率，从而引导其他金融机构理性竞争。其次，完善存款定价标准体系。针对商业银行业务特征，细分不同类型存款利率定价标准。如居民储蓄存款和企事业单位对公存款、大额存款和小额存款等，实施差异性的定价，丰富存款利率体系。同时在贷款定价模型方面，也测算不同类型、期限和方式贷款的基准利率，提高贷款定价管理水平，建立完善的贷款利率定价体系。再次，强化系统建设，加强定价管理技术基础。完善会计核算系统的利率功能，执行差异化定价基础，实行多形式的利率浮动方式，实现多种形式的市场化差异定价，建立利率管理系统，监测面临的利率风险并进行有效防范和控制，加强管理利率报价、利率审批和利率监测等，为定价管理提供系统支持。最后，建立市场化基准利率体系。培育各类金融工具市场化定价的基准利率，提高上海同业拆借利率的使用范围和影响力，充分引导各类债券的利率定价，实现与国债收益率挂钩，考虑引入优惠利率机制，使贷款定价利率基准充分市场化，促进商业银行把风险定价提炼成贷款定价基准，以健全我国利率市场化传导机制，丰富市场化利率体系。

五 切实防控区域系统性金融风险

应对金融危机的经验表明，加强区域系统性金融风险的防控是降低外部冲击影响、深化中国—东盟区域经贸合作的保障，防控区域系统性金融风险，必须要建立和完善成员国银行、证券、保险等监管部门间的监管合作与联合协调机制，建立中国—东盟金融市场运行监控体系和应急预案，实现成员国金融监管部门之间的信息共享和信息系统安全管理，为区域经贸合作发展营造稳定的金融环境。

第四节　国际通道政策

《东盟互联互通总体规划》确定了加强以交通运输、信息通信、通商口岸等为基础的"硬件"建设和以制度、情感、文化互联互通为基础的"软件"建设。区域交通运输发展的优劣对产业转移和经济合作举足轻重，因此，交通运输条件的改进和完善是加强中国—东盟通道对接、促进自贸区经济合作的首要措施。除了加强交通通道建设外，信息通信和口岸建设也是通道建设的重要内容。

一　优先发展交通基础设施

中国—东盟自由贸易区全面建成以来，中国与东盟在交通合作方面取得了实质性进展，双方的合作不断加强，在本地区经济合作中发挥着日益重要的作用。东盟国家经济发展水平参差不齐，各成员国加快推进道路、港口和空运基础设施改造，是缩小彼此间经济差距，努力构建东盟经济共同体的前提和基础。为此，应优先发展交通基础设施，全面打造中国—东盟立体式跨境交通运输体系，具体措施主要包括以下几个方面：

（一）统筹规划，构建中国—东盟海陆空交通枢纽

一是优先发展航空水运。国际运输通关便利化难度比较大，各国协商所需要的时间较长。相对而言，空运、海运要比铁路、公路通关便利得多。因此，应采取先易后难的步骤，实行航空、海运优先发展战略。空运方面，国内开辟、恢复和增加飞往东盟国家首都和主要城市的航班航线；充分发挥广西作为中国—东盟自由贸易区桥头堡的区位优势，升级扩建南宁机场，形成枢纽航空港。海运方面，在北海、钦州、防城港三港合一的基础上，做大做强广西北部湾港，加强与东盟各国港口以及国内中西部经济腹地的联系。二是突出发展高速铁路。当前高速铁路成为国内和国际交通发展的主要趋势。为此，可将广西作为中国—东盟海陆空交通枢纽，建成南宁—河内的国际高速铁

路,以及南宁—广州、南宁—昆明等省际高铁。三是重点建设南宁—新加坡陆路大通道。可将南新陆路大通道作为中国—东盟主通道来建设,建成后能直接辐射越南、老挝、柬埔寨、泰国、缅甸、马来西亚和新加坡,间接辐射印度尼西亚,对于加快中国西南、华南地区与中南半岛国家的经贸交流合作具有重大意义。

(二) 协调发展多种运输方式,优化交通运输网络

一是平衡发展各种运输方式,使运输网络的协调度达到最优。在中国—东盟自由贸易区内选取若干运输需求大、通道资源紧张的运输通道交通干线,科学研究通道资源的优化利用,统筹规划通道内的各种运输方式,进一步优化交通运输网络。二是构建和完善自贸区运输协调机制,制定综合运输发展统一协调的政策和规则,促进中国—东盟自由贸易区运输一体化发展。三是加强自贸区内各种运输方式的有效衔接。中国经济飞速发展,但区域差异显著,东盟成员国的经济水平亦是参差不齐。加强中国与东盟互联互通,促进自贸区交通一体化发展,就要兼顾各地的经济社会发展现状,整合和共享各种运输方式的信息资源,强化自贸区内各种运输方式的有效衔接与协同运转,积极探索区域综合运输枢纽的建设和运营模式。

(三) 加大基础设施建设力度,发展交通枢纽型经济

交通基础设施是国民经济快速发展的重要基础。加强公路、铁路、水运、航空等交通基础设施建设,既可以提高商品物流效率,还能扩大国内需求,促进经济社会又好又快发展。为此,一是要统筹规划,合理布局,科学实施交通基础设施建设。鉴于交通基础设施建设的重要意义,因此必须结合区域经济社会发展实际,统筹规划,合理布局,科学实施,从区域到城市、从大城市到小城镇,层次分明、互相衔接,形成完善的交通规划体系。二是要突出重点,加快重大交通基础设施建设。例如,根据中国—东盟边境经济合作的需要,修建连接中国—东盟边境城市、边境口岸的高速公路和铁路。三是以区域中心城市和重要港口为中心,进行综合交通运输枢纽站场布局规划,积极推进综合运输体系建设,大力发展交通枢纽型经济。

（四）打造快速反应通道

在加强对我国—东盟边境地区铁路、高等级公路、水路和管道建设的支持，重点加强与越南、缅甸等国陆路交通对接；全面打通我国通往东盟国家的高速公路、快速铁路、大密度航空通道和水路通道的基础上，重点打造一条和平时期供经济发展、战时供战略物资运输的贯穿内陆腹地—湛江—海口—三亚—南沙群岛—马六甲海峡的快速反应通道。

（五）坚持能源战略地位

有选择性地确定中国—东盟能源合作的重点领域，基于"主权属我"原则与东盟国家联合开展南海油气区块招标，创新合作勘探和开发模式；构建中国—东盟共同石油市场和石油储备体系，加快发展中缅油气管道、湄公河航道、泛亚铁路等多元化能源安全通道，共同维护和确保海（马六甲海峡）、陆（石油管道）能源通道的安全。

二 重点发展信息通信业

《东盟互联互通总体规划》提出加强以制度、情感、文化互联互通为基础的"软件"建设目标，信息通信在中国与东盟互联互通战略中发挥着不可替代的重要作用。加强中国与东盟成员国的通信合作，中国通信业的快速转型升级是前提和基础，通信基础设施建设则是合作的重点内容。

（一）加快我国通信业转型升级

围绕"以加快通信业转型升级"这条主线，国家工业和信息化部出台了《通信业"十二五"发展规划》，进一步明确了未来五年我国通信业的发展目标、主要任务和保障措施，并制定了确保目标实现的相关政策措施。一是制定发布"宽带中国"战略，明确国家信息基础设施顶层架构，强化未来五年国家信息基础设施发展的战略指导，以及制订相应的战略行动计划。二是尽快出台《电信法》等相关法律法规，健全通信行业的法律法规体系和制度体系，加强电信监管能力建设，积极打造有利于行业发展的内外部环境。三是积极争取金融、财政、税收等政策，加大对新一代移动通信网、光纤宽带网络、物联网和云计算等通信基础设施建设的投入和支持。

（二）推进中国—东盟信息一体化建设

充分利用泛北部湾经济合作、大湄公河次区域经济合作及其他区域性国际经济合作机制，积极推动我国与东盟国家电信机构、通信运营商之间深入开展信息通信合作，通过建立共享的公共数据库和信息平台，加强物联网和互联网建设、降低资费、信息产品的研发等共同推进中国—东盟信息一体化的建设和发展。

（三）加强中国—东盟信息通信合作

中国与东盟信息通信领域合作始于2000年。在一年后的第五次中国与东盟领导人会议上，双方将信息通信确定为中国—东盟五大重点合作领域之一。经过十多年的发展，目前中国和东盟已在信息通信的多个领域开展了全面深入的合作。一是加强通信基础设施建设合作。2008年3月，大湄公河次区域信息高速公路一期工程竣工，并在老挝万象举行的大湄公河次区域经济合作第三次领导人会议期间举行了竣工仪式，这是中国—东盟通信基础设施建设合作的重要成果。在大湄公河次区域信息高速公路的基础上，中国和东盟成员国探讨了进一步建设中国—东盟信息高速公路的可行性。二是加强农村通信合作。大多数东盟成员国为发展中国家，农村基础设施落后，经济社会发展水平不高。为此，中国与东盟就农村信息化的技术选择、推进政策与实现模式等进行了深入研讨，提出通过建设农村信息化示范点，以点带面促进自贸区农村信息化水平的全面提高。三是加强网络与应急通信合作。遵循《中国—东盟网络与信息安全应急处理合作框架》，中国与东盟成员国通过构建和完善应急通信合作机制，组织网络安全事件处理应急演练以及召开中国—东盟网络与信息安全应急演练总结会，显著提高了中国与东盟成员国的信息、数据、互联网等业务通信能力，同时也促进了自贸区国际软件与信息产业、国际物联网产业的发展。

（四）深化中国—东盟信息交流协作

在经济全球化、区域经济一体化和信息全球化的背景下，进一步加强中国与东盟国家在信息、通信等领域的交流和合作，既是建设中国东盟自贸区的内在要求，也是顺应世界发展潮流的战略选择。此外,信息通信行业是一个资金密集型行业,全程全网的概念决定了统一稳定的政治背景是这个行业发展的基础。中国—东盟自由贸易区的和谐稳定发展,将会吸引到更多的资金和企业投入到该地区的产业建设中。因此,中国与东盟信息通信合作发展前景广阔,各国需建立完善的合作机制,进一步加快区域信息化建设步伐,进而促进各国经济社会全面发展。

一是加强基础设施建设,构建广泛连通的一个区域性信息交流网络。加强中国与东盟成员国在通信网络基础设施建设等方面的交流和合作,为双方信息交流与服务提供重要的便利条件。二是高起点建设中国与东盟之间的信息高速公路。在已有的网络基础如中国—东南亚光缆、大湄公河次区域信息高速公路的基础上,根据全球信息网络发展态势,利用世界上先进的网络技术,高起点建设中国与东盟的信息高速公路。三是大力开发建设各种重要信息资源。信息资源是区域信息通信合作的核心内容,信息资源的开发利用是信息通信合作的出发点和归宿。要健全和完善信息资源开发利用政策,建立健全各种信息市场及信息市场机制,加强国内、国外,政府、企业、社会、个人等的信息交流合作机制的假设,促进区域内各种信息资源的广泛集聚。四是建立和完善中国与东盟信息通信交流合作机制。遵循近年来中国与东盟合作框架下已签署的协议或机制,举办信息通信合作论坛,就信息产业合作、区域性信息技术标准化制定等重要问题展开探讨,形成促进中国—东盟信息交流与合作的对策和建议。建立企业合作机制和社会合作机制,包括信息技术联盟或信息产业联盟等。五是建立网络与信息安全保障体系。信息网络涉及国家的政府、军事、文教等诸多领域,其重要性正随着全球信息化步伐的加快变得越来越重要。开展中国与东盟区域信息通信合作,必须从战略的高度重视信息安全问题,切实加强区域性信息安全保障体系建设,从而有效地推进中国与东盟各成员国之间的经济、科教、文化、旅游等各方面的合作,有效地促进中国—东盟自由贸易区各国的信息化建设。

三 科学发展边境口岸

传统的区位理论将国与国(地区)的边界视为分割市场、阻滞经济合作的屏障。随着新地理经济学、新区位理论的兴起，越来越多的学者将边境视为一种资源集合和开展国际经济合作的媒介和通道。边境地区的特殊区位优势被各国政府积极利用，显著地促进了双边地区的产业发展、劳动力就业和经济增长。世界经济发展的历史经验表明，边境地区经济发展水平取决于该地区经济活动的内向性与外向性。边境地区的特殊区位决定了其不可替代的物质交流和辐射功能，重视边境口岸开发开放、畅通边境通道，实施跨境经济合作已成为国际区域合作发展的新趋势。新形势下进一步促进中国与东盟边境地区的经济社会发展，具有极其重大的政治经济战略意义和现实意义。

（一）增进互信，创造促进边境经济发展的良好环境

中国与越南、老挝和缅甸等东盟国家接壤，边境跨界而居的民族同源同宗，文化相近，持续增加国与国的关系有利于发挥中国与东盟国家边界的正效应。为此，从国际层面来说，中国与东盟国家应不断增进互信，全面落实《中国—东盟全面经济合作框架协议》的相关条款，按照《南海各方行为宣言》处理与南海主权声索国之间的敏感问题，持续加大经贸交流合作的力度。从中国层面来说，应加强中国与东盟国家边境省份之间的沟通和交流，构建和完善各级领导人会晤机制，共同协商解决口岸建设、对接通关等相关问题，共同维护边境经贸合作发展的良好环境。

（二）加大财政支持力度，深化兴边富民行动工程

中国边境地区既缺少丰富的经济资源禀赋，也不具备经济后来居上的必备条件。因此，必须逐步完善和贯彻落实边境地区的一系列优惠政策，快速发展各项公共事业，为该地区经济社会发展创造良好条件。为此，一是积极争取中央财政增拨专款，加强边境地区基础设施建设，明显改善边境地区的交通、通信等基本公共服务条件；二是加快边境地区的扶贫开发，逐步改善人民生产生活条件，进而缩小或消除边境地区与其他地区发展的差距；三是不断加大国家重点建设高校、民族院校、职业院校和各级党校、行政学院、干部学院以及其他各级各类干部人才培训机构对边境地区人才培养培训力度，加强边境地区科技设施和服务网点建设，加强成年职业教育和科技培训，采取

定向培养、专项培训等措施大力培养各类急需和实用的乡土人才，不断提高边境地区劳动者素质，为加快边境地区开放开发储备人力资源。

(三) 加强口岸交通建设，深化跨境经济贸易合作

第一，进一步完善口岸经济区的交通设施建设。一是修通连接广西东兴、凭祥、水口、龙邦等一级边境口岸的高速公路，修通连接二类口岸的二级柏油公路，以及连接边境互市点的三级柏油公路，进一步完善边境公路交通网络，促进人员、资源和商品顺畅流通；二是铺建广西东兴至防城港、崇左至水口、百色至龙邦的铁路，充分发挥铁路运输的优势，降低运输费用成本，提高区域物流效率。第二，加快推进东兴—芒街、凭祥—同登和龙邦—茶岭三大跨境经济合作区的开发建设，发展投资贸易、出口加工和国际物流，实行货物贸易、服务贸易和投资自由的开放政策，确保合作区内生产要素和资源顺畅流通。

(四) 搞活边境商品流通，促进边境经济贸易合作

抓住中国—东盟自由贸易区全面建成的难得机遇，大力发展高附加值的生产型贸易，扩大边境市场，搞活边境地区商品流通，进一步促进边境贸易量的增长。一是持续加大投入力度，完善边境地区商品流通基础设施，建设好广西凭祥、东兴等边境经济合作区，充分发挥以点带面的示范作用；二是进一步巩固和发展边民互市贸易和边境小额贸易，引导和扶持边贸企业大力发展加工贸易、生产型贸易和服务贸易等；三是加快建设重要边境集镇的商业、服务网点和集贸市场，大力发展边境地区的批发、零售企业，积极开展横向联合和发展多渠道流通，搞活边境市场流通，激活边境居民消费，进一步促进边境地区经济发展。

第九章 中国—东盟经贸政策的实施和协调

第一节 经贸政策实施和协调的基础

一 中国与东盟国家经济的相互依赖性

中国和东盟是亚洲重要的经济体,双方在经济领域开展合作是推动各自经济发展的现实要求。如前文所述,自中国—东盟自由贸易区启动以来,中国与东盟的货物贸易和服务贸易均保持快速的增长,中国已成为东盟的第一大贸易伙伴,东盟也成为中国的第三大贸易伙伴。同时,中国对东盟直接投资额稳步增加,投资行业逐渐扩大,投资质量不断提高,这一变化,正改变着中国与东盟之间的直接投资资金流向一直以东盟国家流入中国为主的特征,随着经济合作的不断加强,将有越来越多的中国企业前往东盟国家进行直接投资。双方在经贸合作中已经不同程度地获得了自由贸易区建设所带来的贸易利益,具有坚实的共同利益基础。

中国与东盟各国,在农业、制造业、服务业领域具有各自的比较优势和一定的互补性。从近年来中国出口东盟的产品的要素密集度来看,劳动密集型产品占比表现出下降趋势,而资本密集型和技术密集型出口品的比重逐步提高;东盟国家出口到中国的主要是资源密集型和资本密集型产品。中国在资金、技术、人才和基础设施领域相对于东盟四个新成员国具有较明显的比较优势,与泰国、马来西亚、菲律宾、印度尼西亚在不同行业的投资需求有着较大的合作空间,中国还可以依托其完善的工业体系、资本和人力资本优势,与相对发达的新加坡在第三产业、与文莱在现代制造业领域开展合作。随着分工合作关系的深化，其双边经贸关系的依赖性将进一步增强，在自由贸易区内对相关经贸政策实施和协调的必要性也日益凸显。

二 政策基础

自中国—东盟自由贸易区建设启动以来，我国于2002年11月4日与东盟签署了《中国—东盟全面经济合作框架协议》，于2004年11月签署中国—东盟《货物贸易协议》，于2007年1月签署了中国—东盟《服务贸易协议》，于2009年8月签署了中国—东盟《投资协议》。目前，上述协议的签署和实施，为中国—东盟自由贸易区的建设奠定了较为完善的法律基础和行为规则，也为促进双边贸易、投资等经贸关系的快速发展提供了制度保障。

三 协调意愿

自2003年以来，中国和东盟国家在《中国—东盟全面经济合作框架协议》下，在产品与服务贸易、投资、科技、金融、文化、环保、教育和互联互通等领域开展了逐步深入的合作。从政府层面看，我国中央政府、地方政府与东盟国家开展全方位、多层次的合作，投入了大量的资金、人力、物力和财力，但由于我国不同行业主管部门是具体项目和政策的设计者和实施者，各项政策和合作机制缺乏整合，政策的协同效应和整体实施绩效尚有较大的提高潜力。2013年，中国政府提出打造"中国—东盟自由贸易区升级版"，但无论学术界还是政府官员，认为升级版的打造将面临诸多政策"瓶颈"。目前，"中国—东盟自由贸易区利用率不高，面临很多的限制，交易成本高；投资、服务市场开放度低，以产业低端价值链为主；许多领域，如知识产权、政府采购、技术与环境问题的开放没有涉及；在改善经济发展环境的努力方面，如互联互通，还存在融资、法规等瓶颈限制"。[①]

这种因缺乏政策协调造成整体绩效不理想的影响之一是我国企业在进行海外投资时的配套政策需求难以得到满足。其一，贸易往来受

---

① 周武英：《中国—东盟谋划自贸区升级版》，《经济参考报》，http：//jjckb. xinhua-net. com/2014－09/15/content_ 520814. htm，2014年9月。

到区域交通设施硬件和软件发展滞后的制约，其主要原因是"我国与部分东盟国家间的客货运输协定不完善，部分区域的物流呈现出'通而不畅'的现象，贸易货物运输、人员交往成本仍然较高"。[①] 其二，作为海外投资主体之一的企业缺乏对自由贸易区优惠政策的了解，许多大中小企业对自由贸易区缺乏基本了解。其三，我国与东盟国家的金融合作开放程度不高，已经成为中国与东盟国家间经贸关系持续增长的制约因素。广西投资集团的高管认为，在东盟国家开展金融业务，需要中国和东盟各国的金融机构为企业加强双边多边合作提供更优质的资信服务、货币结算、信贷支持、信用收集评级及发布等相关政策支持。其四，东盟老成员国与新成员国之间的经济发展水平有一定的差距，如柬埔寨、老挝、越南和缅甸等国的制造业有大量空白，但技术工人缺乏，人力资源亟待提高，基础设施缺乏，因此在与东盟国家开展教育、互联互通合作时，有必要加强改善企业经营硬环境和软环境等配套政策的实施。

如前文所述，中国与东盟国家在资源禀赋和产业结构方面有一定的互补性，双方的工业制造业整体上均处于全球价值链的低端，具有向全球价值链中高端攀升的诉求。同时，中国与东盟国家在产业结构上又具有相似性，因而存在一定程度的竞争性。东盟成员国由于经济发展水平的差异，其发达的成员国新加坡和马来西亚等国家在机电设备等资本密集型产业与中国有一定的竞争性，新成员国越南、柬埔寨等国制鞋、服装等劳动密集型产业与中国竞争。随着中国人口红利的消失，我国劳动力成本将不断上升，东盟相对落后的成员国在发展劳动密集型产业方面的优势凸显，而中国在劳动密集型产业的优势将逐步弱化，而新的竞争优势尚未形成，也促使中国在产业结构升级中不断推动资本密集型和技术密集型产业发展，与东盟发达国家的竞争将进一步增强。这一特点，也必然导致东盟成为在亚洲地区中国吸引外资的最大竞争对手，引致双方在外商直接投资领域的竞争。由此可

---

① 熊红明、管浩：《中国—东盟自贸区升级发展势在必行》，新华网，http://www.gx.xinhuanet.com/newscenter/2014－05/13/c_1110663897.htm。

见，双方在产业结构和吸引外资领域，互补性与竞争性并存。双方在利益博弈中，积极开展产业合作是提高两者在国际市场上的份额和实现产业结构升级进而提升双方竞争力的理性选择。因此，双方在应对产业合作挑战，实现互利共赢方面也有着较强的协调意愿。

根据上述分析，无论是从提高自由贸易区经贸政策的整体绩效的角度，还是从企业层面降低经营成本，提高经营效益的角度，在打造中国—东盟自由贸易区升级版的进程中，亟须进一步完善配套的政策并加强经贸政策的协调，形成政策合力，增强企业的活力和实力，促进双方经贸发展环境方面的改善，共同提升本地区经济的吸引力和竞争力。

第二节 经贸政策实施和协调的目标与主要任务

一 中国—东盟自由贸易区经贸政策实施和协调的目标

基于前文的分析，中国—东盟自由贸易区经贸政策实施和协调的主要目标是：加强贸易合作，在扩大双边进出口贸易额的同时，进一步推进贸易自由化和便利化，使各成员国进一步发挥各自的比较优势，深化中国与东盟各国的产业分工，实现错位发展，形成优势互补，提高生产效率，增进社会福利；扩大双边直接投资额，提高直接投资的质量，优化要素在自由贸易区内的配置，以双边投资深化产业合作，延伸产业价值链，推动双方产业结构升级，使本地区在全球价值链转移中形成更强的竞争力；深化基础设施合作，提高基础设施便利化水平；加强金融合作，以金融助力经贸合作发展，为区域内基础设施建设提供金融支持，共同维护区域内金融稳定。通过各项政策的协调，提高政策的配套与衔接，提高政策的协同性和利用率，实现互利共赢。

二 中国—东盟自由贸易区经贸政策实施和协调的主要任务

（一）深化贸易合作，提高贸易自由化和便利化水平

双方应进一步降低货物贸易的关税和非关税壁垒；在服务贸易领

域，进一步提高开放水平。双方应通过简化优惠原产地证书申领和通关程序，加快电子口岸建设，推动海关查验结果的互认和检验检疫电子证书的标准和结果互认，提高贸易的便利化水平。

(二) 加强投资合作，提高双边投资自由化水平

推进自由贸易区升级版谈判，加大力度支持和促进双边投资，进一步促进区域内的投资流动，建立自由、便利、透明和竞争的投资体制；进一步加强市场准入合作，相互开放投资市场，推进投资便利化和逐步自由化；提高投资相关法律法规的透明度，并为投资提供保护，创造便利、透明及公平的投资环境；加强在重点领域、重要行业、重大投资项目的合作。

(三) 加强基础设施投资合作，提高互联互通水平

未来在互联互通领域，应加强规划，提高硬件和软件的联通水平。抓住影响我国经贸和投资质量的关键通道、关键节点和重点工程，构建海运水运网、高速公路网、高速铁路网、航空网、通信光缆网，打造安全高效的综合联通网络；同时，推进中国—东盟港口城市合作网络和港口物流信息公共平台的建设。

(四) 深化金融合作，为双边实体经济合作提供有力支持

中国与东盟应加强金融合作，在推进双边本币结算，完善区域货币互换机制，为不断扩大的双边进出口贸易和双边直接投资提供优质的金融服务，促进实体经济合作的可持续发展，建立区域金融监控机制和合作救济机制，全面提高本地区的危机防范能力。

(五) 加强政策与各主体之间的协同，提高政策利用率

在中国—东盟自由贸易区建设的"黄金十年"里，虽然我国政府投入了大量的人力、物力和财力，但国际贸易政策、国际投资政策、国际金融政策、国际通道政策等优惠政策被企业利用的水平并不高。为此，应针对现有的政策障碍，在升级版的谈判中，进一步加强各类经贸政策的协调与对接；同时，应注重官方与商界的互动，加强民间经济主体实力的培育及其交流，充分利用现有优惠政策，提高民间经济主体经济合作水平，提高优惠政策利用率。

第三节 经贸政策实施和协调的对策

前文理论研究与实证研究均表明,对外直接投资与出口贸易之间存在着互动关系,出口贸易的发展会推动对外直接投资的发展,而对外直接投资也将影响双方的贸易量和出口贸易结构。

当前,国内面临劳动力低成本优势逐渐丧失的压力,资源和能源的约束也将随着工业化和城镇化的进一步发展日益凸显,我国东部地区面临产业结构升级的压力,其劳动密集型产业在向西部地区转移的同时,向东盟经济发展水平相对较低的成员国进行转移已成为必然。在复杂的经济形势下,中国要确保稳定经济增长,既要推动国内产业结构调整,实现进出口贸易的稳定增长,又要进一步提高贸易自由化和投资便利化水平,既要积极吸引发达国家的产业转移,又要根据现阶段不同行业发展阶段及其要素条件,积极开展资源开发型、生产导向型、市场导向型和贸易促进型的目标多元化的海外投资,这对营造海外投资及企业经营环境提出了政策需求。因此,需要政府加强产业政策、贸易、投资、金融和互联互通等政策的实施和协调。

一 建立综合管理机构,加强政策规划与组织管理

为提高现有的经贸政策的实施绩效,加强与东盟成员国的沟通与协调,加强国内相关管理部门的协调,建议在中央政府层面,组建中国—东盟自由贸易区经贸政策协调机构。该机构可考虑设置战略规划部门、政策协调部门和境外企业管理部门。

该机构设置的战略规划部门,主要是从宏观层面加强我国经贸政策的宏观战略管理,可以根据国内产业结构调整、外贸竞争力提升、对外直接投资战略目标,制订我国对外贸易和对外直接投资的发展规划及相关的配套的政策。在中观层面,负责重点加强国内相关职能部门以及对外经贸政策的协调,把国内产业结构升级、产业转移和对外贸易结构调整以及对外直接投资战略相结合,确定贸易结构调整的重点,统筹安排我国国有企业投资东盟国家的重点地区、重点产业。组

织力量进行调研和分析，发布更具有指导意义的东盟国别投资指南。

政策协调部门，主要承担对外政策协调和对内职能部门的协调。对外政策协调是针对中国与东盟各成员国在发展对外贸易、对外直接投资、金融合作、互联互动、科技合作、文化合作和海上合作等领域的政策协议制定与执行的协调，以及推进双方经贸合作进一步发展的"瓶颈"问题的解决。为此，亟须在三个方面加强协调工作：其一，应针对我国对外贸易和直接投资面临的政策性制约和自由贸易区升级版的打造开展政策创新研究，广泛听取不同利益主体的意见，如政府管理人员、国有企业和中小民营企业经营者、专家和不同智库的意见，组织力量明确未来自由贸易区加强政策协调的重要议题和重要任务清单，针对"知识产权保护、劳工标准、环境标准、促进中小企业发展、金融监管、竞争政策、国有企业条款、经济立法、市场透明、规制等多个领域进行分析评估，制定备选方案"[1]；其二，加强对外协调职能，借鉴欧盟的区域政策协调经验，就自由贸易区升级探索更积极的区域一体化协调政策，围绕重要议题和重要任务清单，进一步整合和调整原有的协调机制，构建多层次、网络状的政策协调体系；其三，围绕发展"瓶颈"和重要任务清单，分解任务并明确各部门各行业在未来发展中的主要任务，就亟待解决的问题加强国内经济管理、服务部门与企业界的协调，加强法律、银行、财政、税收、外汇、保险、环保、教育、行业协会等部门之间的合作，为在自由贸易区内特别是东盟国家进行贸易和投资活动的企业提供高效的服务。结合我国产业结构升级、对外直接投资战略动机，对企业提供政策优惠和倾斜，特别是加强对企业投资环境的改善，如金融环境和基础设施等硬件设施的改善。

设置的境外企业管理部门，主要是在微观层面对境外企业管理部门进行综合管理，通过审批职能的改革，逐步改变我国对外投资和贸易多头管理体制给企业跨国经营造成的不便，改变重审批、轻监管的

---

[1] 中国（海南）改革发展研究院课题组：《加快打造中国—东盟自贸区升级版》，《经济参考报》2014年2月27日。

低效管理，注重对跨国经营企业的监管。一方面，完善对国有企业跨国经营的监管，确保其经营行为与国家对东盟的经贸发展战略形成呼应，在提高营利性的同时，注意树立中国企业在东盟国家的良好形象，为双方加强进一步的合作奠定信任基础。另一方面，综合管理部门，应加强对中小企业和民营企业的投资指导、跨国经营培训以及企业社会责任的监督，政府部门制定中小企业和民营企业投资指南，同时搭建信息服务平台或信息收集和咨询机构，通过设立有实力的信息采集部门和信息服务机构，为海外投资企业提供营利性、半营利性和纯公益性的信息服务和咨询服务，如投资目标国的政治、经济、生产要素供给、法律、税收政策、政府管理程序等基本信息服务，提供信息咨询和管理培训业务，为企业的跨国经营提供强有力的支持。

二　明确政策实施与协调的重点，建立政策协调机制

（一）明确经贸政策实施与协调的重点

中国—东盟自由贸易区经贸政策协调机构除了负责一般的政策协调和沟通，还应根据我国合作战略的目标和双方企业界的需求，明确经贸政策实施与协调的重点。

从目前学术界的研究成果、企业界和东盟成员国的呼声看，在打造中国—东盟自由贸易区升级版的进程中，提高贸易便利化和投资自由化水平；加强双边金融机构之间以及金融机构与跨国经营企业之间的合作，完善对跨国经营企业的金融服务；提高东盟国家的互联互通水平；加强人力资源培训领域的合作；深化双方在农业、生物、医药、海洋、信息、金融、能源、减灾防灾、环保节能等领域的合作，应成为我国与东盟国家"钻石十年"开展政策协调的重点。

（二）加强产业合作，强化产业支撑

加强中国与东盟进行产业合作规划研究，扩大产业合作的领域。应通过深入系统的研究，确定产业合作的重点领域；围绕重点合作产业和重大合作项目，优化产业合作的空间布局，以产业合作园区为载体，加快承接产业转移，促进中国—东盟合作产业的集群化发展，培育双边合作的产业基地。

1. 产业合作的重点

我国政府应积极推动与东盟在传统产业领域和战略新兴产业领域的合作。与东盟成员国在农业良种研发合作与推广、农业生物技术、农业信息技术和先进农业设施与装备等农业产业合作领域，在机械、电子信息、化工、纺织、汽车等制造业和工程承包等领域，在医药、海洋、新能源、环保节能等新兴产业发展，在金融、电信、旅游、商贸物流、咨询等现代服务业领域有广阔的合作空间，应当把这些产业作为"钻石十年"产业合作的重点，调整中国在东盟国家的产业布局结构，加快出台更具针对性的产业扶持政策，在提高中国企业竞争力的同时，在合作机制、资金、技术研发、人才培养等方面给予必要的扶持，为双方深化合作奠定更坚实的基础。

2. 产业地区布局优化的重点

中国与东盟国家经贸关系的发展，应围绕形成产业聚集效应，完善产业链的目标，依托产业园区，推动产业合作地区布局的优化。应在考虑经济利益的基础上，兼顾双边政治关系的发展，根据战略需要调整我国对东盟直接投资的产业布局；对战略地位重要的东盟国家，重视产业园区的布局，促进企业集群化发展，提高集群的外部经济和示范作用；充分发挥东盟发达国家在我国西部大开发中的作用，吸引东盟各国企业到我国中西部地区投资建厂。

在深化产业合作的过程中，应采用增长极培育模式，重点依托产业园区建设，增强双方合作的示范效应，"重点推进中国与东盟国家合作共建临港、沿边产业园区，推广中马'两国双园'合作模式的经验，推进中越东兴—芒街跨境经济合作区以及中泰、中印度尼西亚等的合作产业园的建设"。[①] 通过合作产业园区的建设模式，进一步完善双方的产业链。

积极推进港口城市合作网络的建设，打造港口城市产业合作基地。围绕我国21世纪"海上丝绸之路"战略实施，加强双方港口城

[①] 范祚军：《加强中国—东盟合作建设"21世纪海上丝路"》，《中国社会科学报》2014年10月27日。

市在临港工业园区、港口、能源、物流、海上合作等领域的合作,培育"海上丝绸之路"的临港产业带。

充分利用广西、云南与东盟国家陆地毗邻的地缘、亲缘和血缘优势,加强沿边地区的产业合作开发。加快改善沿边地区的基础设施和投资环境,在广西东兴、凭祥和云南的瑞丽、孟定以及猴桥等地设立出口加工区和沿边自由贸易试验区。一方面,鼓励围绕广西、云南等地的资源、劳动力成本优势,积极吸引外来资本,承接沿海地区加工制造业转移,建设跨境产业合作基地和产业示范基地,园区在产业功能设计、核心技术、品牌培育、中介机构等产业链环节加强一体化服务培育,加快发展沿边出口加工区;另一方面,通过设立自由贸易试验区,鼓励发展国际贸易、转口贸易,发挥贸易自由化和便利化的示范作用。

(三)建立产业结构升级、对外贸易与对外直接投资的统筹推进机制

我国政府应加强统筹对外贸易战略、国内产业结构升级和对外直接投资的战略目标,实施建立统筹与衔接机制。尤其是在具体的财政、税收、产业选择和海外投资区域布局等方面加强协调,形成产业升级、外贸出口结构和对外直接投资布局的互动。

其一,我国政府应顺应劳动密集型产业向我国西部地区和东南亚国家转移的趋势,在中央政府层面加强引导劳动密集型产业转移,明确重点鼓励哪些劳动密集型产业向我国中西部地区转移,哪些产业适宜向东南亚国家转移,在兼顾中西部地区利益的同时,积极推进"边际产业"的对外直接投资。在这个过程中,应积极实施承接和转移并重的、双向的产业转移战略,既要稳步推进东部地区的产业结构升级,又要适时地将我国保有优势的低端制造业逐步通过对外直接投资向东盟发展程度较低的成员国进行转移,通过跨国经营拓展自身的优势。

其二,以国内产业结构调整,助力外贸发展方式转型,把握好调整出口结构的进度,在积极承接发达国家产业转移的过程中,进一步提高我国优势产品、劳动密集型产品、高新技术产品出口的规模与质

量，稳步增加我国对有需求的资源性产品和东盟优势资本密集型产品的进口。

其三，加强对外贸易政策和对外投资政策的协调，促进跨国投资与出口贸易相结合，从我国的贸易战略出发，对不同投资动机、投资行业（产品）和投资阶段实行差异化的管理，通过财政、税收、金融和人才培训等配套扶持，加强对外投资过程中带动我国资本设备和中间投入品出口的企业的海外直接投资的政策引导和服务，在出口退税和出口信贷方面给予更加优惠的政策，鼓励对外直接投资企业在当地开展加工贸易，对其原材料的出口和产品的进口给予适当的优惠政策，进一步深化中国与东盟国家的价值链分工，充分发挥不同的行业以及资源开发型、生产导向型、市场导向型和贸易促进型等不同投资动机的海外直接投资对我国出口贸易的拉动作用，提高我国产品在东盟市场的出口份额。同时，应重视对新加坡的学习型直接投资，鼓励中国大中型企业以并购和参股的形式投资新加坡的高新技术产业、电子信息产业和装备制造业，与当地的大学和研究机构建立研发中心，提高企业的技术创新能力，加快产品的创新，并将先进技术引进国内进行产品生产，同时学习其先进的管理经验，提高产业竞争力。

三 实施差异化扶持政策，优化贸易和投资主体结构

如前文分析所述，目前，我国对东盟国家出口品的生产企业，以外资企业为主，在对东盟国家进行投资的企业中，主要是以国有企业为主。因此，在中国—东盟自由贸易区升级版的打造过程中，扩大我国对东盟国家的投资规模和提高投资质量成为必然的战略举措。要进一步使双方在双边经贸关系中获得更多的实惠，提高本地区的竞争力，除了加强官方援助和国有资本的跨国经营外，还应加强我国对外贸易主体和对外投资的多元化主体的培育。为此，针对不同所有制企业、不同规模的企业，我国政府应针对各自的特点制定差异化的扶持政策。

（一）加强政府的政治协调，培育国有企业在东盟国家的跨国经营能力

针对国有背景的跨国经营企业，政府扶持的重点是国有企业技术

创新能力、管理水平和强化企业社会责任监管。政府应针对国有企业在东盟成员国的跨国经营,充分调动本国大学、研究机构和东盟国家大学和研究机构的智力资源,联合建立国企高管中国—东盟培训中心,就我国国有企业对外直接投资、海外并购、地方化管理、产学研结合、东盟文化、社区融合和企业社会责任等方面进行系统的培训,增强国有企业跨国经营的整体竞争力。

我国政府应鼓励国有企业充分发挥产学研合作的优势,不仅加强与国内研究机构的合作,还要加强与东盟优秀的大学、研究机构的合作,鼓励建立企业海外研发机构,鼓励国有企业充分利用当地的先进设备研发和生产高新技术产品,在现有适用技术的基础上进一步掌握产业核心技术,提高创新能力,提高国有企业的国际竞争力,增强直接投资的知识外溢效应。

制定补贴政策鼓励国有企业雇用当地工程师、科研人员和管理人员,建立培训基地,为海外雇员提供培训机会,加强东道国特别是与中国广西密切的缅甸、柬埔寨、老挝等国人力资源的开发与培训。

(二) 完善扶持政策,加强中小企业服务体系建设

在以大型跨国企业为主塑造中国对外直接投资主体的同时,也应重视我国不同所有制的中小企业在对外直接投资中的作用。充分发挥中小企业经营机制灵活,掌握成熟的加工技术和传统技术,能更好地适应欠发达国家小规模经营的优势。同时,也应采取相应的扶持方式降低中小企业面临的市场风险,为此,有必要加强我国大中小企业海外直接投资的协调,主要可以采取以下方式:一是借鉴日本、韩国和台湾地区的对外直接投资经验,实施大、中、小企业并举的投资促进战略,对中小企业的扶持和引导,以国有大型企业为主导,鼓励中小企业围绕产业价值链主动与国有大型企业开展分工合作,充分发挥大型国有企业对中小企业海外投资的辐射作用;二是我国政府出面与东盟成员国协商,在区位优势好的区域建立产业园,由中方单独投资或与外方共同出资,建立产业园的配套基础设施,并给予中方中小企业政策优惠,围绕主体产业的价值链发展吸引我国中小企业在空间地理上聚集发展,并在价值链上形成分工和协作,降低中小企业的市场风

险；三是政府出台相关的激励政策和投资平台，引导有优势的中小企业联合开展对外直接投资，同时鼓励我国中小企业与国外企业合作经营。

针对中小企业在资金、技术、人才和信息方面在跨国经营中可能存在的不足，政府应与国内金融机构加强对中小微企业金融服务政策的研究，为企业在东盟的经营加强双边多边合作，提供更优质的资信服务、货币结算、信贷支持、信用收集评级及信息发布等支持；针对中小企业跨国经营提供营利性和半营利性的管理、咨询和信息服务，主要包括适合我国中小企业的产业投资目录和风险预警，提供管理咨询和人才培训，提供与经营有关的法律法规、市场信息等服务。

（三）加强政府、企业和社会力量的合作，强化企业社会责任意识

我国政府，如商务部、中国驻各国使馆应积极发挥政府在推进企业社会责任建设中的主导作用，扮演好规制者、激励者、服务者和监督者的角色。首先，要进一步完善国内的法律法规，以法治建设规制国内企业在产品质量管理、劳资关系、环境保护等方面的行为，从法律上促使企业树立主动承担社会责任的意识。其次，尽快启动中国—东盟自由贸易区中国海外投资企业社会责任战略规划的编制工作，结合《关于进一步规范我国企业对外投资合作的通知》《境外中资企业（机构）员工管理指引》《中国境外企业文化建设若干意见》《对外投资合作环境保护指南》，参照《DZCSR30000 中国企业社会责任标准体系》，针对东盟国家经营的实际情况，就企业社会责任建设的组织机构、企业社会责任标准体系、评价体系、管理体系、企业社会责任培育的重点和相应措施等内容进行系统的规划指导。最后，建立企业社会责任激励机制与评价机制，以国有企业为重点加强其企业社会责任培育，引导企业在开拓东盟市场获取跨国经营利益的同时，积极承担当地社区基础设施、教育、环保等领域的公益性事业，配合国家官方政策援助强化中国的国际形象。政府可以在国内设立中国—东盟企业社会责任专项基金，对表现良好的企业给予表彰和信用记录加分。

中国投资东盟的企业应正确认识企业社会责任对企业竞争力的影响。主动制定融入东道国的企业社会责任战略、投入相应的资金，培

育相应的企业文化，提高企业的管理水平。在产品质量安全、营造和谐的劳资关系、完善环保措施和参与社区公益事业等方面，以更积极的姿态履行企业社会责任。

政府和企业应重视行业协会和其他公益性机构等非政府组织在协助政府和企业履行社会责任方面的积极作用，在探索企业社会责任标准体系、发布信息和募集资金发展社会公益事业等方面，依托行业协会的力量，加强企业、协会与政府的合作，对政府和企业起到拾遗补阙的作用。

四　提高互联互通水平，改善区域投资环境

为提高贸易便利化和双边投资水平，中国与东盟国家有必要进一步加大合作力度，针对制约贸易与投资发展的基础设施和通关等问题尽快进行磋商，提高区域基础设施互联互通的质量。

就全面推动陆、海、空联运通道建设，根据贸易与投资发展需要，确定互联互通重大项目任务清单。加强双方在道路、港口、铁路等交通基础设施的互联互通，降低物流成本。

加强双方在通信、网络、电力等领域的联通规划与建设。提出我国与东盟国家在通信、电网、互联网等关键基础设施合作的项目清单，特别是加强与东盟相对落后成员国的合作，重点改善中方工业园区布局地区的基础设施，改善我国沿边地区基础设施，为产业合作提供支撑。

加快磋商，改善通关便利、市场监管、标准规范等软环境的互联互通。"尽快提出我国与东盟各国在检验检疫、海关、技术标准等通关便利化的项目清单。加快我国与东盟国家在口岸管理机制方面的一体化进程，借鉴欧盟'单一窗口'经验，探索并推广区外货物进入区内后一次报关、一次查验、全程放行的'大通关'模式"。[1]

五　深化金融合作，助力产业合作和区域互联互通

为进一步提高产业合作和互联互通的金融支撑能力，有必要加强

---

[1] 中国（海南）改革发展研究院课题组：《加快打造中国—东盟自贸区升级版》，《经济参考报》2014年2月27日。

双方在金融领域的合作。

(一) 完善区域金融基础设施

中央政府和货币管理当局应组织自由贸易区内各成员国的金融企业、学者、金融监管部门就当前金融基础设施建设问题进行系统的研究，加强促进法制基础设施、会计基础设施和监管基础设施的"三位一体"的区域金融一体化建设，优化自由贸易区金融服务环境。

首先，有必要进一步加强中国与东盟各国在法制领域的交流与合作，包括加快推进区域金融法规建设，加大对各国相关法律人士及企业的培训，如国际商事仲裁、调解、商务敦促履约和法律政策咨询等专业化培训、服务，帮助企业有效防范和化解经贸投资纠纷；创新纠纷解决机制，创建由商业协会组织、各国法律服务机构共同参与的中国—东盟商事法律服务合作机制，为经济合作的深化创造公平的法制环境。中国法律界应注重与新加坡国际商业法院在国际商业仲裁人才培养方面的交流与合作，为中国企业应对商业纠纷提供储备。[1]

其次，为支持自由贸易区金融基础设施建设，我国政府应联合东盟国家，加强自由贸易区金融机构的科技管理、后台保障、信息保障和规则保障等领域的管理水平。加快金融人才培训和培育一批市场化的专业信息服务结构。

最后，我国政府应积极寻求与东盟各成员国货币当局的战略合作，进一步完善市场交易体系、支付结算体系和支持保障体系的建设，加快推进区域金融风险防范合作体系、自由贸易区信用体系和投融资合作体系的建设。

(二) 加快商业金融服务，突破金融服务滞后对产业合作的"瓶颈"

首先，鼓励国内商业银行紧密围绕日益扩大的双边进出口贸易和双边投资，加强企业金融服务。"钻石十年"，要打造贸易区的升级版，要求中国—东盟进一步加强金融合作，进一步扩大人民币结算的

---

[1] 翁晔：《加强法治合作将为中国—东盟自贸区升级版护航》，中国金融信息网，http://news.xinhua08.com/a/20140922/1389320.shtml，2014-09-22。

试点范围，提升跨境人民币清算服务，稳步发展个人跨境人民币业务，加快人民币双向投资、双向贷款步伐，加快建设中国—东盟区域性支付清算系统，鼓励中国与东盟国家互设金融机构。国内银行应与东盟国家银行业建立全面的业务合作机制，充分发挥双方在机构网络、产品服务、客户信息等方面的互补优势，进一步推进全面业务合作关系。

其次，鼓励商会、协会等中间组织利用其优势，加强与金融业的协调沟通，争取金融企业在交通、工业、农业、旅游、能源、矿产等行业共同合作组建专项投资资金。

最后，鼓励金融企业结合自由贸易区企业的发展需求，进行金融创新，加大金融支持力度，如将海外投资项目的融资与出口信贷或担保结合起来，银行对海外加工贸易出口的设备、技术、零配件、原材料所需资金优先提供出口信贷或担保，破解特色产业和中小微企业的资金"瓶颈"问题。

（三）创新政策性金融服务，提高互联互通的水平与质量

中国政府应积极动员参与筹备亚洲基础设施投资银行的创始成员国，广泛汲取成员国在基础设施融资领域的意见，听取学术界和金融机构的建议，结合亚洲现阶段区域一体化和欠发达国家基础设施发展的需求，促进解决成员国基础设施投资资金不足的问题。依托亚洲基础设施投资银行，整合亚洲国家的力量，深化中国—东盟自由贸易区的金融合作和基础设施互联互通。在"钻石十年"的互联互通建设过程中，我国政府应积极争取亚洲基础设施投资银行成员国的支持，妥善处理与亚行在业务重叠上的冲突，并积极借鉴世行和亚行在项目管理方面的经验，提高投资效率。同时，在项目开发模式和资金融通等方面，应广泛吸收民间资本和非政府组织的参与。同时，为增强成员国之间的信任，获得尽可能广泛的支持，基础设施投资银行应恪守不干涉内政的原则。

同时，应积极探索有效的模式，与东盟国家金融机构共同出资建立融资平台，拓宽融资渠道，创新融资模式，重视调动社会资本的积极性，探索多种形式引入社会资本参与自由贸易区内的基础设施互联

互通项目的建设。

六 加强民间组织的培育，增强正式组织与非正式组织的互动

在推进自由贸易区升级版建设的过程中，应重视推动中国—东盟企业界民间商会、行业协会和合作组织的建立，完善工商界交流与合作机制，以此为依托，加强行业交流，加强信息沟通，共享商业资源，帮助更多企业快捷有效地开发对方市场或开展投资合作，以及开展定期会晤交流。

同时，应进一步加强商会与各国经贸政策决策层的交流与互动。在每年召开的中国—东盟博览会期间举办的商务与投资峰会设立商会领袖论坛，可考虑征集论坛主题，并邀请相关领域的东盟政界要员、商会领袖和专家学者，围绕主题进行有重点有针对性的交流，提高论坛的质量和实效。在自由贸易区升级版的谈判过程中，中国政府应重视企业和民间商会的意见和利益诉求，了解他们的政策需求，从而提高协议的可操作性和利用率，真正促进跨境贸易和双边投资合作的发展。

七 加强与其他自由贸易区之间的协调，减少域外阻力

当前，中国—东盟自由贸易区的建设，会受到其他合作机制如东盟—韩国、东盟—日本、东盟—印度、东盟—澳大利亚、东盟—新西兰等建设的影响，同时，中国—东盟自由贸易区的升级版也可能会不同程度地与其他自由贸易区的制度安排有所冲突，影响第三方利益。在中国—东盟自由贸易区升级版提出后，一些东盟国家态度不是很积极，它们认为由东盟国家、中国等16个成员方参与的建立区域全面经济伙伴关系（RCEP）谈判已经展开，没有必要打造升级版。对此，我国政府应适当考虑第三方在东盟自由贸易区的经济利益，做好多个自由贸易区制度安排的协调，尽可能地争取区域外有关各方的支持。[①]

[①] 栾鹤:《中国—东盟自贸区升级需要创新思维》，中国贸易新闻网，http://www.china trade news.com.cn/html/zhong dian yue du/2014/0507/7114.html，2014 - 05 - 07。

附　录

附录一：中华人民共和国与东南亚国家联盟全面经济合作框架协议

中华人民共和国（以下简称中国）与文莱达鲁萨兰国、柬埔寨王国、印度尼西亚共和国、老挝、马来西亚、缅甸联邦、菲律宾共和国、新加坡共和国、泰王国和越南社会主义共和国等东南亚国家联盟成员国（以下将其整体简称"东盟"或"东盟各成员国"，单独一国简称"东盟成员国"）政府首脑或国家元首：

忆及我们2001年11月6日在文莱达鲁萨兰国斯里巴加湾东盟—中国领导人会上关于经济合作框架和在10年内建立中国—东盟自由贸易区（以下简称"中国—东盟自贸区"）的决定，自由贸易区将对柬埔寨、老挝、缅甸和越南等东盟新成员国（以下简称"东盟新成员国"）给予特殊和差别待遇及灵活性，并对早期收获做出规定，其涉及的产品及服务清单将通过相互磋商决定；

期望通过具有前瞻性的《中国与东盟（以下将其整体简称"各缔约方"，单独提及东盟一成员国或中国时简称"一缔约方"）全面经济合作框架协议》（以下简称"本协议"），以构筑双方在21世纪更紧密的经济联系；

期望最大限度地降低壁垒，加深各缔约方之间的经济联系；降低成本；增加区域内贸易与投资；提高经济效率；为各缔约方的工商业创造更大规模的市场，该市场将为商业活动提供更多机会和更大规模的经济容量；以及增强各缔约方对资本和人才的吸引力；

确信中国—东盟自贸区的建立将在各缔约方之间创造一种伙伴关系，并为东亚加强合作和维护经济稳定提供一个重要机制；

认识到工商部门在加强各缔约方之间的贸易和投资方面的重要作用和贡献，以及进一步推动和便利它们之间的合作并使它们充分利用中国—东盟自贸区带来的更多商业机会的必要性；

认识到东盟各成员国之间经济发展阶段的差异和对灵活性的要求，特别是为东盟新成员国更多地参与中国—东盟经济合作提供便利并扩大它们出口增长的需要，这要着重通过加强其国内能力、效率和竞争力来实现；

重申各缔约方在世界贸易组织（以下简称 WTO）和其他多边、区域及双边协议与安排中的权利、义务和承诺；

认识到区域贸易安排在加快区域和全球贸易自由化方面能够起到的促进作用，以及在多边贸易体制框架中起到的建设性作用。

现达成如下协议：

第一条　目标

本协议的目标是：

（a）加强和增进各缔约方之间的经济、贸易和投资合作；

（b）促进货物和服务贸易，逐步实现货物和服务贸易自由化，并创造透明、自由和便利的投资机制；

（c）为各缔约方之间更紧密的经济合作开辟新领域，制定适当的措施；以及

（d）为东盟新成员国更有效地参与经济一体化提供便利，缩小各缔约方发展水平的差距。

第二条　全面经济合作措施

各缔约方同意迅速地进行谈判，以在 10 年内建立中国—东盟自贸区，并通过下列措施加强和增进合作：

（i）在实质上所有货物贸易中逐步取消关税与非关税壁垒；

（ii）逐步实现涵盖众多部门的服务贸易自由化；

（iii）建立开放和竞争的投资机制，便利和促进中国—东盟自贸

区内的投资；

（ⅳ）对东盟新成员国提供特殊和差别待遇及灵活性；

（ⅴ）在中国—东盟自贸区谈判中，给各缔约方提供灵活性，以解决它们各自在货物、服务和投资方面的敏感领域问题，此种灵活性应基于对等和互利的原则，经谈判和相互同意后提供；

（ⅵ）建立有效的贸易与投资便利化措施，包括但不限于简化海关程序和制定相互认证安排；

（ⅶ）在各缔约方相互同意的、对深化各缔约方贸易和投资联系有补充作用的领域扩大经济合作，编制行动计划和项目以实施在商定部门/领域的合作；以及

（ⅷ）建立适当的机制以有效地执行本协议。

第一部分

第三条 货物贸易

1. 除本协议第六条所列的"早期收获"计划以外，为了加速货物贸易的扩展，各缔约方同意进行谈判，对各缔约方之间实质上所有货物贸易取消关税和其他限制性贸易法规［如必要，按照WTO关税与贸易总协定（以下简称GATT）第24条（8）（b）允许的关税和限制性贸易法规除外］。

2. 就本条而言，应适用如下定义，除非文中另有解释：

（a）"东盟六国"指的是文莱、印度尼西亚、马来西亚、菲律宾、新加坡和泰国；

（b）"实施的最惠国关税税率"应包括配额内税率，并应：

（ⅰ）对于2003年7月1日时为WTO成员的东盟成员国及中国，指其2003年7月1日各自实施的最惠国关税税率；以及

（ⅱ）对于2003年7月1日时非WTO成员的东盟成员国，指其2003年7月1日对中国的实施税率；

（c）"非关税措施"应包括非关税壁垒。

3. 各缔约方的关税削减或取消计划应要求各缔约方逐步削减列入

清单的产品关税并在适当时依照本条予以取消。

4. 依照本条纳入关税削减或取消计划的产品应包括所有未被本协议第六条所列的"早期收获"计划涵盖的产品,这些产品应分为如下两类:

(a) 正常类:一缔约方根据自身安排纳入正常类的产品应:

(i) 使其各自实施的最惠国关税税率依照特定的减让表和税率(经各缔约方相互同意)逐步削减或取消,对于中国和东盟六国,实施期应从 2005 年 1 月 1 日到 2010 年,对于东盟新成员国,实施期应从 2005 年 1 月 1 日到 2015 年,并采用更高的起始税率和不同实施阶段;以及

(ii) 按照上文第 4 款 (a) (i) 已经削减但未取消的关税,应在经各缔约方相互同意的时间框架内逐步取消。

(b) 敏感类:一缔约方根据自身安排纳入敏感类的产品应:

(i) 使其各自实施的最惠国关税税率依照相互同意的最终税率和最终时间削减;以及

(ii) 在适当时,使其各自的实施的最惠国关税税率在各缔约方相互同意的时间框架内逐步取消。

5. 敏感类产品的数量应在各缔约方相互同意的基础上设定一个上限。

6. 各缔约方依照本条及第六条所做的承诺应符合 WTO 对各缔约方之间实质上所有贸易取消关税的要求。

7. 各缔约方之间依照本条相互同意的特定的关税税率应仅列出各缔约方削减后适用关税税率的上限或在特定实施年份的削减幅度,不应阻止任一缔约方自愿加速进行关税削减或取消。

8. 各缔约方之间关于建立涵盖货物贸易的中国—东盟自贸区的谈判还应包括但不限于下列内容:

(a) 管理正常类和敏感类产品的关税削减或取消计划以及本条前述各款未涉及的任何其他有关问题的其他具体规则,包括管理对等承诺的各项原则;

(b) 原产地规则;

（c）配额外税率的处理；

（d）基于 GATT 第 28 条，对一缔约方在货物贸易协议中的承诺所做的修改；

（e）对本条或第六条涵盖的任何产品采用的非关税措施，包括但不限于对任何产品的进口或者对任何产品的出口或出口销售采取的数量限制或禁止，缺乏科学依据的动植物卫生检疫措施以及技术性贸易壁垒；

（f）基于 GATT 的保障措施，包括但不限于下列内容：透明度，涵盖范围，行动的客观标准——包括严重损害或严重损害威胁的概念，以及临时性；

（g）基于 GATT 现行规则的关于补贴、反补贴措施及反倾销措施的各项规则；以及

（h）基于 WTO 及世界知识产权组织（以下简称 WIPO）现行规则和其他相关规则，便利和促进对与贸易有关的知识产权进行有效和充分的保护。

第四条 服务贸易

为了加速服务贸易的发展，各缔约方同意进行谈判，逐步实现涵盖众多部门的服务贸易自由化。此种谈判应致力于：

（a）在各缔约方之间的服务贸易领域，逐步取消彼此或各缔约方间存在的实质所有歧视，和/或禁止采取新的或增加歧视性措施，但 WTO《服务贸易总协定》（以下简称 GATS）第五条第 1 款（b）所允许的措施除外；

（b）在中国与东盟各成员国根据 GATS 所做承诺的基础上，继续扩展服务贸易自由化的深度与广度；以及

（c）增进各缔约方在服务领域的合作以提高效率和竞争力，实现各缔约方各自服务供应商的服务供给与分配的多样化。

第五条 投资

为了促进投资并建立一个自由、便利、透明并具有竞争力的投资体制，各缔约方同意：

（a）谈判以逐步实现投资机制的自由化；

（b）加强投资领域的合作，便利投资并提高投资规章和法规的透明度；以及

（c）提供投资保护。

第六条　早期收获

1. 为了加速实施本协议，各缔约方同意对下文第3款（a）所涵盖的产品实施"早期收获"计划（该计划为中国—东盟自贸区的组成部分），"早期收获"计划将按照本协议中规定的时间框架开始和结束。

2. 就本条而言，应适用如下定义，除非文中另有解释：

（a）"东盟六国"指的是文莱、印度尼西亚、马来西亚、菲律宾、新加坡和泰国；

（b）"实施的最惠国关税税率"应包括配额内税率，并应：

（i）对于2003年7月1日时为WTO成员的东盟成员国及中国，指其2003年7月1日各自的实施的最惠国关税税率；以及

（ii）对于2003年7月1日时非WTO成员的东盟成员国，指其2003年7月1日对中国的实施税率；

3. "早期收获"计划中适用的产品范围、关税削减和取消、实施的时间框架、原产地规则、贸易补偿及紧急措施等问题应遵循下列规定：

（a）产品范围

（i）下面各章中HS8或9位税号的所有产品都应包括在"早期收获"计划中，除非一缔约方在本协议附件1的例外清单中将其排除，此种情况下该缔约方的这些产品可以得到豁免：

章　描述

01　活动物

02　肉及食用杂碎

03　鱼

04　乳品

05　其他动物产品

06　活树

07　食用蔬菜

08　食用水果及坚果

（ii）已将某些产品纳入例外清单的任何一缔约方可以在任何时候修改例外清单，将例外清单的一项或多项产品纳入"早期收获"计划。

（iii）本协议附件2中所列的特定产品应涵盖在"早期收获"计划中，这些产品的关税减让应仅对附件2中列明的缔约方适用。这些缔约方必须就该部分产品相互提供关税减让。

（iv）对于附件1或附件2所列的未能完成适当的产品清单的缔约方，经相互同意可在不迟于2003年3月1日前完成。

（b）关税削减和取消

（i）"早期收获"计划中涵盖的所有产品都应按照规定划分为三类进行关税削减和取消，并按照本协议附件3中所列的时间框架执行。本款不应阻止任何缔约方自愿加速其关税削减或取消。

（ii）所有实施的最惠国关税税率为零的产品，应继续保持零税率。

（iii）实施税率降低到零的产品，税率应继续保持为零。

（iv）一缔约方应享受所有其他缔约方就上文第3款（a）（i）所列的某一产品所作的关税减让，只要该缔约方的同一产品保持在第3款（a）（i）所列的"早期收获"计划中。

（c）临时原产地规则

适用于"早期收获"计划所涵盖产品的临时原产地规则应在2003年7月以前谈判并完成制定。临时原产地规则应由各缔约方根据本协议第三条（8）（b）谈判制定并实施的原产地规则替换和取代。

（d）WTO条款的适用

WTO中有关承诺的修订、保障措施、紧急措施和其他贸易补偿措施——包括反倾销措施、补贴及反补贴措施等方面的条款，应临时性地适用于"早期收获"计划涵盖的产品。一旦各缔约方根据本协议第三条第8款谈判达成的相关规定得以执行，上述WTO的条款应被这些相关规定替换和取代。

4. 除了本条上面各款中规定的货物贸易方面的"早期收获"计划以外，各缔约方应在 2003 年初探讨在服务贸易方面推行早期收获计划的可行性。

5. 为了推动各缔约方之间的经济合作，本协议附件 4 中规定的各项活动应予执行或视情况要求加快实施。

第二部分

第七条　其他经济合作领域

1. 各缔约方同意在下列五个优先领域加强合作：
（a）农业；
（b）信息及通信技术；
（c）人力资源开发；
（d）投资；以及
（e）湄公河盆地的开发。

2. 合作应扩展到其他领域，包括但不限于银行、金融、旅游、工业合作、交通、电信、知识产权、中小企业、环境、生物技术、渔业、林业及林业产品、矿业、能源及次区域开发等。

3. 加强合作的措施应包括但不应仅限于：
（a）推动和便利货物贸易、服务贸易及投资，如
（i）标准及一致化评定；
（ii）技术性贸易壁垒和非关税措施；以及
（iii）海关合作。
（b）提高中小企业竞争力。
（c）促进电子商务。
（d）能力建设。以及
（e）技术转让。

4. 各缔约方同意实施能力建设计划以及实行技术援助，特别是针对东盟新成员国，以调整它们的经济结构，扩大它们与中国的贸易与投资。

第三部分

第八条 时间框架

1. 在货物贸易方面,关于本协议第三条中所列的关税削减或取消和其他问题的协议的谈判应于 2003 年初开始,2004 年 6 月 30 日之前结束,以建立涵盖货物贸易的中国—东盟自贸区,对于文莱、中国、印度尼西亚、马来西亚、菲律宾、新加坡和泰国,建成自贸区的时间是 2010 年,东盟新成员国建成自贸区的时间是 2015 年。

2. 本协议第三条所列的关于货物贸易原产地规则的谈判应不迟于 2003 年 12 月结束。

3. 服务贸易和投资方面,各项协议的谈判应于 2003 年开始,并应尽快结束,以依照相互同意的时间框架付诸实施,实施时需要:(a) 考虑各缔约方的敏感领域;(b) 为东盟新成员国提供特殊和差别待遇及灵活性。

4. 对于本协议第二部分中所列的经济合作的其他领域,各缔约方应继续巩固实施本协议第七条中所列的现有的或经同意的各项计划,制订新的经济合作计划,并在经济合作的各个领域达成协议。各缔约方应迅速采取行动,以便以所有相关缔约方都能接受的方式和速度尽早实施。这些协议应包含实施其中各项承诺的时间框架。

第九条 最惠国待遇

中国自本协议签字之日起应给予所有非 WTO 成员的东盟成员国符合 WTO 规则和规定的最惠国待遇。

第十条 一般例外

在遵守关于此类措施的实施不在情形相同的各缔约方彼此或各缔约方之间构成任意或不合理歧视的手段或构成对中国—东盟自贸区内贸易的变相限制的要求前提下,本协定的任何规定不得阻止任何缔约方采取或实施保护其国家安全、保护具有艺术、历史或考古价值的文物所采取的措施,或保护公共道德所必需的措施,或保护人类、动物或植物的生命和健康所必需的措施。

第十一条 争端解决机制

1. 各缔约方应在本协议生效 1 年内，为实施本协议建立适当的正式的争端解决程序与机制。

2. 在上文第 1 款所称的争端解决程序与机制建立前，任何关于本协议的解释、实施和适用的争端，应通过磋商和/或仲裁以友好的方式加以解决。

第十二条 谈判的机构安排

1. 已建立的中国—东盟贸易谈判委员会（以下简称中国—东盟 TNC）应继续负责执行本协议中所列的谈判计划。

2. 各缔约方在必要时可以建立其他机构来协调和实施依照本协议开展的任何经济合作活动。

3. 中国—东盟 TNC 和上述所有机构应通过中国对外贸易经济合作部（以下简称中国外经贸部）与东盟经济高官会（以下简称 SEOM），定期向中国外经贸部部长和东盟经济部长会议（以下简称 AEM）汇报其谈判进度及成果。

4. 无论中国—东盟 TNC 于何时何地进行谈判，东盟秘书处和外经贸部应联合给以必要的行政支持。

第十三条 杂项条款

1. 本协议应包含所附附件及其内容，以及将来所有依照本协议通过的法律文件。

2. 除非本协议另有规定，本协议或依照本协议采取的任何行动不得影响或废止一缔约方依照其现为缔约方的协议所享受的权利和承担的义务。

3. 各缔约方应当努力避免增加影响实施本协议的约束或限制。

第十四条 修正

本协议的条款可经各缔约方以书面形式相互同意达成的修正案加以修订。

第十五条 交存方

对于东盟成员国，本协议应交存于东盟秘书长，东盟秘书长应及时向每一个东盟成员国提供一份经核证的副本。

第十六条　生效

1. 本协议于 2003 年 7 月 1 日生效。

2. 各缔约方应于 2003 年 7 月 1 日前完成使本协议生效的国内程序。

3. 如一缔约方未能在 2003 年 7 月 1 日之前完成使本协议生效的国内程序，该缔约方依照本协议的权利与义务应自其完成此类国内程序之日开始。

4. 一缔约方一俟完成使本协议生效的国内程序，即应以书面形式通报所有其他缔约方。

鉴此，我们签署《中华人民共和国与东南亚国家联盟全面经济合作框架协议》。

本协议以英文书就，一式两份，2002 年 11 月 4 日签署于柬埔寨金边。

附件 1　各缔约方在第六条（3）（a）（i）"早期收获"计划中的例外产品清单

附件 2　第六条（3）（a）（iii）"早期收获"计划中的特定产品

附件 3　A. 依照第六条第 3 款（b）（i）进行关税削减和取消的产品类别 B. 第六条第 3 款（b）（i）的实施时间框架

附件 4　第六条第 5 款所列的活动

附录二：中国—东盟全面经济合作框架协议货物贸易协议

中华人民共和国政府（以下简称中国）与文莱达鲁萨兰国、柬埔寨王国、印度尼西亚共和国、老挝、马来西亚、缅甸联邦、菲律宾共和国、新加坡共和国、泰王国和越南社会主义共和国等东南亚国家联盟成员国政府（以下将其整体简称东盟或东盟各成员国，单独提及一国时简称东盟成员国）

忆及 2002 年 11 月 4 日在柬埔寨金边由中国和东盟领导人签署的

《中国与东盟（以下将其整体简称各缔约方，单独提及东盟一成员国或中国时简称一缔约方）全面经济合作框架协议》（以下简称《框架协议》）以及2003年10月6日在印度尼西亚巴厘由各缔约方经济部长签署的《关于修改〈中国—东盟全面经济合作框架协议〉的议定书》；

再次忆及《框架协议》的第二条（1）、第三条（1）和第8条（1）款反映出的各缔约方的承诺，即对于中国和东盟六国，将在2010年建成涵盖货物贸易的中国—东盟自贸区，对于东盟新成员国，将在2015年建成自贸区；

重申各缔约方在规定的时间框架内建立中国—东盟自贸区的承诺，同时允许各缔约方按照《框架协议》规定，享有解决敏感领域问题的灵活性。

达成协议如下：

第一条 定义

就本协议而言，将适用下列定义，除非文中另有规定：（一）"WTO"指世界贸易组织；（二）"the GATT 1994"指《1994年关税与贸易总协定》，包括附件一（注释和补充条款）；（三）"东盟六国"指文莱、印度尼西亚、马来西亚、菲律宾、新加坡和泰国；（四）"东盟新成员国"指柬埔寨、老挝人民民主共和国、缅甸和越南；（五）"实施最惠国税率"应包括配额内税率，且1. 对东盟成员国（2003年7月1日时为世界贸易组织成员）和中国，指其各自于2003年7月1日的实施税率；以及2. 对东盟成员国（2003年7月1日时为非世界贸易组织成员），指其在2003年7月1日对中国产品实施的税率；（六）"非关税措施"应包括非关税壁垒；（七）"AEM"指东盟经济部长；（八）"MOFCOM"指中华人民共和国商务部；（九）"SEOM"指东盟经济高官会。

第二条 国内税和国内法规的国民待遇

一缔约方应根据《1994年关税与贸易总协定》第三条向所有其他缔约方的本协议和《框架协议》涵盖的货物给予国民待遇。为此，《1994年关税与贸易总协定》第三条的规定应在必要修正后纳入本协议，并作为本协议的组成部分。

第三条　关税削减和取消

一、各缔约方的关税削减或取消计划应要求逐步削减被列明税目的实施最惠国税率，并在适当时依照本条予以取消。

二、依照本协议纳入关税削减或取消计划的税目应包括所有未被《框架协议》第六条所列的早期收获计划涵盖的税目，这些税目应按如下规定进行关税削减和取消：

（一）正常类：一缔约方自愿纳入正常类的税目应依照本协议附件1中列明的模式逐步削减和取消各自实施的最惠国税率，并应实现模式中的降税门槛所规定的目标。

（二）敏感类：一缔约方自愿纳入敏感类的税目应依照本协议附件2中的模式削减或取消各自实施的最惠国税率。

三、根据本协议附件1和附件2，各缔约方按照本条履行的承诺应适用于其他所有缔约方。

第四条　透明度

《1994年关税与贸易总协定》第十条应在必要修正后纳入本协议，并作为本协议的组成部分。

第五条　原产地规则

适用于本协议和《框架协议》早期收获计划所涵盖产品的原产地规则及其签证操作程序将在本协议的附件3中列明。

第六条　减让的修改

一、本协议的任一缔约方可同其已按照本协议做出减让的另一缔约方谈判并达成协议，修订或撤销在本协议下达成的上述减让。

二、在上述可包括关于其他产品的补偿性调整条款的谈判和协议中，所涉及的各缔约方应保持对等互利的减让水平总体上不低于在上述谈判和协议达成之前本协议中规定的水平。

第七条　WTO规则

一、根据本协议的条款和各缔约方基于本协议第十七条对本协议进行审议所可能达成的任何未来的协议，各缔约方，由此同意并重申它们遵守WTO规则中有关条款的承诺，其中包括非关税措施，技术贸易壁垒，卫生和植物卫生措施，补贴和反补贴措施，反倾销措施和知识产权。非 WTO 成员的缔约方应根据它们加入 WTO 的承诺遵守 WTO 的条款。

二、在本协议中没有被特别提及或修正的 WTO 货物贸易多边协定的条款，应在必要修正后适用于本协议，除非文中另有要求。

第八条　数量限制和非关税壁垒

一、除非 WTO 规则允许，各缔约方不应在任何时候保留任何数量限制措施。非 WTO 成员的缔约方应自本协议生效之日起 3 年后 [越南：4 年] 或根据其加入 WTO 的承诺逐步取消其数量限制，以时间较早者为准。

二、各缔约方应在本协议生效后尽快列明非关税壁垒（数量限制除外）以逐步取消。取消这些非关税壁垒的时间框架应由各缔约方共同商定。

三、各缔约方在实施本协议时应公布其数量限制的有关信息并使这些信息易于取得。

第九条　保障措施

一、每一 WTO 成员的缔约方，保留其根据《1994 年关税与贸易总协定》第十九条及《WTO 保障措施协定》所享有的权利及义务。

二、关于中国—东盟自贸区保障措施，一缔约方有权在某一产品的过渡期内针对该产品启动保障措施。上述过渡期始于本协议生效之日，终止于该产品完成关税减让或取消的五年之后。

三、如一缔约方因履行其依据本协议或《框架协议》早期收获计划所承担关税减让的义务，或者，如因不可预见的情况和一缔约方因履行其依据本协议或《框架协议》早期收获计划所承担的义务，导致其从其他缔约方进口的任何特定产品的数量有绝对的或相对于其国内产量的增加，且此种情况已对进口方生产类似或直接竞争产品的国内产业造成严重损害或严重损害威胁，则该缔约方有权采取中国—东盟自贸区保障措施。

四、一缔约方采取中国—东盟自贸区保障措施后，可将所涉产品的适用税率提高至保障措施采取时适用于该产品的 WTO 最惠国税率。

五、中国—东盟自贸区保障措施的最初实施时间不应超过三年，可最多延长一年。不论对某一产品的中国—东盟自贸区保障措施实施期限如何，该保障措施应于该产品过渡期届满之日终止。

六、在实施中国—东盟自贸区保障措施时，各缔约方应适用WTO保障措施协定中关于实施保障措施的规则，但《WTO保障措施协定》第五条所列的数量限制措施及第九、十三、十四条不适用。《WTO保障措施协定》的所有其他条款应在必要修正后纳入本协议，并作为本协议的组成部分。

七、对于来自一缔约方的产品，只要其在进口成员中所涉产品进口中的份额不超过从各缔约方进口总量的3%，即不得对该产品实施中国—东盟自贸区保障措施。

八、在依据《WTO保障措施协定》第八条寻求补偿时，各缔约方应寻求第十二款中提及的机构的斡旋，以在中止任何相等的减让义务前确定实质相等的减让水平。所有与此斡旋有关的程序应在中国—东盟自贸区保障措施实施之日起90日内结束。

九、当一缔约方终止针对某一产品实施的中国—东盟自贸区保障措施时，该产品的税率应为根据本协议附件1及附件2所规定的关税减让表在保障措施终止之年的1月1日本应开始实行的税率。

十、各缔约方之间及送达第十二款中提及的机构的所有与中国—东盟自贸区保障措施相关的官方信函和文件应采用书面形式，并使用英文。

十一、当一缔约方实施中国—东盟自贸区保障措施时，不得同时依据第一款的规定诉诸WTO保障措施。

十二、为实现本条之目的，在根据第十六条第一款设立常设机构之前，所有列入本协议的WTO保障措施协定条款中提及的"货物贸易理事会"或"保障措施委员会"均应指中国—东盟经贸部长会议或中国—东盟经济高官会，常设机构在设立后应替代中国—东盟经贸部长会议和中国—东盟经济高官会。

第十条 承诺的加速实施

本协议不能阻止各缔约方进行谈判并达成协议，以加速实施在本协议下做出的承诺，此类协议应经全体缔约方相互同意并共同实施。

第十一条 保障国际收支的措施

如发生严重国际收支和对外财政困难或其威胁，一缔约方可根据《1994年关税与贸易总协定》和《关于〈1994年关税与贸易总协定〉国际收支条款的谅解》，采取限制性进口措施。

第十二条 一般例外

在遵守关于此类措施的实施不在情形类似的有关缔约方之间构成任意或不合理歧视的手段或构成对国际贸易的变相限制的要求前提下，本协议的任何规定不得解释为阻止一缔约方采取或实施以下措施：

（一）为保护公共道德所必需的措施；

（二）为保护人类、动物或植物的生命或健康所必需的措施；

（三）与黄金或白银进出口有关的措施；

（四）为保证与本协议的规定不相抵触的法律或法规得到遵守所必需的措施，包括与海关执法、根据《1994年关税与贸易总协定》第二条第四款和第十七条实行的有关垄断、保护专利权、商标和版权以及防止欺诈行为有关的措施；

（五）与监狱囚犯产品有关的措施；

（六）为保护具有艺术、历史或考古价值的国宝所采取的措施；

（七）与保护可用尽的自然资源有关的措施，如此类措施与限制国内生产或消费一同实施；

（八）为履行任何政府间商品协定项下义务而实施的措施，该协定符合WTO其WTO不持异议的标准，或该协定本身提交各缔约方且各缔约方不持异议；

（九）在作为政府稳定计划的一部分将国内原料价格压至低于国际价格水平的时期内，为保证此类原料给予国内加工产业所必需的数量而涉及限制此种原料出口的措施；但是此类限制不得用于增加该国内产业的出口或增加对其提供的保护，也不得偏离本协议有关非歧视的规定；

（十）在普遍或局部供应短缺的情况下，为获取或分配产品所必需的措施；但是任何此类措施应符合以下原则，即本协议的各缔约方在此类产品的国际供应中有权获得公平的份额，且任何此类与本协议其他规定不一致的措施，应在导致其实施的条件不复存在时即行停止。

第十三条 安全例外

本协议的任何规定不得解释为：

（一）要求任何一缔约方提供其认为如披露则会违背其基本安全利益的任何信息；

（二）阻止任何一缔约方采取其认为对保护其基本国家安全利益所必需的任何行动，包括但不仅限于如下行动：

1. 与裂变和聚变物质或衍生这些物质的物质有关的行动；

2. 与武器、弹药和作战物资的贸易有关的行动，及与此类贸易所运输的直接或间接供应军事机关的其他货物或物资有关的行动；

3. 为保护重要通信基础设施免遭使该基础设施失效或功能削弱的蓄意图谋所采取的措施；或

4. 在战时或国内、国际关系中的其他紧急情况下采取的行动。

（三）阻止任何缔约方为履行其在《联合国宪章》项下的维护国际和平与安全的义务而采取的任何行动。

第十四条 承认中国市场经济地位

东盟十国中的每一个成员国同意承认中国是一个完全市场经济体，自本协议签署之日起，将对中国与东盟十国中任何一个成员之间的贸易，不适用《中华人民共和国加入世界贸易组织议定书》第十五条和第十六条以及《中国加入世界贸易组织工作组报告书》第242段。

第十五条 国家、地区和地方政府

在履行本协议项下的义务和承诺时，每一缔约方应保证其领土内的地区、地方政府和主管机构，以及非政府机构（行使中央、州、地区或地方政府或主管机关的授权）遵守这些义务和承诺。

第十六条 机构安排

一、在建立常设机构前，中国—东盟经济部长会议，在中国—东盟经济高官会议的支持和协助下，应检查、监督、协调和审议本协议的执行。

二、东盟秘书处应监测并向中国—东盟经济高官会报告本协议的执行情况。在东盟秘书处行使其职责的过程中，各缔约方应予以合作。

三、每一缔约方应指定联络点，为各缔约方就本协议涉及的任何问题进行沟通提供便利。应一缔约方的请求，被请求缔约方的联络点应确定负责该问题的机构或官员，并为便利与提出请求的缔约方之间的沟通提供协助。

第十七条　审议

一、中国—东盟经济部长会议或其指定的代表应在本协议生效之日起一年之内召开会议，此后每两年或任何适当的时间召开会议，审议本协议，以考虑进一步采取措施开放货物贸易，并就本协议第7条涉及的问题或各缔约方同意的任何其他问题制定规则和谈判协定。

二、在考虑各自执行本协议情况的基础上，各缔约方应在2008年对敏感产品进行审议，以提高敏感产品的市场准入条件，包括对敏感类产品的数量进行进一步的、可能的削减以及审议被一缔约方列为敏感的产品的对等关税待遇条件。

第十八条　附件和将来的文件

本协议应包括：

（一）附件及其内容应为本协议的组成部分；以及（二）将来依据本协议达成的所有法律文件。

第十九条　修正

各缔约方达成书面协议即可对本协议进行修正，此类修正应在各缔约方达成一致的日期生效。

第二十条　杂项条款

除非本协议另有规定，本协议或依据本协议采取的任何行动不应影响或废止一缔约方依据其现为缔约方的协议所享受的权利和承担的义务。

第二十一条 争端解决

《中国—东盟争端解决机制协议》适用于本协议。

第二十二条 交存

对于东盟成员国，本协议应交存于东盟秘书长，东盟秘书长应及时向每一个东盟成员国提供一份经核证的副本。

第二十三条 生效

一、本协议经各缔约方代表签署后，于二〇〇五年一月一日生效。

二、各缔约方应在二〇〇五年一月一日之前完成使本协议生效的国内程序。

三、如一缔约方未能在二〇〇五年一月一日之前完成使本协议生效的国内程序，该缔约方依照本协议的权利与义务应自其完成此类国内程序之日开始。

四、一缔约方一俟完成使本协议生效的国内程序，应通过外交渠道通知所有其他缔约方。

本协议于二〇〇四年十一月二十九日在万象签订，一式两份，每份均用中文和英文写成，两种文字同等作准。

附件1：列入正常类税目的关税削减和取消模式

一、被每一缔约方自愿列入正常类的税目应根据下列减让表逐步削减和取消各自的实施最惠国税率（略）

二、一缔约方将一税目纳入正常类，对于该税目，该缔约方应当享有其他缔约方根据附件1或附件2及其中的规定与条件对该税目进行的关税减让。只要该缔约方遵守其对该税目关税削减和取消的承诺，就应当享有这一权利。

三、第1款中相关减让表所设定的关税税率仅列出在特定实施年份由每一缔约方针对所涉税目实施的中国—东盟自贸区优惠税率水平，不应阻止任一缔约方单方面在任何时候自愿加速进行关税削减或取消。

四、应根据本附件第1款中列出的减让表所规定的时间框架，将正常类中征收从量税税目的关税等量削减至零。

五、对于列入正常类实施最惠国税率为0%的所有税目，其税率应保持在0%。对于税率削减为0%的税目，其税率应保持在0%。任何一缔约方不应被允许提高任何税目的税率，除非本协议另有规定。

六、作为根据上述减让表削减和/或取消实施最惠国税率承诺的一部分，每一缔约方承诺根据下列门槛进一步进行关税的削减和取消：

（一）东盟6国和中国

1. 每一缔约方应不迟于2005年7月1日将正常类税目中40%的税目的关税削减到0—5%。

2. 每一缔约方应不迟于2007年1月1日将正常类税目中60%的税目的关税削减到0—5%。

3. 每一缔约方应不迟于2010年1月1日取消所有正常类税目的关税，不超过150个六位税目享有不迟于2012年1月1日取消关税的灵活性。

4. 每一缔约方应不迟于2012年1月1日前取消所有正常类税目的关税。

（二）东盟新成员

1. 每一缔约方应不迟于2009年1月1日（对越南）、2010年1月1日（对老挝、缅甸）、2012年1月1日（对柬埔寨）将正常类税目中50%的税目的关税削减到0—5%。

2. 柬埔寨、老挝、缅甸应不迟于2013年1月1日取消正常类税目中40%的税目的关税。

3. 对越南：正常类中不迟于2013年1月1日取消关税的税目的比例应不迟于2004年12月31日确定。

4. 每一缔约方应不迟于2015年1月1日取消所有正常类税目的关税，不超过250个六位税目享有不迟于2018年1月1日取消关税的灵活性。

5. 每一缔约方应不迟于2018年1月1日取消所有正常类税目的关税。

七、应将各缔约方在附表1中列明税目的中国—东盟自贸区税率不迟于 2012 年 1 月 1 日（对东盟 6 国和中国）、2018 年 1 月 1 日（对柬埔寨、老挝、缅甸、越南）取消。

附件 2：列入敏感类税目关税削减/取消的模式

一、每一缔约方列入敏感类的税目数量不应超过如下上限：

（一）东盟六国与中国：400 个六位税目，进口总额的 10%（2001 年贸易统计数据）；（二）柬埔寨、老挝和缅甸：500 个六位税目；以及（三）越南：500 个六位税目，进口金额上限应不迟于 2004 年 12 月 31 日决定。

二、一缔约方列为敏感类的税目可被进一步划分为敏感清单和高度敏感清单。但高度敏感清单中的税目数量不应超过如下上限：（一）东盟六国与中国：不应超过敏感类税目总数的 40% 或 100 个税目，以低者为限；（二）柬埔寨、老挝和缅甸：不应超过敏感类税目总数的 40% 或 150 个税目，以低者为限；以及（三）越南：应不迟于 2004 年 12 月 31 日决定。

三、缔约方应按照如下模式削减以及在可适用的情况下取消敏感类税目的实施最惠国税率：

（一）东盟 6 国与中国应将适用于各自敏感清单税目的实施最惠国税率不迟于 2012 年 1 月 1 日削减至 20%，这些税率应不迟于 2018 年 1 月 1 日进一步削减至 0—5%。

（二）柬埔寨、老挝、缅甸应将适用于各自敏感清单税目的实施最惠国税率不迟于 2015 年 1 月 1 日削减至 20%，这些税率应不迟于 2020 年 1 月 1 日进一步削减至 0—5%。

越南应将适用于其敏感清单税目的实施最惠国税率不迟于 2015 年 1 月 1 日削减至一定的水平，这一水平的税率应不迟于 2004 年 12 月 31 日决定。这些税率应不迟于 2020 年 1 月 1 日进一步削减至 0—5%。

（三）缔约方应将适用于各自高度敏感清单中税目的实施最惠国税率削减到至少 50%，东盟 6 国与中国不迟于 2015 年 1 月 1 日完成，东盟新成员不迟于 2018 年 1 月 1 日完成。

四、应根据本附件第 3 款中规定的时间框架削减敏感类中征收从量税税目的关税。这些税目的关税削减幅度应等于在同一年需削减关税的敏感类中征收从价税税目的关税平均削减幅度。

五、尽管第 3 款中设定了减让表，任一缔约方可单方面在任何时候自愿加速减和/或取消敏感类中税目的税率。不应阻止任一缔约方单方面在任何时候自愿将敏感类中的税目转入正常类。

六、一缔约方敏感清单中税目的对等税率应按如下条件处理：

（一）如一缔约方将一税目列入敏感清单，该税目的税率必须在 10% 或低于 10% 时才能享受对等待遇；

（二）一缔约方列入敏感清单的税目的对等税率应为该缔约方对该税目适用的税率，或提供对等税率的另一方或各方的正常类税目的适用税率，以两者之间较高的税率为准。

（三）一缔约方列入敏感清单的税目的对等税率不应超过提供对等税率一方或各方的实施最惠国税率。

七、对实行配额内和配额外税率管理的税目的处理方法，包括关税削减/取消模式，应不迟于 2005 年 3 月 31 日由各缔约方讨论并达成一致意见，讨论应包括但不限于配额内和配额外税率。

八、每一缔约方列入敏感类中敏感清单和高度敏感清单的税目（略）。

附录三：中国—东盟自由贸易区服务贸易协议

中华人民共和国（以下简称中国）政府，文莱达鲁萨兰国、柬埔寨王国、印度尼西亚共和国、老挝人民民主共和国、马来西亚、缅甸联邦、菲律宾共和国、新加坡共和国、泰王国和越南社会主义共和国等东南亚国家联盟成员国（以下将其整体简称东盟或东盟各成员国，单独提及一国时简称东盟成员国）政府。

忆及 2002 年 11 月 4 日在柬埔寨金边由中国和东盟领导人签署的《中华人民共和国政府与东南亚国家联盟成员国政府（以下将其整体简称为各缔约方，单独提及东盟一成员国或中国时简称一缔约方）全面经济合作框架协议》（以下简称《框架协议》）；

忆及《框架协议》第四条及第八条第三款关于尽快完成服务贸易协议谈判，以逐步实现自由化，并取消各缔约方间存在的实质上所有歧视和（或）禁止针对服务贸易采取新的或增加歧视性措施，在中国与东盟各成员国根据《WTO 服务贸易总协定》所做承诺的基础上，继续扩展服务贸易自由化的深度与广度；

致力于加强各缔约方间的服务合作，以提高效率和竞争力，使各缔约方服务提供者的服务供给和销售多元化；按照《框架协议》各缔约方相互达成的时间表实施，并照顾到各成员的敏感部门；和对柬埔寨、老挝、缅甸和越南实行特殊和差别待遇及展现灵活性；

认识到各缔约方为实现国家政策目标，有权对其领土内的服务提供进行管理和采用新的法规，同时认识到由于各缔约方服务法规发展程度方面存在的不平衡，发展中国家特别需要行使此权利；

达成协议如下：

第一部分　定义和范围

第一条　定义

就本协议而言，

（一）"行使政府职权时提供的服务"指既不依据商业组织提供，也不与一个或多个服务提供者竞争的任何服务。

（二）"商业存在"指任何类型的商业或专业机构，包括为提供服务而在一缔约方领土内：

1. 组建、收购或维持一法人；
2. 创建或维持一分支机构或代表处。

（三）"直接税"指对总收入、总资本或对收入或资本的构成项目征收的所有税款，包括对财产转让收益、不动产、遗产和赠与、企业支付的工资或薪金总额以及资本增值所征收的税款。

（四）GATS 指《服务贸易总协定》。

（五）"法人"指根据适用法律适当组建或组织的任何法人实体，

无论是否以营利为目的，无论属私营所有还是政府所有，包括任何公司、基金、合伙企业、合资企业、独资企业或协会。

（六）"另一缔约方的法人"指：

1. 根据该另一缔约方的法律组建或组织的并在该另一缔约方或任何其他缔约方领土内从事实质性业务活动的法人；或

2. 对于通过商业存在提供服务的情况：

（1）由该方的自然人拥有或控制的法人。

（2）由（1）项确认的该另一缔约方的法人拥有或控制的法人；

（七）"法人"：

1. 由一缔约方的个人所"拥有"，如该方的人实际拥有的股本超过50%；

2. 由一缔约方的个人所"控制"，如此类人拥有任命其大多数董事或以其他方式合法指导其活动的权力；

3. 与另一缔约方具有"附属"关系，如该法人控制该另一人，或为该另一人所控制；或该法人和该另一人为同一人所控制。

（八）"措施"指一缔约方的任何措施，无论是以法律、法规、规则、程序、决定、行政行为的形式还是以任何其他形式。

（九）"各缔约方的措施"指：

1. 中央、地区或地方政府和主管机关所采取的措施；

2. 由中央、地区或地方政府或主管机关授权行使权力的非政府机构所采取的措施。

（十）"各缔约方影响服务贸易的措施"包括关于下列内容的措施：

1. 服务的购买、支付或使用；

2. 与服务的提供有关的、各缔约方要求向公众普遍提供的服务的获得和使用；

3. 一缔约方的个人为在另一缔约方领土内提供服务的存在，包括商业存在。

（十一）"服务的垄断提供者"指一缔约方领土内有关市场中被该方在形式上或事实上授权或确定为该服务的独家提供者的任何公私

性质的人。

（十二）"另一缔约方的自然人"指居住在该另一缔约方或任何其他方领土内的自然人，且根据该另一缔约方的法律：

1. 属该另一缔约方的国民；

2. 在该另一缔约方中有永久居留权，如该另一缔约方：

按本协议生效后所做通知，在影响服务贸易的措施方面，给予其永久居民的待遇与给予其国民的待遇实质相同，只要各缔约方无义务使其给予此类永久居民的待遇优于该另一缔约方给予此类永久居民的待遇。此类通知应包括该另一缔约方依照其法律和法规对永久居民承担与其他缔约方对其国民承担相同责任的保证。

（十三）"人"指自然人或法人。

（十四）服务"部门"：

1. 对于一具体承诺，指一缔约方减让表中列明的该项服务的一个、多个或所有分部门。

2. 在其他情况下，则指该服务部门的全部，包括其所有的分部门。

（十五）"服务"包括除在政府机关为行使职权提供的服务以外的任何服务。

（十六）"服务消费者"指得到或使用服务的任何人。

（十七）"另一缔约方的服务"：

1. 指自或在该另一缔约方领土内提供的服务，对于海运服务，则指由一艘根据该另一缔约方的法律进行注册的船只提供的服务，或由经营和/或使用全部或部分船只提供服务的该另一缔约方的人提供的服务。

2. 对于通过商业存在或自然人存在所提供的服务，指由该另一缔约方服务提供者所提供的服务。

（十八）"服务提供者"指提供一服务的任何人。

（十九）"服务的提供"包括服务的生产、分销、营销、销售和交付；

（二十）"服务贸易"定义为：

1. 自一缔约方领土向任何其他方领土提供服务；

2. 在一缔约方领土内向任何其他方的服务消费者提供服务；

3. 一缔约方的服务提供者通过在任何其他方领土内的商业存在提供服务；

4. 一缔约方的服务提供者通过在任何其他方领土内的自然人存在提供服务。

（二十一）"资格程序"指与资格要求管理相关的行政程序。

（二十二）"资格要求"指服务提供者为了获得认证或许可而需达到的实质要求。

第二条 范围

一、本协议适用于各缔约方影响服务贸易的措施。

二、本协议不适用于：

（一）在每一个缔约方领土范围内行使政府职权时提供的服务；

（二）管理政府机构为政府目的而购买服务的法规或要求，此种购买不得用于进行商业转售或用于为商业销售而提供的服务。

第二部分 义务和纪律

第三条 透明度

《服务贸易总协定》第三条，经做必要调整，纳入本协议并成为本协议的组成部分。

第四条 机密信息的披露

《服务贸易总协定》第三条之二款，经做必要调整，纳入本协议并成为本协议的组成部分。

第五条 国内规制

一、在第三部分下，在已做出具体承诺的部门中，每一缔约方应保证所有影响服务贸易的普遍适用的措施以合理、客观和公正的方式实施。

二、（一）每一缔约方应维持或尽快设立司法、仲裁或行政庭或程序，在受影响的服务提供者请求下，对影响服务贸易的行政决定迅速进行审议,并在请求被证明合理的情况下提供适当的补救。如此类程序并不独立于作出有关行政决定的机构,则该方应保证此类程序在实际中提供客观和公正的审查。

(二)(一)项的规定不得解释为要求一缔约方设立与其宪法结构或其法律制度的性质不一致的法庭或程序。

三、对在本协议下已作出具体承诺的服务,如提供此种服务需要得到批准,则各缔约方的主管机关:

(一)在申请不完整的情况下,应申请方请求,指明所有为完成该项申请所需补充的信息,并在合理的时间内为其修正不足提供机会。

(二)应申请方请求,提供有关申请情况的信息,不得有不当延误。

(三)如在申请被终止或否决,尽最大可能以书面形式毫不延误地通知申请方采取该项行动的原因。申请方应有自行决定重新提交的新的申请的可能。

四、为保证有关资格要求和程序、技术标准和许可要求的各项措施不致构成不必要的服务贸易壁垒,各缔约方应按照《服务贸易总协定》第六条第四款的规定,共同审议有关这些纪律措施的谈判结果,以将这些措施纳入本协议。各缔约方注意到此类纪律应旨在特别保证上述要求:

(一)依据客观的和透明的标准,例如提供服务的能力和资格。

(二)不得超越为保证服务质量所必需限度的负担。

(三)如为许可程序,则这些程序本身不成为对服务提供的限制。

五、(一)在一缔约方已在第三部分下做出具体承诺的部门中,在本条第四款规定的纪律被纳入之前,该缔约方不得以以下方式实施使本协议下的义务失效或减损的许可要求、资格要求和技术标准:

1. 不符合本条第四款第一项、第二项或第三项中所概述的标准的;

2. 在该缔约方就这些部门做出具体承诺,不能合理预见的。

(二)在确定一缔约方是否符合第五款第一项下的义务时,应考虑该缔约方所实施的有关国际组织的国际标准。

六、在已就专业服务作出具体承诺的部门，每一缔约方应规定适当程序，以核验任何其他方专业人员的能力。

第六条　承认

一、为使服务提供者获得授权、许可或证明的标准或准则得以实施，一缔约方可承认在另一缔约方已获得的教育或经历、已满足的要求或已给予的许可或证明。此类承认可通过协调或其他方式实现，或可依据与各缔约方之间或相关主管机构之间的协议或安排，或可自动给予。

二、两个或更多缔约方，为使服务提供者获得授权、许可或证明的标准或准则得以实施，可以开展或者鼓励与它们相关主管机构开展关于承认资格要求、资格程序、许可和（或）注册程序的谈判。

三、属第一款所指类型的协定或安排参加方，无论此类协定或安排是现有的还是在将来订立，均应向其他利害关系方提供充分的机会，以谈判加入此类协定或安排，或与其谈判类似的协定或安排。如一缔约方自动给予承认，则应向任何其他方提供充分的机会，以证明在该其他方获得的教育、经历、许可或证明以及满足的要求应得到承认。

四、一缔约方给予承认的方式不得构成在适用服务提供者获得授权、许可或证明的标准或准则时在各国之间进行歧视的手段，或构成对服务贸易的变相限制。

第七条　垄断和专营服务提供者

一、每一缔约方应保证在其领土内的任何垄断服务提供者在有关市场提供垄断服务时，不以与其在减让表下的义务不一致的方式行事。

二、如一缔约方的垄断提供者直接或通过附属公司参与其垄断权范围之外且受该方具体承诺约束的服务提供的竞争，则该方应保证该提供者不滥用其垄断地位在其领土内以与此类承诺不一致的方式行事。

三、如一缔约方有理由认为任何其他缔约方的垄断服务提供者以与第一款和第二款不一致的方式行事,则在该缔约方请求下,可要求设立、维持或授权该服务提供者的方提供有关经营的具体信息。

四、如一缔约方在形式上或事实上(1)授权或设立少数几个服务提供者;且(2)实质性阻止这些服务提供者在其领土内相互竞争,则本条的规定应适用于此类专营服务提供者。

第八条 商业惯例

一、各缔约方认识到,除属第七条(垄断和专营服务提供者)范围内的商业惯例外,服务提供者的某些商业惯例会抑制竞争,从而限制服务贸易。

二、在任何其他缔约方("请求方")请求下,每一缔约方应进行磋商,以期取消第一款所指的商业惯例。被请求方对此类请求应给予充分和积极的考虑,并应通过提供与所涉事项有关的、可公开获得的非机密信息进行合作。在遵守其国内法律并在就请求方保障其机密性达成令人满意的协议的前提下,被请求方还应向请求方提供其他可获得的信息。

第九条 保障措施

一、各缔约方注意到,根据《服务贸易总协定》第十条,就紧急保障措施问题而进行的多边谈判是基于非歧视原则开展的。一旦完成这些多边谈判,各缔约方应进行审议,讨论适当地修改本协议,以将此类多边谈判的成果纳入本协议。

二、在第一款中提及的多边谈判完成之前,若实施本协议对一缔约方的某一服务部门造成了实质性的负面影响,受影响的缔约方可要求与另一缔约方磋商,以讨论与受影响的服务部门相关的任何措施。按照本款规定采取的任何措施应获得相关各缔约方的相互同意。相关各缔约方应视具体事件的情况,对寻求采取措施的缔约方给予同情的考虑。

第十条 支付和转移

一、除在第十一条(保障国际收支的限制)中设想的情况下,一缔约方不得对与其具体承诺有关的经常项目交易的国际转移和支付实施限制。

二、本协议的任何规定不得影响国际货币基金组织成员在《基金组织协定》项下的权利和义务,包括采取符合《基金组织协定》的汇兑行动,但是一缔约方不得对任何资本交易设置与其有关此类交易的具体承诺不一致的限制,根据第十一条或在基金请求下除外。

第十一条 保障国际收支的限制

如发生严重国际收支和对外财政困难或其威胁,一缔约方可按照《服务贸易总协定》第十二条的规定对服务贸易采取或维持限制。

第十二条 一般例外

在此类措施的实施不对情形类似的国家构成任意或不合理的歧视手段或构成对服务贸易的变相限制的前提下,本协议的任何规定不得解释为阻止任何方采取或实施以下措施:

(一)为保护公共道德或维护公共秩序所必需的措施;

(二)为保护人类、动物或植物的生命或健康所必需的措施;

(三)为使与本协议的规定不相抵触的法律或法规得到遵守所必需的措施,包括与下列内容有关的法律或法规:

1. 防止欺骗和欺诈行为或处理服务合同违约而产生的影响;

2. 保护与个人信息处理和传播有关的个人隐私及保护个人记录和账户的机密性;

3. 安全;

(四)与第十九条(国民待遇)不一致的措施,只要差别待遇是为了保证对其他方的服务或服务提供者公平或有效地课征或收取直接税;

(五)只要差别待遇是基于避免双重征税的协定或任何其他国际协定或安排中关于避免双重征税的规定的结果的措施。

第十三条 安全例外

本协议的任何规定不得解释为:

(一)要求任何方提供其认为如披露则会违背其根本安全利益的任何信息;

(二)阻止任何方采取其认为对保护其根本安全利益所必需的任何行动:

1. 与裂变和聚变物质或衍生此类物质的物质有关的行动；

2. 与武器、军火和战争工具相关的交易以及与直接或间接为军事机关提供其他货物和原料的交易有关的行动；

3. 为保护关键的交通基础设施免受故意破坏，防止这些设施丧失或降低功能；

4. 在战时或国际关系中的其他紧急情况下采取的行动。

（三）阻止任何方为履行其在《联合国宪章》项下的维护国际和平与安全的义务而采取的任何行动。

第十四条 补贴

一、除非本条另有规定，本协议不应适用于一缔约方提供的补贴，或者附加于接受或持续接受这类补贴的任何条件，不论这类补贴仅给予国内服务、服务消费者或服务提供者。如果这类补贴显著影响了在本协议下承诺的服务贸易，任何缔约方均可请求磋商，以友好地解决该问题。

二、按照本协议的规定，各缔约方应：

（一）应请求，向任何请求方提供本协议下承诺的服务贸易的补贴信息；

（二）在WTO制定出相关纪律时，审议补贴待遇。

第十五条 WTO规则

各缔约方在此同意并重申它们承诺遵守有关并适用于服务贸易的WTO协议的规定，除非各缔约方根据第二十七条（审议条款）通过对本协议进行审议而在将来达成任何协议。

第十六条 合作

各缔约方应努力加强包括未包含在现有合作安排内的部门的合作。各缔约方应讨论并相互同意拟开展合作的部门，并制订这些部门的合作计划，以促进它们的能力、效率及竞争力。

第十七条 加强柬埔寨、老挝、缅甸和越南的参与

加强柬埔寨、老挝、缅甸和越南对本协议的参与应通过经谈判达成的具体承诺表推动，这些承诺表与以下措施相关：

（一）通过商业基础上的技术引进，加强它们国内服务的能力、

效率和竞争力；

（二）促进它们进入销售渠道及信息网络；

（三）对它们有出口利益的服务部门的市场准入和服务提供方便，实现自由化；且

（四）对柬埔寨、老挝、缅甸和越南展现适当的灵活性，允许它们开放较少的部门和较少的交易种类，并按照他们各自的发展情况逐步扩大市场准入。

第三部分　具体承诺

第十八条　市场准入

一、对于通过第一条第二十项第一目至第四目确认的服务提供方式实现的市场准入，每一缔约方对任何其他方的服务和服务提供者给予的待遇，在条款、限制和条件方面，不得低于其在具体承诺减让表中所同意和列明的内容。

二、在作出市场准入承诺的部门，除非在其减让表中另有列明，否则一缔约方不得在其一地区或在其全部领土内维持或采取按如下定义的措施：

（一）无论以数量配额、垄断、专营服务提供者的形式，还是以经济需求测试要求的形式，限制服务提供者的数量；

（二）以数量配额或经济需求测试要求的形式限制服务交易或资产总值；

（三）以配额或经济需求测试要求的形式，限制服务业务总数或以指定数量单位表示的服务产出总量；

（四）以数量配额或经济需求测试要求的形式，限制特定服务部门或服务提供者可雇用的、提供具体服务所必需且直接有关的自然人总数；

（五）限制或要求服务提供者通过特定类型法律实体或合营企业提供服务的措施；

（六）以限制外国股权最高百分比或限制单个或总体外国投资总

额的方式限制外国资本的参与。

第十九条　国民待遇

一、对于列入减让表的部门，在遵守其中所列任何条件和资格的前提下，每一缔约方在影响服务提供的所有措施方面给予任何其他方的服务和服务提供者的待遇，不得低于其给予本国同类服务和服务提供者的待遇。

二、一缔约方可通过对任何其他方的服务或服务提供者给予与其本国同类服务或服务提供者的待遇形式上相同或不同的待遇，满足第一款的要求。

三、如形式上相同或不同的待遇改变竞争条件，与任何其他缔约方的同类服务或服务提供者相比，有利于该缔约方的服务或服务提供者，则此类待遇应被视为较为不利的待遇。

第二十条　附加承诺

各缔约方可就影响服务贸易，但根据第十八条（市场准入）或第十九条（国民待遇）不需列入减让表的措施，包括有关资格、标准或许可事项的措施，谈判承诺。此类承诺应列入一缔约方减让表。

第二十一条　具体承诺减让表

一、各缔约方应进行谈判以达成本协议下的一揽子具体承诺。各缔约方应努力做出超越《服务贸易总协定》业已做出的承诺。

二、每一缔约方应在减让表中列出其根据本协议第十八条（市场准入）和第十九条（国民待遇）做出的具体承诺。对于做出此类承诺的部门，每一减让表应列明：

（一）做出此类承诺的部门；

（二）市场准入的条款、限制和条件；

（三）国民待遇的条件和资格；

（四）与附加承诺有关的承诺；

（五）在适当时，实施此类承诺的时限。

三、与第十八条（市场准入）和第十九条（国民待遇）不一致的措施应列入与第十八条和第十九条有关的栏目。

四、一缔约方具体承诺减让表只适用于那些通过谈判已经完成各自具体承诺减让表的缔约方。

五、结束谈判后,具体承诺减让表应成为本协议组成部分,并附在本协议之后。

第二十二条 承诺的适用与扩大

一、中国应在本协议第二十一条(具体承诺减让表)下做出一份具体承诺减让表,并应将该减让表适用于所有的东盟成员国。

二、每一个东盟成员国应在本协议的具体承诺减让表条款项下做出各自的具体承诺减让表,并应将该减让表适用于中国和东盟其他成员国。

第二十三条 逐步自由化

一、涵盖每一缔约方具体承诺减让表的第一批具体承诺附在本协议之后。

二、各缔约方应在本协议生效之日起一年内完成第二批具体承诺的谈判,以实质性改善第一批具体承诺。

三、各缔约方应按照第二十七条(审议),在随后的审议中,通过连续的谈判回合,就该部分项下的进一步具体承诺展开谈判,以实现各缔约方间的服务贸易逐步自由化。

第二十四条 具体承诺减让表的修改

一、一缔约方可以在减让表中任何承诺自生效之日起3年后的任何时间修改或撤销该承诺。

(一)该缔约方将其修改或撤销某一承诺的意向,在不迟于实施修改或撤销的预定日期前3个月通知各缔约方及东盟秘书处;

(二)该缔约方与任何受影响的缔约方进行谈判,以商定必要的补偿性调整。

二、为实现补偿性调整,各缔约方应确保互利承诺的总体水平不低于在此类谈判之前具体承诺减让表中规定的对贸易的有利水平。

三、依照本条规定制定的任何补偿性调整应在非歧视的基础上适用于所有缔约方。

四、如果有关缔约方无法就补偿性调整达成协议,应按照《框架协议》下的《争端解决机制协议》通过仲裁解决。修改方应在根据仲裁结果进行补偿性调整后，修改或撤销其承诺。

五、如果修改方实施了拟议的修改或撤销，并且没有执行仲裁结果，参与仲裁的任何缔约方可按照仲裁结果修改或撤销实质性对等的利益。尽管有第二十二条（承诺的适用与扩大）的规定，此类修改或撤销应仅适用于修改方。

第四部分　其他条款

第二十五条　国家、地区与地方政府

在履行本协议项下的义务和承诺时，每一缔约方应保证其领土内的地区、地方政府和主管机构，以及非政府机构（行使中央、省、地区或其他地方政府或主管机关的授权）遵守这些义务和承诺。

第二十六条　联络点

一、各缔约方应指定一个联络点，以便利缔约方之间就本协议下的任何事务进行沟通，包括对本协议的执行和实施交换信息。

二、应任何一缔约方请求，被请求方的联络点应指定负责该事务的部门或官员，并为便利与请求方的沟通提供帮助。

第二十七条　审议

东盟经济部长和中国商务部部长或其指定的代表应在本协议生效之日起一年之内召开会议，此后每两年或任何适当的时间召开会议，审议本协议，以考虑进一步采取措施实现服务贸易自由化，并就本协议关于 WTO 纪律的第十五条或各缔约方同意的任何其他问题制定纪律和谈判协定。

第二十八条　杂项条款

一、GATS 附件，即《关于提供服务的自然人流动的附件》、《关于空运服务的附件》、《关于金融服务的附件》和《关于电信服务的附件》，经必要调整后，适用于本协议。

二、本协议包括（1）附件和其涵盖的内容，它们应成为本协议的组成部分；以及（2）按照本协议达成的所有未来的法律文件。

三、除非本协议另有规定，本协议或依据本协议采取的任何行动

不应影响或废止一缔约方依据其现为缔约方的协议所享受的权利和承担的义务。

第二十九条 修正

各缔约方达成书面协议即可对本协议进行修正,此类修正应在各缔约方达成一致的日期生效。

第三十条 争端解决

《中国—东盟争端解决机制协议》适用于本协议。

第三十一条 利益的拒绝给予

一缔约方可对下列情况拒绝给予本协定项下的利益:

(一)对于一项服务的提供,如确定该服务是从或在一非缔约方的领土内提供的;

(二)在提供海运服务的情况下,如确定该服务是:

1. 由一艘根据一非缔约方的法律进行注册的船只提供的;

2. 由一经营和/或使用全部或部分船只的非缔约方的人提供的;

(三)对于一个具有法人资格的服务提供者,如确定其不是另一缔约方的服务提供者。

第三十二条 生效

一、本协议经各缔约方代表签署后,应于 2007 年 7 月 1 日生效。

二、各缔约方应在 2007 年 7 月 1 日之前完成使本协议生效的国内程序。

三、如一缔约方未能在 2007 年 7 月 1 日之前完成使本协议生效的国内程序,该缔约方依照本协议的权利与义务应自其完成此类国内程序之日开始。

四、一缔约方一俟完成使本协议生效的国内程序,应书面通知所有其他缔约方。

第三十三条 交存

对于东盟成员国,本协议应交存于东盟秘书长,东盟秘书长应及时向每一个东盟成员国提供一份经核证的副本。

具名于下的经各自政府正式授权的代表,特签署《中华人民共和国政府与东南亚国家联盟成员国政府全面经济合作框架协议服务贸易协议》，以昭信守。

本协议于 2006 年 12 月 9 日在菲律宾宿务签署，一式两份，以英文书就。

附录四：中国—东盟自由贸易区投资协议

中华人民共和国（以下简称中国）政府，文莱达鲁萨兰国、柬埔寨王国、印度尼西亚共和国、老挝人民民主共和国、马来西亚、缅甸联邦、菲律宾共和国、新加坡共和国、泰王国和越南社会主义共和国等东南亚国家联盟成员国（以下将其整体简称东盟或东盟各成员国，单独提及一国时简称东盟成员国）政府（以下将其整体简称各缔约方，单独提及东盟一成员国或中国时简称一缔约方）：

忆及 2002 年 11 月 4 日在柬埔寨金边由中国和东盟领导人签订的《中华人民共和国政府与东南亚国家联盟成员国政府全面经济合作框架协议》（以下简称《框架协议》）；

进一步忆及《框架协议》第五条及第八条，为建立中国—东盟自由贸易区和促进投资，建立一个自由、便利、透明及竞争的投资体制，各缔约方同意尽快谈判并达成投资协议，以逐步实现投资体制自由化，加强投资领域的合作，促进投资便利化和提高投资相关法律法规的透明度，并为投资提供保护；

注意到《框架协议》所认识到的缔约方之间不同的发展阶段和速度，和对柬埔寨、老挝、缅甸和越南等东盟新成员实行特殊和差别待遇及灵活性的必要性；

重申各缔约方按既定的时间表建成中国—东盟自由贸易区的承诺，并允许各缔约方在处理《框架协议》所包含的各自敏感领域中具有灵活性，在平等互利的基础上实现经济的可持续增长与发展，实现"双赢"的结果；

重申各缔约方在世界贸易组织（WTO）和其他多边、区域及双边协定和安排中的权利、义务和责任。

达成协议如下:

第一条　定义

一、就本协议而言:

(一)"AEM"是指东盟经济部长会议。

(二)"可自由兑换货币"是指国际货币基金组织在其协议相关条款及任何修正案中指定为可自由兑换货币的任何货币。

(三)"GATS"是指世界贸易组织协定附件1B《服务贸易总协定》。

(四)"投资"是指一方投资者根据另一缔约方相关法律、法规和政策在后者境内投入的各种资产,包括但不限于:

1. 动产、不动产及抵押、留置、质押等其他财产权利;

2. 股份、股票、法人债券及此类法人财产的利息;

3. 知识产权,包括关于版权、专利权和实用模型、工业设计、商标和服务商标、地理标识、集成电路设计、商名、贸易秘密、工艺流程、专有技术及商誉等权利;

4. 法律或依合同授予的商业特许经营权,包括自然资源的勘探、培育、开采或开发的特许权;和

5. 金钱请求权或任何具有财务价值行为的给付请求权。

就本目中的投资定义而言,投资收益应被认作投资,投入或再投入资产发生任何形式上的变化,不影响其作为投资的性质;

(五)"一缔约方的投资者"是指正在或已在其他缔约方境内进行投资的一缔约方自然人或一缔约方法人。

(六)"一缔约方的法人"是指根据一缔约方适用法律适当组建或组织的任何法人实体,无论是否以营利为目的,无论属私营还是政府所有,并在该缔约方境内具有实质经营,包括任何公司、信托、合伙企业、合资企业、个人独资企业或协会。

(七)"措施"是指一缔约方所采取的,影响投资者和/或投资的,任何普遍适用的法律、法规、规则、程序、行政决定或行政行为,包括:

1. 中央、地区或地方政府和主管机关所采取的措施;和

2. 由中央、地区或地方政府和主管机关授权行使权力的非政府机构所采取的措施；

（八）"MOFCOM"指中华人民共和国商务部。

（九）"一缔约方的自然人"是指根据一缔约方法律法规拥有该缔约方国籍、公民身份或永久居民权的任何自然人。

（十）"收益"是指获利于或源自一项投资的总金额，特别是指但不限于利润、利息、资本所得、红利、版税或酬金。

（十一）"SEOM"是指东盟经济高官会议。

（十二）"WTO 协定"是指 1994 年 4 月 15 日于摩洛哥马拉喀什订立的《马拉喀什建立世界贸易组织协定》。

二、上述每一术语的定义应适用于本协议，除非文中另有规定，或者一缔约方对任何上述术语对其承诺或保留的适用另有特殊定义。

三、除非文中另有规定，本协议中单数形式的定义措辞应包括复数形式，及所有复数形式的定义措辞应包括单数形式。

第二条 目标

本协议的目标是旨在通过下列途径，促进东盟与中国之间投资流动，建立自由、便利、透明和竞争的投资体制：

（一）逐步实现东盟与中国的投资体制自由化；

（二）为一缔约方的投资者在另一缔约方境内投资创造有利条件；

（三）促进一缔约方和在其境内投资的投资者之间的互利合作；

（四）鼓励和促进缔约方之间的投资流动和缔约方之间投资相关事务的合作；

（五）提高投资规则的透明度以促进缔约方之间投资流动；以及

（六）为中国和东盟之间的投资提供保护。

第三条 适用范围

一、本协议应适用于一缔约方对下列相关情形采取或保留的措施：

（一）另一缔约方的投资者；和

（二）另一缔约方投资者在其领土内的投资：

1. 对于中国，根据 2001 年 12 月 11 日中国加入世界贸易组织时

世界贸易组织定义的全部关税领土。就此而言，本协议中对中国"领土"的表述是指中国的关税领土；和

2. 对于东盟成员国，其各自的领土。

二、除非本协议另有规定，本协议应适用于一缔约方投资者在另一缔约方境内的所有投资，无论其设立于本协议生效前或生效后。为进一步明确，本协议的规定不对任何缔约方，涉及在本协议生效之前发生的任何行动或事实或已终止的任何状态，具有约束力。

三、就泰国而言，本协议仅适用于在泰国境内被确认并依据泰国适用的国内法律、法规和政策，获得其主管机构明确书面批准保护的另一方投资者的投资。

四、本协议不适用于：

（一）任何税收措施。本项不应损害缔约方关于下列税收措施的权利和义务：

1. 依据WTO的权利和义务准予或征收的；

2. 第八条（征收）和第十条（转移和利润汇回）的规定；

3. 第十四条（投资者与国家之间的争端解决）的规定，若争端源自第八条（征收）；以及

4. 关于避免双重征税的任何税收协定的规定。

（二）规范政府机构为政府目的（政府采购）进行货物或服务采购的法律、法规、政策或普遍适用的程序，只要该采购不以商业转售或为商业销售生产货物或提供服务为目的。

（三）一缔约方提供的补贴或补助，及接受或持续接受此类补贴或补助所附带的任何条件，无论此类补贴或补助是否仅提供给国内投资者和投资。

（四）一缔约方相关机构或主管机关行使政府职权时提供的服务。就本协议而言，行使政府职权时提供的服务指既不以商业为基础，也不与一个或多个服务提供者竞争的任何服务。以及

（五）一缔约方采取或维持的影响服务贸易的措施。

五、尽管有第四款第（五）项的规定，第七条（投资待遇）、第八条（征收）、第十条（转移和利润汇回）、第九条（损失的补偿）、

第十二条（代位）和第十四条（缔约方与投资者间争端解决），经必要修改后，应适用于影响一缔约方服务提供者在另一缔约方境内通过商业存在的方式提供服务的任何措施，但仅限于此类措施与本协议相关的投资和义务，无论此服务部门是否列于 2007 年 1 月 14 日于菲律宾宿务签订的《中华人民共和国与东南亚国家联盟全面经济合作框架协议服务贸易协议》的缔约方的具体承诺减让表中。

第四条　国民待遇

各方在其境内，应当给予另一方投资者及其投资，在管理、经营、运营、维护、使用、销售、清算或此类投资其他形式的处置方面，不低于其在同等条件下给予其本国投资者及其投资的待遇。

第五条　最惠国待遇

一、各缔约方在准入、设立、获得、扩大、管理、经营、运营、维护、使用、清算、出售或对投资其他形式的处置方面，应当给予另一缔约方投资者及其相关投资，不低于其在同等条件下给予任何其他缔约方或第三国投资者及/或其投资的待遇。

二、尽管有第一款的规定，如果一缔约方依据任何其为成员的将来的协定或安排，给予另一缔约方或第三国投资者及其投资更优惠的待遇，其没有义务将此待遇给予另一缔约方的投资者及其投资。但是，经另一缔约方要求，该缔约方应给予另一缔约方充分的机会，商谈其间的优惠待遇。

三、尽管有第一款和第二款的规定，此待遇不包括：

（一）在任何现存与非缔约方的双边、地区及国际协定或任何形式的经济或区域合作中，给予投资者及其投资的任何优惠待遇；和

（二）在东盟成员国之间及一缔约方同其单独关税区之间的任何协定或安排中，给予投资者及其投资的任何现有或未来优惠待遇。

四、为进一步明确，本条规定的义务不包含要求给予另一方投资者除本章规定内容以外的争端解决程序。

第六条　不符措施

一、第四条（国民待遇）和第五条（最惠国待遇）不适用于：

（一）任何在其境内现存的或新增的不符措施；

（二）任何第（一）项所指不符措施的延续或修改。

二、各方应当尽力逐步消除不符措施。

三、各方应根据第二十四条（审议）展开讨论，以推进第二条第（一）项和第二条第（五）项中的目标。在根据第二十二条（机构安排）设立的机构监督下，各方应尽力实现上述目标。

第七条 投资待遇

一、各缔约方应给予另一方投资者的投资公平和公正待遇，提供全面保护和安全。

二、为进一步明确：

（一）公平和公正待遇是指各方在任何法定或行政程序中有义务不拒绝给予公正待遇；和

（二）全面保护与安全要求各方采取合理的必要措施确保另一缔约方投资者投资的保护与安全。

三、违反本协议其他规定或单独的国际协定的决定，并不构成对本条的违反。

第八条 征收

一、任何一缔约方不得对另一缔约方投资者的投资实施征收、国有化或采取其他等同措施（"征收"），除符合下列条件：

（一）为公共目的；

（二）符合可适用的国内法包括法律程序；

（三）以非歧视的方式实施；以及

（四）按照第二款规定给予补偿。

二、此补偿应以征收公布时或征收发生时被征收投资的公平市场价值计算，孰为先者作准。补偿应允许以可自由兑换货币从东道国自由转移。补偿的偿清和支付不应有不合理的拖延。公平市场价值不应因征收事先被公众所知而发生任何价值上的变化。

三、一旦发生拖延，补偿应包括按主要商业利率计算的从征收发生日起到支付日之间的利息。包括应付利息在内的补偿，应当以原投资货币或应投资者请求以可自由兑换货币支付。

四、尽管有第一段、第二段和第三段的规定，任何相关土地征收的措施，应由各缔约方各自现有的国内法律、法规及任何修正案进行解释，对于补偿金额也应依据上述法律、法规解释。

五、对于一缔约方所征收的法人财产，若该法人为根据其法律、法规以股份形式组成或建立，且另一缔约方的投资者拥有其中股份，本条前述几款的规定应适用，以保证支付给此投资者的补偿符合其所征收财产的利益。

六、本条不适用于根据WTO协定附件1C《与贸易有关的知识产权协定》给予的与知识产权相关的强制许可。

第九条 损失补偿

一缔约方投资者在另一缔约方境内的投资，如果因另一方境内战争或其他武装冲突、革命、国家紧急状态、叛乱、起义或骚乱而遭受损失，则另一缔约方在恢复原状、赔偿、补偿和其他解决措施方面，在同等条件下，给予该投资者的待遇不应低于其给予任何第三国投资者或本国国民的待遇，并从优适用。

第十条 转移和利润汇回

一、任一缔约方应允许任何其他方投资者在该缔约方境内的投资的所有转移，能以转移当日外汇市场现行汇率兑换为可自由兑换货币，允许此类转移不延误地自由汇入或汇出该方领土。此类转移包括：

（一）初始投资，及任何用于保持或扩大投资的追加资本；

（二）任何其他缔约方投资者的任何投资所产生的净利润、资本所得、分红、专利使用费、许可费、技术支持、技术及管理费、利息及其他现金收入；

（三）任何其他缔约方投资者的任何投资的全部或部分销售或清算所得款项，或减少投资资本所得款项；

（四）一缔约方投资者偿付任何其他方投资者的借款或贷款，只要各缔约方已认定其为投资；

（五）任何其他缔约方自然人的净收入和其他补偿，该自然人受雇佣并允许从事与在该方境内投资相关的工作；

（六）依据任何其他缔约方投资者或其投资所订立合同进行的支

付，包括依据贷款业务进行的支付；以及

（七）依据第八条（征收）和第九条（损失补偿）进行的支付。

二、各方给予第一款所述转移的待遇，在同等条件下，应等同于任何其他缔约方或第三国投资所产生的转移。

三、尽管有第一款和第二款的规定，一缔约方在公平、非歧视和善意实施其与下列内容相关的法律法规基础上，可以阻止或延迟某一项转移，包括：

（一）破产，丧失偿付能力或保护债权人权利；

（二）未履行东道方的关于证券、期货、期权或衍生产品交易的转移要求；

（三）未履行税收义务；

（四）刑事犯罪和犯罪所得的追缴；

（五）社会安全、公共退休或强制储蓄计划；

（六）依据司法判决或行政决定；

（七）与外商投资项目停业的劳动补偿相关的工人遣散费；以及

（八）必要时用于协助执法或金融管理机构的财务报告或转移备案记录。

四、为进一步明确，本条前述各款所指的转移应遵守各自外汇管理国内法律和法规所规定的相关程序，只要此类法律和法规不被用作规避缔约方本协议义务的手段。

五、本协议的任何规定不得影响各方作为国际货币基金组织成员在《国际货币基金协定》项下的权利和义务，包括采取符合《国际货币基金协定》的汇兑行动，但是一方不得对任何资本交易设置与其在本协议中具体承诺不一致的限制，但以下情形除外：

（一）依据第十一条（国际收支平衡保障措施）；

（二）应国际货币基金组织的要求；

（三）在特殊情形下，资本的流动导致相关缔约方严重的经济或金融动荡，或存在导致上述情况的威胁。

六、根据第五款第（三）项所采取的措施：

（一）应与《国际货币基金组织协定》条款相一致；

（二）不得超过处理第五款第（三）项所指情况所必需的程度；

（三）应是暂时的，并在其设立和维持不再具有合理性时予以取消；

（四）应尽早通知其他缔约方；

（五）应使任何一方所获待遇不低于任何其他方或非缔约方所获待遇；

（六）应在国民待遇的基础上实施；且

（七）应避免对其他缔约方的投资者、所涉投资和商业、经济和财政利益造成不必要的损害。

第十一条 国际收支平衡保障措施

一、若发生国际收支严重不平衡、外部金融困难或威胁，一缔约方可采取或保留投资限制措施，包括与此类投资相关的支付和转移。认识到缔约方在经济发展过程中面临的保持国际收支平衡的特别压力，可在必要时采取限制措施或其他方式，确保维持适当的外汇储备水平以实施其经济发展计划。

二、第一段所指的限制措施应：

（一）与国际货币基金组织协议的条款相一致；

（二）在缔约方之间没有歧视；

（三）避免对任何其他缔约方的商业、经济和金融利益造成不必要的损害；

（四）不超越处理第一段所描述情形的必要限度；

（五）属临时性的，并在第一段所述情形改善时逐步取消；以及

（六）给予任一其他缔约方的待遇不低于任何第三国。

三、一缔约方依据第一款采取或保留的任何限制措施，或对这些措施的任何修改，应及时通知所有其他缔约方。

第十二条 代位

一、如果任何一方或其指定的任何代理、机构、法定机构或公司，依照保险向其本国投资者就相关投资或其中任何一部分依据本协议形成的要求权进行了支付，其他相关方应当承认前述缔约方或其指定的任何代理、机构、法定机构或公司有资格代位履行其投资者的权

利和要求权。代位权利或要求权不应超过投资者的原始权利或要求权。

二、如一方或其指定的任何代理、机构、法定机构或公司已向其投资者进行了支付,并已接管该投资者的权利及请求,则该投资者不得向另一方主张这些权利或请求,除非其得到授权,代表该方或进行支付的代理机构采取行动。

第十三条 缔约方间争端解决

2004 年 11 月 29 日于老挝万象签订的《中国—东盟全面经济合作框架协议争端解决机制协议》的规定,适用于本协议缔约方间争端解决。

第十四条 缔约方与投资者间争端解决

一、本条适用于一缔约方与另一缔约方的投资者之间产生的,涉及因前一缔约方违反本协议第四条(国民待遇)、第五条(最惠国待遇)、第七条(投资待遇)、第八条(征收)、第九条(损失补偿)、第十条(转移和利润汇回),通过对某一投资的管理、经营、运营、销售或其他处置等行为给投资者造成损失或损害的投资争端。

二、本条不适用于:

(一)在本协议生效前,已发生的事件引发的投资争端、已解决的投资争端或者已进入司法或仲裁程序的投资争端;

(二)争端所涉投资者拥有争端所涉缔约方的国籍或公民身份的情况。

三、争端所涉方应尽可能通过磋商解决争端。

四、如果按第三款规定提出磋商和谈判的书面请求后 6 个月内,争端仍未解决,除非争端所涉方另行同意,则应当根据投资者的选择,将争端:

(一)提交有管辖权的争端缔约方法院或行政法庭;或

(二)如果争端所涉缔约方和非争端所涉缔约方均为国际投资争端解决中心公约的成员,则可根据《国际投资争端解决中心公约》及《国际投资争端解决中心仲裁程序规则》提交仲裁;或

(三)如果争端所涉缔约方和非争端所涉缔约方其中之一为国际

投资争端解决中心公约的成员，则可根据国际投资争端解决中心附加便利规则提交仲裁；或

（四）根据《联合国国际贸易法委员会的规则》提交仲裁；或

（五）由争端所涉方同意的任何其他仲裁机构或根据任何其他仲裁规则进行仲裁。

五、在一争端已被提交给适格的国内法院的情况下，所涉投资者如果在最终裁决下达前从国内法院撤回申请，可将其提交给国际争端解决机构。对于印度尼西亚、菲律宾、泰国和越南，一旦投资者将争端提交给其适格的法院和行政法庭，或根据本条第四款第（二）项、第（三）项、第（四）项或第（五）项规定的仲裁程序之一，则选定的程序是终局性的。

六、与本条内容保持一致，根据如上第四款第（二）项、第（三）项、第（四）项或第（五）项将争端提交调解或仲裁，应取决于：

（一）将争端提交调解或仲裁发生在争端所涉投资者知道，或者在合理情况下应当知道对本协议义务的违反对其或其投资造成损失或损害之后的 3 年内；以及

（二）争端所涉投资者在提交请求 90 日前以书面方式将他（或她）欲将此争端提交调解或仲裁的意愿通知争端所涉缔约方。争端所涉缔约方收到通知后，可要求争端所涉投资者在提交争端前根据第四款第（二）项、第（三）项、第（四）项或第（五）项完成其国内法规规定的国内行政复议程序。通知应：

1. 指定第四款第（二）项、第（三）项、第（四）项或第（五）项之一作为争端解决法庭，在第四款第（二）项的情况下，指明是寻求调解或是仲裁；

2. 在第四款所指的任何争端所涉法庭上，放弃其发起或进行任何程序（不包括第七款所指的中期保护措施的程序）的权利；并且

3. 简要总结本协议（包括被认为所违反的条款）项下争端所涉缔约方被认为违反规定的情况，以及对投资者或其投资造成的损失或损害。

七、任何缔约方不得阻止争端所涉投资者,在第四款所指任何争端解决机制的程序之前,寻求过渡性保护措施,以保护其权利和利益,只要该措施不涉及需争端缔约方法院判决和行政裁决的伤害补偿和争端实质问题的解决。

八、任何缔约方不得对其投资者和任一其他缔约方依照本条应同意提交或已提交调解或仲裁的相关争端,提供外交保护或国际要求,除非此缔约方对此争端未能遵守所做出的裁定。对于本款,外交保护不包括为便利一项争端解决的单一目的进行的非正式外交交涉。

九、当一投资者提出争端缔约方采取或执行税收措施已违背第八条(征收),应争端缔约方请求,争端缔约方和非争端缔约方应举行磋商,以决定争议中的税收措施是否等效于征收或国有化。任何依照本协议设立的仲裁庭应根据本款认真考虑缔约双方的决定。

十、如缔约双方未能启动此类磋商,也未能在自收到第四款所指的磋商请求的180日内,决定此类税收措施是否等效于征收或国有化,则不应阻止争端所涉投资者根据本条款将其要求提交仲裁。

第十五条 利益的拒绝

一、经事先通知及磋商,一方可拒绝将本协议的利益给予:

(一)另一方投资者,如果该投资是由非缔约方的人拥有或控制的法人进行的,且该法人在另一方境内未从事实质性商业经营;或者

(二)另一方投资者,如果该投资是由拒绝给予利益一方的人拥有或控制的法人进行的。

二、尽管有第一款规定,对于泰国,根据其适用的法律和/或法规,可以拒绝将与投资准入、设立、收购和扩大相关的本协议利益给予作为另一方法人的投资者或此类投资者的投资,如果泰国确定该法人被一非缔约方或拒绝给予利益方的自然人或法人所控制或拥有。

三、在不影响第一款的前提下,菲律宾可拒绝将本协议利益给予另一方的投资者和该投资者的投资,如果其确定该投资者所设投资违反了名为《惩治规避某些权利、特权或优先权的国有化法行为的法案》的《第108号联邦法案》,该法案由第715号总统令修订,并可经修订称作《反欺诈法》。

第十六条　一般例外

一、在此类措施的实施不在情形类似的缔约方、缔约方的投资者或投资者的投资之间构成任意或不合理歧视的手段，或构成对任何一方的投资者或其设立的投资的变相限制的前提下，本协议的任何规定不得解释为阻止任何成员采取或实施以下措施：

（一）为保护公共道德或维护公共秩序所必需的措施；

（二）为保护人类、动物或植物的生命或健康所必需的措施；

（三）为使与本协议的规定不相抵触的法律或法规得到遵守所必需的措施，包括与下列内容有关的法律或法规：

1. 防止欺骗和欺诈行为或处理服务合同违约而产生的影响；

2. 保护与个人信息处理和传播有关的个人隐私及保护个人记录和账户的机密性；以及

3. 安全；

（四）旨在保证对任何一方的投资或投资者公平或有效地课征或收取直接税；

（五）为保护具有艺术、历史或考古价值的国宝所采取的措施；

（六）与保护不可再生自然资源相关的措施，如这些措施与限制国内生产或消费一同实施。

二、对于影响提供金融服务的措施而言，WTO协议附件1B GATS关于金融服务的附件第二款（国内规制），经必要调整后并入本协议，构成协议的一部分。

第十七条　安全例外

本协议的任何规定不得解释为：

（一）要求任何一方提供其认为如披露会违背其基本安全利益的任何信息；或

（二）阻止任何一方采取其认为对保护基本安全利益所必需的任何行动，包括但不限于：

1. 与裂变和聚变物质或衍生这些物质的物质有关的行动；

2. 与武器、弹药和作战物资的贸易有关的行动，及与此类贸易所运输的直接或间接供应军事机关的其他货物和物资有关的行动；

3. 为保护关键的公共基础设施免受使其丧失或降低功能的故意袭击行动；

4. 战时或国内或国际关系中其他紧急情况下采取的行动；或者

（三）阻止一方为履行其在《联合国宪章》项下的维护国际和平与安全的义务而采取的任何行动。

第十八条 其他义务

一、若任何一方在协议实施之时或此之后的法律或缔约方之间的国际义务使得另一方投资者的投资所获地位优于本协议下所获地位，则此优惠地位不应受本协议影响。

二、各方应遵守其对另一方投资者的投资业已做出的任何承诺。

第十九条 透明度

一、为实现本协议的目标，各方应：

（一）发布在其境内关于或影响投资的所有相关法律、法规、政策和普遍使用的行政指南；

（二）及时并至少每年向其他方通报显著影响其境内投资或本协议下承诺的任何新的法律或现有法律、法规、政策或行政指南的任何变化；

（三）建立或指定一个咨询点，其他方的任何自然人、法人或任何人可要求并及时获取第（一）项和第（二）项下要求公布的与措施相关的所有信息；

（四）至少每年一次通过东盟秘书处向其他方通报该方作为缔约方的任何未来的给予任何优惠待遇的投资相关协议或安排。

二、本协议的任何规定不得要求一方提供或允许接触机密信息，披露此类信息会阻碍法律实施、违背公共利益或损害特定法人、公众或私人的合法商业利益。

三、根据第一款的所有通报和通信应使用英文。

第二十条 投资促进

在其他方面，缔约方应合作采取以下措施加强中国—东盟投资地区意识：

（一）增加中国—东盟地区投资；

（二）组织投资促进活动；

（三）促进商贸配对活动；

（四）组织并支持机构举行形式多样的关于投资机遇和投资法律、法规和政策的发布会和研讨会；并

（五）就与投资促进和便利化相关的互相关心的其他问题开展信息交流。

第二十一条 投资便利化

在其他方面，缔约方应按照其法律法规，在中国和东盟间开展以下投资便利化合作：

（一）为各类投资创造必要环境；

（二）简化投资适用和批准的手续；

（三）促进包括投资规则、法规、政策和程序的投资信息的发布；并

（四）在各个东道方建立一站式投资中心，为商界提供包括便利营业执照和许可发放的支持与咨询服务。

第二十二条 机制安排

一、鉴于常设机构尚未建立，由中国—东盟经济高官会支持与协助的中国—东盟经济部长会应监督、指导、协调并审议本协议的实施。

二、东盟秘书处应监控并向中国—东盟经济高官会报告协议的实施情况。所有缔约方应在履行东盟秘书处职责方面与秘书处进行合作。

三、各方应指定一个联系点，促进缔约方间就本协议涵盖的任何事务开展交流。应一方要求，被要求方的联系点应指明某事务的办事机构或负责人员，便利与要求方的交流。

第二十三条 与其他协议的关系

本协议不得减损一方作为任何其他国际协议缔约方的现有权利和义务。

第二十四条 一般审议

中国—东盟经济部长会或其指定代表应在协议实施之日起一年内

召开会议，之后应每两年或在其他适当时候召开会议，审议本协议，以推进第二条（目标）所设定的目标。

第二十五条　修订

缔约方可书面修订本协议，此类修订应在缔约方同意的日期生效。

第二十六条　交存

对于东盟成员国，本协议应交存于东盟秘书长，东盟秘书长应及时向每一个东盟成员国提供一份经核证的副本。

第二十七条　生效

一、本协议自签订之日起6个月生效。

二、缔约方承诺完成使本协议生效的国内程序。

三、如一缔约方未能在签订之日起6个月内完成使协议生效的国内程序，该缔约方依照本协议的权利与义务应自其完成此类国内程序之日后30日开始。

四、一缔约方一俟完成使本协议生效的国内程序，应书面通知其他缔约方。

下列代表经各自政府正式授权，特签订《中华人民共和国政府与东南亚国家联盟成员国政府全面经济合作框架协议投资协议》，以昭信守。

本协议于二〇〇九年八月十五日在泰国曼谷签订，一式两份，以英文写成。

注：

1. 为进一步明确，政策指经一缔约方政府批准和宣布并以书面形式向公众公布的影响投资的政策。

2. 商业特许经营权包括合同权利，诸如承包权、建筑和管理合同、生产或收入分配合同、特许经营或其他类似合同，也可包括例如建设—运营—转交（BOT）和建设—运营—拥有（BOO）方式的项目投资资金。

3. 为进一步明确，"正在其他缔约方境内进行投资"仅与最惠国待遇条款及转移和利润汇回条款相关。

4. 对于印度尼西亚、老挝、缅甸、泰国和越南，由于其不授予外国人永久居民权或不给予永久居民与其国民或公民同等利益，上述缔约方没有法律义务将本协议的利益给予任何其他缔约方的永久居民，或不要求任何其他缔约方要求将上述利益给予该缔约方的永久居民，如果可适用上述利益。

对于中国，在中国颁布关于外国永久居民的待遇国内法律之前，在其他缔约方给予对等待遇的前提下，中国给予其他缔约方永久居民的待遇在同等条件下应不低于给予第三国的待遇，如果该永久居民放弃其源自中国与任何第三国达成的任何其他投资协定或安排中关于争端解决的规定的权利。

5. 负责授予此类批准的主管机构的名称和联系方式应通过东盟秘书处通知其他缔约方。

6. 对马来西亚、缅甸、菲律宾、泰国和越南而言，一旦发生拖延，对另一缔约方投资者的投资征收补偿的利息应根据其法律、法规和政策确定，前提是此法律、法规和政策在非歧视基础上适用于另一缔约方或非缔约方投资者的投资。

7. 各缔约方同意"初始投资及任何用于保持或扩大投资的追加资本"所指仅适用于成功完成审批程序的资本流入。

8. 为进一步明确，为维持汇率稳定包括为防止投机资本流动而采取或维持的任何措施，不应以保护某一特定部门为目的。

9. 对于菲律宾，出现投资争端，只有争端双方的书面同意，方可根据《解决国家和他国国民之间投资争端公约》和《解决投资争端国际中心仲裁程序规则》提交仲裁请求。

10. （一）对于泰国，本条中的法人是指：

（1）被一方或非缔约方自然人或法人所"拥有"，若其中超过50%的股比被此类人受益拥有；

（2）被一方或非缔约方自然人或法人所"控制"，若此类人有权任命大部分董事，或合法指导法人的行为。

（二）对于印度尼西亚、缅甸、菲律宾和越南，拥有和控制由其本国法律法规定义。

11. 就本款而言,《服务贸易总协议》第十四条脚注5经必要修改后纳入本协议,构成协议一部分。

12. 就本款而言,《服务贸易总协议》第十四条脚注6经必要修改后纳入本协议,构成协议一部分。

参考文献

[1] Timbergen J. (1962). *Shaping the World Economy: Suggestion for an International Economic Policy*, New York: Twentieth Century Fund.

[2] Peltzmanl (1976). Toward a More General Theory of Regulation, *Journal of Law and Economics* 19 (August).

[3] Bhagwati, Jagdish N., Richard A. Brecher, Elias Dinopoulos and T. N. Srinivasan (1987). Quid Pro Quo Foreign Investment and Welfare: A Political Economy Theoretical Model, *Journal of Development Economics*, October 27, pp. 127 – 138.

[4] Dinopoulos, Elias and Kar – yiu Wong (1991). Quid Pro Quo Foreign Investment and Political Intervention, in K. A. Koekkoek and C. B. M. Mennes, eds., *International Trade and Global Development: Essays in Honour of Jagdish Bhagwati*, London: Routledge, pp. 162 – 190.

[5] Dinopoulos, Elias (1989). Quid Pro Quo Foreign Investment, *Economics and Politics*, I (2), pp. 145 – 160.

[6] Stephen Hymer (1970). The efficiency (contradictions) of multinational corporations, *The American Economic Review*, 60 (2): 441 – 448.

[7] P. Buckley (1974). Some Aspects of Foreign Private Investment in the Manufacturing Sector of the Economy of the Irish Republic, *Economic Social Reviews*, 5 (April), pp. 301 – 321.

[8] P. Buckley and J. Dunning (1976). The Industrial Structure of US

Direct Investment in the UK, *Journal of International Business Studies*, 7, pp. 5 – 13.

[9] P. Buckley and M. Casson (1985). *The Economic Theory of the Multinational Enterprise*, London: Macmillan.

[10] P. Buckley and M. Casson (1987). Analyzing Foreign Market EntryStrategies, *Journal of International Business Studies*, 3, pp. 539 – 561.

[11] Mark Casson (1979). *Alternatives to the Multinational Enterprise*, London: Macmillan.

[12] Mark Casson and Associates (1986). *Multinational and world Trade*, London: Allen and Unwin.

[13] Alan M. Rugman (1979). *International Diversification and the Multinational Enterprise*, Lexington, Mal Lexington Books.

[14] Alan M. Rugman (1980a). Internalization as a General Theory of Foreign Direct Investment, *Weltwirtschafiliches Archiv* 116 (No. 2), pp. 365 – 379.

[15] Alan M. Rugman (1980b). *Multinationals in Canada*, Boston: Martinus Nijhoff.

[16] Alan M. Rugman (1985). Internalization is Still a General Theory of Foreign Direct Investment, *Weltwirtschafiliches Archiv* 121 (No. 3), pp. 570 – 575.

[17] Alan M. Rugman (1985). The Firm – specific Advantages of Canadian Nultinationals, *Journal of International Economic Studies*, 2, pp. 1 – 14.

[18] J. H. Dunning (1977). Trade, Location of Economic Activity and the Multinational Enterprise: A Search for An Eclectic Approach, in Bertil G. Ohlin, Per – Ove Hesselborn and Per M. Wijkman, eds., *The International Allocation of Economic Activity*, London: Macmillan, pp. 395 – 418.

[19] Louis T. Wells (1998). Multinationals and the Developing Coun-

tries, *Journal of International Business Studies*, 29 (1), pp. 101 – 114.

[20] Sanjaya Lall (2000). The Technological Structure and Performance of Developing Country Manufactured Exports: 1985 – 1998, *Oxford Development Studies*, 3, pp. 337 – 369.

[21] Akamatsu K. (1962). A Historical Pattern of Economic Growth in Developing Countries, *The Developing Economies*, 1962, Preliminary Issue No. 1, pp. 3 – 25.

[22] R. Vernon (1966). International Investment and International Trade in the Product Cycle, *Quarterly Journal of Economics*, 80 (2), pp. 190 – 207.

[23] Kiyoshi Kojima (1978). *Direct Foreign Investment: A Japanese Model of Multinational Business Operations*, London: Croom Helem.

[24] Benjamin J. Cohen (1968). *American Foreign Economic Policy: Essays and Continents*, Cornell University Press, pp. 155 – 156.

[25] Spencer, B. J., Brander, J. A. (1983). International R&D Rivalry and Industrial Strategy, *Review of Economic Studies*. 50, pp. 707 – 722.

[26] Brander, J. A., Spencer, B. J. (1985). Export Subsidies and International Market Share Rivalry, *Journal of International Economics*, 18, pp. 83 – 100.

[27] Krugman, P. R. (1984), Importprotection as Exportpromotion: International Competition in the Presence of Oligopoly and Economies of scale, in H. Kierzkowskied, *Monopolistic Competition and International Trade*, Clarendon Press, Oxford.

[28] David Dollar (1992). Outward – Oriented Developing Economies Really Do Grow More Rapidly: Evidence From 95 LDCs 1976 – 1985, *Economic Development and Cultural Change*, 40 (3), pp. 523 – 544.

[29] Brander, J. A. (1995). Strategic Trade Policy, NBER Working

Papers, No. 5020.

[30] Sachs J, Warner A. (1995). Economic Reform and the Process of Global Integration, *Brookings Papers on Economic Activities*, 26 (1), pp. 1 - 118.

[31] Edwards (1998). Openness, Productivity, and Growth: What do We Really Know, *Economic Journal*, 108 (March), 383 - 398.

[32] Rodriguez, F. and D. Rodrik (1999). Trade Policy and Economic Growth: A Skeptics Guide to Cross - national Evidence, in Bernanke, B. and K. Rogoff (eds.), *NBER Macroeconomics Annual*2000, MIT Press, Cambridge, MA, 2001.

[33] Mitra D. (1999). Endogenous Lobby Formation and Endogenous Protection: A long - Run Model of Trade Policy Determination, *American Economic Review* 89 (5), December, pp. 1116 - 1134.

[34] Gawande, K. (1998). Stigler - Olson Lobbying Behavior and Organization, *Journal of Economic Behavior and Organization*, 35, pp. 477 - 499.

[35] Tom Krebs, Pravin Krishna and William Maloney (2005). Trade Policy, Income Risk, And Welfare, NBER Working Papers No. 11255.

[36] Blonigen, Bruce (2008). In Search of Substitution Between Foreign Production and Exports, *Journal of International Economics* 53 (1), pp. 81 - 104.

[37] Robert A. Pastor (1980). *Congress and the Politics of U. S. Foreign Economic Policy*, 1929 - 1976, Berkeley, CA.: Univ. of California Press, pp. 7 - 9.

[38] Bela Balassa (1961). *The Theory of Economic Integration*, Homewood: Richard D Irwin.

[39] Richard Cooper (1968). *The Economics of Interdependence: Economic Policy in the Atlantic Community*, New York: Mc - GrawHill.

[40] Markuson, James & James Melvin (1983). Factor Movements and

Commodity Trade as Complements, *Journal of International Economics* 13, pp. 341 – 356.

[41] Svensson, Lars E. O. (1984). Factor Trade and Good Trade, *Journal of International Economics*, 16, pp. 365 – 378.

[42] [美] 托马斯·A. 普格尔、彼得·林德特:《国际经济学》(第十一版), 经济科学出版社 2001 年版。

[43] 约翰·H. 杰克逊:《世界贸易体制——国际经济关系的法律与政策》, 张乃根译, 复旦大学出版社 2001 年版。

[44] Friedman Milton (1968). The Role of Monetary Policy, *American Economic Review*, 58 (1), pp. 1 – 17.

[45] Barro R. J., Rush M. (1980). Unanticipated Money and Economic Activity in Rational Expectations and Economic Policy, Chicago: University of Chicago Press.

[46] Borys (2009). The Effects of Monetary Policy in the Czech Republic: An Empirical Study, *Empirica*, V. 36, iss. 4, pp. 419 – 443.

[47] Sun (2010). Foreign Direct Investment and Economic Growth in China: Evidence from a Two – Sector Model, *Journal of Financial Management and Analysis*, January – June, v. 23, iss. 1, pp. 1 – 9.

[48] Hoppner (2008). Changing Effects of Monetary Policy in the US: Evidence from a Time – Varying Coefficient VAR, *Applied Economics*, August – September, Vol. 40, iss. 16 – 18, pp. 2353 – 2360.

[49] Karagiannis (2010). Interest Rate Pass – Through in Europe and the US: Monetary Policy after the Financial Crisis, *Journal of Policy Modeling*, May – June, Vol. 32, iss. 3, pp. 323 – 338.

[50] Dubas (2005). Effective Rate Classifications and Growth, NBER Working Paper Series – National Bureau of Economic Research, V. 38 (2), pp. 201 – 210.

[51] Jahjah (2004). Exchange Rate Policy and Sovereign Bond Spreads in Developing Countries, IMF Working Papers, V. 2004 (210), pp. 1 – 35.

[52] Furlani (2010). Exchange Rate Movements and Monetary Policy in Brazil: Econometric and Simulation Evidence, *Economic Modelling*, Vol. 27 (1), pp. 284 – 295.

[53] 中国交通运输协会课题组:《中国交通运输发展战略与政策研究》,交通出版社 1991 年版。

[54] [英] 威廉·配第:《政治算术》,马妍译,中国社会科学出版社 2010 年版。

[55] [英] 亚当·斯密:《国民财富的性质和原因的研究》,商务印书馆 2002 年版。

[56] [英] 阿尔弗雷德·马歇尔:《经济学原理》,人民日报出版社 2009 年版。

[57] [德] 约翰·冯·杜能:《孤立国同农业和国民经济的关系》,商务印书馆 1986 年版。

[58] [德] 阿尔弗雷德·韦伯:《工业区位论》,李刚剑、陈志人、张英保译,商务印书馆 1997 年版。

[59] Hoover, E. M. (1984) *An Introduction to Regional Economics* (3rd edition), McGraw – Hill Companies, p. 44.

[60] 李文陆、张正河、王英辉:《交通与区域经济发展关系的理论评述》,《理论与现代化》2007 年第 2 期。

[61] A. H. 契斯巴耶夫:《经济区的发展、理论和研究方法》,海洋出版社 1990 年版。

[62] Gottmann J. (1961). *Megaloplis: the Urbanized Northeastern Seaboard of the United States*, New York: Twentieth Century Fund.

[63] [美] 马汉:《海权对历史的影响 (1660 – 1783)》,安常容、成忠勤译,中国人民解放军出版社 2006 年版。

[64] 宝贡敏:《关于国际直接投资理论的思考》,《国际贸易问题》1996 年第 12 期。

[65] 冼国明、杨锐:《技术积累、竞争策略与发展中国家对外直接投资》,《经济研究》1998 年第 11 期。

[66] 李优树、杨环:《对外直接投资与产业国际竞争力》,《经济论

坛》2003 年第 2 期。

[67] 马亚明、张岩贵:《技术优势与对外直接投资:一个关于技术扩散的分析框架》,《南开经济研究》2003 年第 4 期。

[68] 高峰:《利用外资促进我国产业结构优化作用机理探讨》,《经济问题》2002 年第 11 期。

[69] 曹秋菊:《论国际直接投资与中国产业结构调整》,《金融理论研究》2006 年第 6 期。

[70] 江小涓:《中国吸收外资 30 年:利用全球资源促进增长与升级》,《经济与管理研究》2008 年第 12 期。

[71] 李雪:《外商直接投资的产业结构效应》,《经济与管理研究》2005 年第 1 期。

[72] 孙军:《外商直接投资对我国产业结构的影响分析》,《北京科技大学学报》(社会科学版) 2006 年第 1 期。

[73] 陈迅、高远东:《FDI 与中国产业结构变动相互影响的实证研究》,《开发研究》2006 年第 1 期。

[74] 江小涓:《中国的外资经济对增长、结构升级和竞争力的贡献》,《经济研究》2002 年第 6 期。

[75] 张淑玲、卢蝉君:《FDI 对我国产业结构升级的作用机制研究》,《生产力研究》2007 年第 9 期。

[76] 李金玲、宋焕斌:《知识流动对我国区域产业结构的影响》,《商场现代化》2008 年第 2 期。

[77] 王飞:《外商直接投资促进了国内工业企业技术进步吗》,《世界经济研究》2003 年第 4 期。

[78] 陈明森:《产业升级外向推动与利用外资战略调整》,科学出版社 2004 年版。

[79] 李计广:《欧盟贸易政策体系及其决策机制研究》,硕士学位论文,对外经济贸易大学,2003 年。

[80] 宋学丛:《国际贸易政策的利益分析》,硕士学位论文,首都经济贸易大学,2005 年。

[81] 刘熠:《欧盟经济一体化中的贸易政策研究》,硕士学位论文,

东北财经大学，2006年。

[82] 杜光如：《中国与东盟贸易的现状、问题及对策》，硕士学位论文，对外经济贸易大学，2009年。

[83] 赵梅：《国际贸易理论演变的逻辑分析》，硕士学位论文，云南大学，2010年。

[84] 李红、方冬莉：《2010—2011年中国—东盟货物贸易数量分析与预测》，《东南亚纵横》2011年第3期。

[85] 王进、巫雪芬：《"金砖四国"产业内贸易的经济效应分析》，《改革与战略》2011年第6期。

[86] 何慧刚：《中国—东盟自由贸易区的经济效应分析》，《云南社会科学》2006年第3期。

[87] 张建中：《后危机时代中国与东盟的外贸发展趋势及贸易政策选择》，《国际贸易问题》2011年第5期。

[88] 陈红：《中国—东盟自由贸易区的实际经济效应及发展趋势研究》，硕士学位论文，沈阳工业大学，2013年。

[89] Milton Friedman (1963). *A Monetary History of the United States, 1867 - 1960*, National Bureau of Economic Research.

[90] McKinnon, Ronald (1973). *Money and Capital in Economic Development*, Washington, D. C.: Brookings Institution.

[91] E. Shaw (1973). *Financial Deepening in Economic Development*, Oxford: Oxford Univ. Press.

[92] R. La Porta, F. Lopez - de - Silanes, A. Shleifer, R. Vishny. (1997). Legal Determinants of External Finance, *Journal of Finance*, (52), pp. 1131 - 1150.

[93] R. La Porta, F. Lopez - de - Silanes, A. Shleifer, R. Vishny (1998). Law and Finance, *Journal of Political Economy*, (106), pp. 1115 - 1155.

[94] R. La Porta, F. Lopez - de - Silanes, A. Shleifer (1999). Corporate Ownership Around the World, *Journal of Finance*, (54), pp. 471 - 517.

[95] La Porta, F. Lopez – de – Silanes, A. Shleifer, R. Vishny (2000). Investor Protection and Corporate Governance, *Journal of Financial Economics*, (58), pp. 3 – 27.

[96] Thorsten Beck, Asli Demirguc – Kunt, Ross Levine (2002). Law and Finance: Why does Legal Origin Matter? *Journal of Comparative Economics*, (4), pp. 653 – 675.

[97] Thorsten Beck, Asli Demirguc – Kunt (2006). Small and Medium – size Enterprises: Access to Finance as a Growth Constraint? *Journal of Banking & Finance*, (11) pp. 2931 – 2943.

[98] R., Rousseau (1998). Daily Time Series of Common Single Word Searches in Alta Vista and Northern Light, *International Journal of Scientometrics, Informetrics and Bibliome – trics*, (9), pp. 1 – 9.

[99] Dimitris K. Christopoulos, Efthymios G. Tsionas (2004). Financial Development and Economic Growth: Evidence from Panel Unit Root and Cointegration Tests, *Journal of Development Economics*, (1), pp. 55 – 74.

[100] 梁立：《浅谈中国—东盟区域金融合作的设想》，《广西民族学院学报》（哲学社会科学版）2005年第6期。

[101] 张家寿：《中国—东盟区域金融合作及其对区域经济发展的促进》，《改革与战略》2005年第4期。

[102] 王丽娅：《中国与东盟地区金融合作现状与前景分析》，《亚太经济》2007年第1期。

[103] 屠年松：《中国—东盟自由贸易区建成后的金融合作》，《云南社会科学》2010年第5期。

[104] 屠年松、朱雁春：《全球金融危机后中国与东盟金融合作再思考》，《经济问题探索》2010年第9期。

[105] 罗传钰：《国际经济政策协调下的中国—东盟金融协调合作》，《亚太经济》2011年第4期。

[106] 陈剑波、胡列曲：《中国—东盟区域金融合作进程及展望》，《合作经济与科技》2012年第4期。

[107] 麻昌港：《区域贸易和区域金融一体化研究——以中国—东盟为例》，《商业时代》2014年第16期。

[108] 薛林、郭健斌：《中国—东盟金融监管合作法律机制初探》，《学术论坛》2007年第2期。

[109] 张涛：《中国—东盟金融合作中人民币区域化的金融政策法规研究》，《云南财经大学学报》2010年第6期。

[110] 关伟、范祚军：《从最优货币区理论看CAFTA成员国金融政策协调》，《中国人民大学学报》2005年第6期。

[111] 唐文琳、范祚军：《CAFTA成员国汇率政策协调的理论分析》，《管理世界》2006年第4期。

[112] 范祚军、关伟：《基于贸易与货币竞争视角的CAFTA人民币区域化策略》，《国际金融研究》2008年第10期。

[113] 文淑惠：《中国与东盟区域金融合作二重框架解析》，《经济问题探索》2007年第7期。

[114] 刘文娟：《中国—东盟货币互换与推进人民币国际化作用机理研究》，《广西社会科学》2013年第8期。

[115] 张国伍：《交通运输系统分析》，西南交通大学出版社1991年版。

[116] 陆卓明：《世界经济地理结构》，中国物价出版社1995年版。

[117] 张文尝：《运输通道系统分析》，《交通运输系统工程与信息》2001年第2期。

[118] 夏飞、陈修谦：《高速公路经济带边界模型的构建及实证分析》，《系统工程》2004年第12期。

[119] 杨鹏：《通道经济：区域经济发展的新兴模式》，中国经济出版社2012年版。

[120] 李国强：《京九沿线将成为我国一条新经济增长带》，《管理世界》1998年第2期。

[121] 张正华、史红亮：《国际通道的经济学分析》，人民出版社2013年版。

[122] 张学良：《交通基础设施、空间溢出与区域经济增长》，南京

大学出版社 2009 年版。

[123] 刘生龙、胡鞍钢:《交通基础设施与经济增长:中国区域差距的视角》,《中国工业经济》2010 年第 4 期。

[124] 刘伟、王勉、杜源江:《从"神经末梢"到"国际枢纽"——我国对接东盟交通网络扫描》,《广西城镇建设》2008 年第 12 期。

[125] 夏飞、袁洁:《中国—东盟自由贸易区交通运输发展的区位熵分析》,《管理世界》2012 年第 1 期。

[126] 刁伟民:《中国与东盟航空运输自由化的发展趋势及对策》,《北京航空航天大学学报》(社会科学版) 2008 年第 3 期。

[127] 古小松主编:《中国与东盟交通合作战略构想——打造广西海陆空交通枢纽研究》,社会科学文献出版社 2010 年版。

[128] 欧阳华:《投资政策对中国—东盟区域经济合作的影响研究》,《河北科技大学学报》2012 年第 4 期。

[129] 王艳红:《中国—东盟自由贸易区的经济效应研究——兼论CAFTA 的推进与策略选择》,博士学位论文,南开大学,2010 年。

[130] 郭璇:《CAFTA 建设对我国发展同东盟国家战略伙伴关系的经济影响研究》,硕士学位论文,西南财经大学,2012 年。

[131] 中华人民共和国商务部:《2012 年度中国对外直接投资统计公报》,中国统计出版社 2013 年版。

[132] 周金城:《中国—东盟服务贸易发展的现状及战略选择》,《东南亚纵横》2012 年第 5 期。

[133] 杜荣:《我国对外贸易政策 60 年变迁探析》,《经济纵横》2009 年第 8 期。

[134] ASEAN Secretariat (1976). *Treaty of Amity and Cooperation in South East Asia Indonesia*, 24 February.

[135] ASEAN Secretariat (1976). "Declaration of ASEAN Concord Indonesia", 24 February.

[136] Lay Hong, Tan & Samtani Anil. *The Shifting Paradigm in Regional

Economic Integration, Social Science Research Network.

[137] *Basic Agreement On ASEAN Industrial Complementation*, Manila, 18 June 1981.

[138] Pangestu. *The ASEAN Free Trade Areas: Going Forward The ASEAN Way*, Center of Strategic and International Studies, p. 49.

[139] Soesastro. H. (2001) *Towards an East Asian Regional Trading Arrangement*, Reinventing ASEAN, Singapore.

[140] WTO（2006）：《贸易政策审议报告：马来西亚》。

[141] 李皖南：《CAFTA建成后对广东与东盟经贸关系的影响》，《国际经贸探索》2010年第10期。

[142] 马静、林宏烈：《中国—东盟自由贸易区投资政策协调研究》，《海南金融》2012年第3期。

[143] *Agreement On The Common Effective Preferential Tariff（CEPT）Scheme For The ASEAN Free Trade Area Singapore*, 28 January 1992; The Third Meeting of the ASEAN Free Trade Area Council Joint Press Statement.

[144] 廖少廉、陈雯、赵洪：《东盟区域经济合作研究》，中国对外经济贸易出版社2003年版。

[145] 兰丹丹：《论东盟贸易政策体系及实施》，硕士学位论文，对外经济贸易大学，2007年。

[146] Soesastro. H. (2001). *Towards an EastAsian Regional Trading Arrangement*, Reinventing ASEAN, Singapore.

[147] 冯波：《中国—东盟自由贸易区背景下的粤桂"东盟政策"比较研究》，硕士学位论文，暨南大学，2011年。

[148] 刘文娟：《货币互换合作下的人民币国际化研究》，广西人民出版社2012年版。

[149] 王丹、鲁凤玲：《人民银行货币互换实践》，《中国金融》2012年第4期。

[150] ［新西兰］尼古拉斯·塔林：《剑桥东南亚史第二卷：19世纪至20世纪》，王士录译，云南人民出版社2003年版。

[151] 翟坤：《东盟的决策机制》，《国际资料信息》2000年第4期。

[152] 邓达清：《大陆与香港的经济、金融开放度对比分析》，《湖南财经高等专科学校学报》2010年第10期。

[153] 薛薇：《统计分析方法及应用》（第2版），电子工业出版社2010年版。